WIZARD

新装版

マーケットの テクニカル百科

入門編

Technical Analysis of Stock Trends, 8th Edition

by Robert D. Edwards, John Magee, W. H. C. Bassetti

ロバート・D・エドワーズ、ジョン・マギー、W・H・C・バセッティ[著]

長尾慎太郎[監修]　関本博英[訳]

Pan Rolling

本書は、2004年にパンローリングから『マーケットのテクニカル百科　入門編』として発売されたものの新装版です。

監修者まえがき

　本書はアメリカで長年にわたって多くの投資家に読み継がれてきた古典的名著 “Technical Analysis of Stock Trends” の邦訳である。原書の旧版は『アメリカの株価分析——チャートによる理論と実際』として、1981年に東洋経済新報社から刊行されていたが、内容をアップデートした第8版が本国で出版されたのに伴い、日本でも新たに翻訳書が刊行されることになった。

　さて、本書で述べられているテクニカル分析は主にダウ理論を主としたシンプルなもので、すでに伝説的な手法と言ってもいいかもしれない。しかし、ここに述べられている内容が現在でも数十年前と変わらず依然として価値あるものであることは、本書が数十年の長きにわたって、マーケットに参加する多くの人々に支持され、実際のトレードでダウ理論が堅実な成果を上げ続けてきたことで証明されていると言ってよいだろう。いやそれよりもむしろ、だれにでも理解でき、実践可能な単純な理論だからこそ、時の試練を経て今もなお有効性を保ち続けていられるのであろう。

　さらに、マーケット全体の動向を把握するために、すでに数十年前の段階でダウ平均株価に注目したことはきわめて優れた着眼であったと言えるが、スタイル別に多くの指数が開発された現在においては、その価値はさらに高まっているといえる。つまり、ここから分かることは、市場とそれに参加する人々のメンタリティに基本的な変化がない以上、必ずしも新しい分析手法のほうが優れているというわけではないということなのである。少なくとも、泡のように生まれては消えていく新奇をてらった「テクニカル分析」よりは、本書に示されているような伝統的な手法のほうがはるかに信頼性が高く、長期的な成功を約束してくれるのである。

この古典的名著を日本で刊行できることは、関係者一同にとっても大変な喜びであり、私たちの努力の成果が読者の成功の一助になることができればまた望外の幸せである。本書はテクニカル分析に関して多くの範囲を網羅しており、したがって原書は非常に大部なものである。このため翻訳書の刊行に当たっては読みやすさを考慮し、「入門編」と「実践編」の上下２分冊で刊行されることになった。また、版を重ねてきた本書の特徴として、歴史的に初期のころの図表においては、一部に少し見にくいものも掲載されているが、なによりそれは本書で述べられている分析手法が時を超えて普遍的なものであることの証明でもある。なお、図表の番号は継続性を持たせるために、原書どおり上下で通番とし、巻末の付録と用語解説は「実践編」にまとめられている。

　最後になったが、本書の翻訳にあたっては以下の方々に心から感謝の意を表したい。関本博英氏は本書にふさわしい、読みやすい翻訳を実現してくださった。そして阿部達郎氏にはいつもながら丁寧な編集・校正を行っていただいた。また、本書が出版される機会を得たのはパンローリング社社長の後藤康徳氏の慧眼によるところが大きい。

2004年７月

長尾慎太郎

2

CONTENTS

目次

第1部　テクニカル分析の理論　　47

第1章　株式の売買と投資に対するテクニカルな　　　　アプローチ　　49
テクニカル分析の定義／編者注　エリオット波動理論──その概要と
解説

第2章　チャート　　57
チャートのさまざまな目盛り

第3章　ダウ理論　　63
ダウ平均株価／ダウ理論の基本原則／潮の干満、波、小波／メジャート
レンドの各局面／確認の原則／編者注　現在のマーケットにおけるダ
ウ理論の重要性と新しい株式市場の理論に移行する必要性

第4章　ダウ理論の実践　　81
5年間のダウ理論の解釈／最初の厳しいテスト／確認の失敗／メジャ
ートレンドへの反転シグナル／強気のシグナル／最初の調整／上昇ト
レンドの再確認／鉄道株のためらい／1946年の春／最後の急騰／弱気
相場のシグナル

CONTENTS

CONTENTS

マーケットのテクニカル大全　実践編

第2部　トレード戦術

CONTENTS

Technical Analysis of Stock Trends, 8th Edition
by Robert D. Edwards , John Magee and W.H.C.Bassetti
Copyright © 2001 CRC Press LLC.
St. Lucie Press is an imprint of CRC Press LLC
Published by AMACOM, a division of the American Management
Association, International, New York
Japanese translation published by arrangement with AMACOM,
a division of the American Management Association, International,
New York through The English Agency (Japan) Ltd.

第8版序文

　20世紀半ばに書かれたこの1冊の本が、現在でもまだ大きな意味と重要性を持っているとは何とも不思議なことである。しかし、本書がチャートで株式市場を分析しているという点では、今でもやはり画期的な名著である。ちょうど豊漁の漁船を追いかけるカモメの群のように、コピー本や類似本、そしてつまらない模倣本の出版が今でもあとを絶たない。しかし、それらの書物はエドワーズとマギーが初めて著し、マギーが第5版を全面改訂した本書の内容に何か新しいものを付け加えたということはまったくない。

　なぜ本書は株式市場のテクニカル分析という分野で古典的な存在となったのか。いや単なる古典といったものにとどまらず、本書が現在でも広く利用されている参考書または手引書となっているのはなぜなのか。この問いに答える前に、もうひとつの問い掛けをしてみよう。それはチャートパターンとは何なのかということである。多くの人々が研究しているチャートパターンとは、さまざまな材料が織り込まれる複雑なマーケットにおける不変の人間心理をグラフィカルに表したものである。

　株価というただひとつの変数の形成過程には、さまざまな人間の行動と要因が作用している。それらは人間の恐怖、貪欲、願望、狡猾さ、悪意、無邪気さ、利益の予想、ブローカーの業績向上の必要性、だまされやすい投資家の心理、パフォーマンスの向上と職業確保に対するプロのファンドマネジャーの願望、株式の需要と供給、資金の流動性とフロー、自滅的な心理、消極性、ワナの仕掛け、株価操作、傲慢さ、陰謀・詐欺・二枚舌、月や太陽黒点の動き、経済の循環性とそれに対する信頼感、群集心理、正しくあろうとする人間の不屈の精神——などである。

チャートとは、この株は死の苦しみにある、あの株は月に向かうロケットのように急騰している、あの銘柄では売り方と買い方の生死をかけた戦いが展開されている、別の銘柄では買い方が猛攻撃をかけて売り方をつぶそうとしている——などをわれわれに教えてくれる、いわばマーケットの言語である。換言すれば、チャートとは実際の戦争に次ぐ最も壮絶な戦いにおいて、人間の心理をグラフィカルに表した消えることのない指紋のようなものである。

　フロイトが人間心理を深く探っていったように、エドワーズとマギーは株式市場に反映された人間の心と心理を深く分析している。彼らはその完璧なマップを作成しただけでなく、人間の行動と株式市場を分析してそこから利益を上げる方法も確立したのである。現在では想像もできないようなコンピューターに支援された人工知能の科学が飛躍的な発展を遂げないかぎり、株式市場のテクニカル分析という分野では本書に述べられている内容からさらに大きく進歩することはないだろう。

新版を出版した理由

　ノストラダムスやジュール・ベルヌ（『80日間世界一周』を書いたフランスの小説家）、それに現在の多くの投資アドバイザーなどとは違って、われわれには未来を占う水晶球やタイムマシンもない。マギーは今のような高度なコンピューターの普及を予測することはできず、計算尺を使ってチャートをつけていた。もっと正確に言えば、マギーはコンピューターの存在は知っていたが、普通の投資家や主婦までが机の上でユニバックⅠの1000倍の性能を持つパソコンを使うようになるとは予想もできなかった。これらはすべて時代の変化、科学の進歩、そして止まることのないテクノロジーの進化である。

　このようにテクノロジーの発展とマーケットの革新は止まることが

ないという点では、もうひとつの大きな変化がある。それは人間の心理は変わらないかもしれないが、新世紀を迎えてマーケットの性質や構造が大きく変貌しているということである。完全な規制の撤廃とまではいかないまでも、このような変化の多くは投資家やビジネスユーザーにとっても大きなメリットがある。もちろん、このような変化を喜ばないベアリングズ銀行のような人々は常に存在するものだが……。

時代、テクノロジー、そしてマーケットの変化を反映した本書の重要な追加内容

　一般に内容の追加、注釈および改訂の目的は、読者である投資家に対して株式投資で成功するための必要事項を知らせることにある。しかし、本書の内容が膨大な量に上ることから、時代の変化を反映した新しい内容のすべてを包括的に盛り込むことは難しい。このため、時代の変化に即した新しい内容の概要を挿入し、読者の皆さんがもっと詳しく知りたい項目については、付録やその他の注釈で調べられるように配慮した。皆さんが本書の内容を正しく理解するには、必要に応じて付録の該当部分を参照されるのがよいだろう。信念を持った投資家であれば、本書（そして紙、鉛筆、定規、チャート用紙［できればテクニプラットチャート用紙］）を熟読されるだけで十分に株式投資で成功できるのである。

テクノロジー

　本書を21世紀の株式投資の手引書またはガイドとするため、第5版と第7版の内容にいくつかの項目を付け加えた。それは本書のオリジナルな内容と分析手法をテクノロジーの目覚ましい発展と調和させるためである。新しい挑戦が待ち受けるマーケットで成功するために、投資家は電子マーケット、インターネット、高性能のパソコン、無線

通信技術、何でも売買できる新しい時代のウエブ市場などを使いこなす必要がある。

　先端的な投資家はまた、金融・投資の理論（ブラック・ショールズ・モデル、現代ポートフォリオ理論、数量分析など）や売買手法の進展を常に把握していなければならない。しかし実際には、賢明な投資家であればチャート用紙、鉛筆そして価格データさえあればほぼあらゆるマーケットに対処できるので、本書ではそうした新しい投資理論や売買手法については詳述しない。しかし、テクニカルアナリストのためにそれらに関連した概要については幾分詳しく説明しており、さらに研究したい読者は巻末の付録を参考にすればよい。私の意見としては、個人投資家が効率的な投資をするときにそのような投資理論のすべてを知っている必要はない。一般の個人投資家がトレンドを分析するために、コックス・ロス・ルービンシュタイン（CRR）のオプション分析モデルなどを理解することに何の意味があるのか。このエドワーズとマギーの投資理論では、CRRモデルでは取り扱っていないテクニカルな手法についても説明している。

投資商品

　取引できる新しい投資商品についても理解しておく必要がある。現在では多岐にわたる投資商品があり、それには（本書でもやや詳しく検討されている）平均株価指数、先物やオプションの売買とヘッジ、さまざまな投資商品のアービトラージ（裁定取引）なども含まれる。これらの投資商品の価値と利便性は、チャートによるテクニカル分析をマスターすれば大きく向上するだろう。例えば、私が知っているある国際的に著名なプロのトレーダーは、下降トレンドにあると見られる株式についてコールオプションを売ることで（または上昇トレンドにある株式についてはコールの買いで）大きな利益を上げている。こ

んなことはテクニカルアナリストにとっては分かり切った手法かもしれないが、一般レベルの投資家は専門家のアドバイスを受けないかぎり、このような投資商品には手を出さないほうがよいだろう。事実、1987年のレーガン・クラッシュのときにオプション取引で数百万ドルの損失を被った人もいるからである。

テクニカル分析の変化と発展

　第5版が出版されてから現在までに、（人間の行動と心理を変化させるような）新しいチャートパターンが出現しただろうか。私の知るかぎり、そのような話は聞いたことがない。多くの人々は同じデータを使って異なる解釈をしているにすぎない。読者の皆さんのなかに、これまでにない何か新しいチャートパターンを発見したと言われる方が存在するだろうか。同じデータを従来とは異なる角度から見る方法は面白く、ときに貴重なもので利益をもたらすことも少なくない。あの偉大なダウ理論を応用して利益に結びつける方法は無数にあるだろう。一方、私が知っているあるトレーダーはポイント・アンド・フィギュアをうまく使いこなしているし、またローソク足チャートもかなり効果的である。マギーの時代から今日に至るまで、多くのテクニカルアナリストはコンピューターを使って数量ベースのさまざまなテクニカル分析ツール（ストキャスティックス、多様なオシレーター、指数移動平均やほかの移動平均など）を開発してきた。これらの分析ツールを検討することは本書の意図ではないが、それらのコンセプトについては第7版の編集者であるリチャード・マクダーモットが付録で簡単に触れている。

　一方、マギーが株式投機家のために特別に本書の第2部を設けたという経緯に照らして、私も長期投資家のために特別に第18.1章を挿入した。このほか、ポートフォリオの適切な運用やリスクマネジメント

といった現代の考え方を説明するために、第24章と第42章を大幅に書き直した。そこでは旧版ではあまり詳しく取り扱わなかったリズミカルな投資のコンセプトについて詳述した。また1990年代に乱舞したインターネット関連株のチャートも数多く掲載した（第23章）。そして次の問題がパラダイム（理論的枠組み）である。ファンダメンタリストに対するほかのあらゆる説明が失敗に終わったとき、残された最後の手段がパラダイムであるからだ。

パラダイムの変化

　（20世紀末を含む）いつの時代のマーケットでも、株価を決定する一般に受け入れられたアルゴリズムは別として、ファンダメンタリスト（利益やキャッシュフローなどの統計的な要因が株価を決定すると信じている分析家や投資家）は新しいパラダイムに直面する。株式の価格（価値）は株価を利益で割った妥当なPER（株価収益率）で決定されるのか、それとも売上高やキャッシュフロー、さらには月の運行状況なども考慮する必要があるのか。または1990年代後半に議論されたように、株式価値を決定するには株価に損失額を掛けるべきなのか。テクニカルアナリストにとってこのような無限のファンダメンタルズ要因は無縁の存在である。株式の価値とはそのときの市場で売買されている価格がすべてである。ところで、近い将来には多くの読者はパソコンの画面に本書のCD-ROM版を表示することで、その膨大な知恵を株式投資のナビゲーターとして利用することができるだろう。

水晶球

　投資家の皆さんは本書に盛り込まれた知恵をマスターすることでさ

らに賢明になれるだろう。プロと呼ばれる人たちはこれまで、その膨大な情報と多くの時間を株式分析に充当することで個人投資家よりも圧倒的に優位な立場にあったが、両者のギャップは次第に狭まってきている。パソコンのソフトやハードは常に発展しているが、だからといって投資家がそれだけ賢明になるわけではない。メカニカルなトレーディングシステムがうまく機能することもあれば、そうでないこともある。メカニカルなシステムを取り入れても、それを開発したエンジニアとそれを保全する専門家以上に賢くなれることはない。そうしたシステムを買うということは、ときにトラブルを買うことにもなる。すべての投資家は（私の考えではマギーの投資手法をベースとして）自分流の売買手法を確立する必要がある。良いときもあれば、悪いときもある。インサイダーが大衆をだます手口は次第に限られてきているが、彼らはそれに代わる新しい巧妙な手口を常に用意している。人間の知恵には限りがなく、頭の良い連中はたちどころに新しい手口を考案する。新世紀を迎えて、もしもナスダックやNYSE（ニューヨーク証券取引所）の当局者がその株式の上場を検討しなければならないとすれば、それは何と煩わしいことだろう。近い将来にとんでもない変化が起こる不吉な前兆はまだたくさんある。本書に盛り込まれたさまざまな投資論理と売買手法、それに投資哲学などを読者の皆さんに精力的に紹介するのは、こうした不吉な変化から投資家を守ろうという私なりに考えた防衛策なのである。

2001年1月1日　カリフォルニア州サンジェロニモ

W・H・C・バセッティ

第8版の編集上の注意点

　言うまでもなく、古典的な作品を改訂するときにはいくらかの不安感が伴うものである。初版本の内容が1948年ではなく、あたかも2000年に書かれたかのように改訂しても、または誤りや時代遅れの部分については注釈などを付して何とか原文を残そうと努めても、批評家や読者の皆さんは改訂の仕方についてそれなりの考えをお持ちであろう。読者のそうした考えも十分に配慮したつもりであり、また批評家の皆さんも20世紀に書かれたテクニカル分析に関するこの最も重要な著書の21世紀版に関する、以下のような編集上の注意点については十分に納得されるだろう。

オリジナルな内容の保存について

　本書のオリジナルな内容の多くは第5版が原形となっている。驚くべきことに、旧版の改訂に際して体裁上のまたは内容の意味を明らかにするための修正はほとんど不要であった。これはオリジナルな内容や体裁が極めて明確だったからである。初版本が20世紀の半ばに書かれたこと、そのテーマと内容がかなり複雑であること、そして当時の株式市場の複雑さは現在の10分の1にすぎないこと——などを考慮すると、その完成度は本当に驚嘆に値する。そのテクニカル分析の解説や説明には何の変更や改訂も加える必要がなく、それらは1950年当時と同じく今日でも十分に通用するものである。

　私は著者のオリジナルな内容を残す一方で、一部の章については配置換えを行った。手書きによるチャート作成を学びたいという株式投資の初心者などのために、関連する一部の章は総合レバレッジ指数や感応度指数などに関する章と一緒に巻末の付録に移した。

アナクロニズムについて

　株式長期投資のことをあまり知らない批評家は、「1929年に起きたこと」や「1946年以降のヒストリカルなチャート」などは現在のマーケットとはまったく関係がないと考えている。彼らにとって、その当時のAT&Tのチャートパターンなどは現在ではもう存在しないし、ニューヘブンなどという株式もすでに消滅し、過去の多くの株式チャートなどは墓場に埋もれた骸骨のようなものかもしれない。しかし、そのような考え方には株式チャートには比喩的な価値があるという現実認識が欠落している。また彼らには株式市場における人間の行動は、明日には「〜ドット・コム」という株式に繰り返して反映されるということが分かっていない。もっと大切なことは、現在の株式投資の重要なヒントは過去に存在するということである。これについては、ジャック・シュワッガーの啓蒙的な名著である『新マーケットの魔術師』（パンローリング刊）の一部を引用しよう。以下はシュワッガーとアル・ウェイスとの会話の一部である。

質問　正確には、チャート研究で歴史上どれくらい前までさかのぼったのでしょうか。

答え　それぞれのマーケットと入手可能なチャートによって違うけど、穀物のマーケットでいうと、1840年代までさかのぼることができたんだ。

質問　そんな昔まで戻る必要があったのですか。

答え　もちろん。長期のチャート分析で重要なポイントのひとつは、マーケットが経済周期によって異なる動きをするのを確認することだからね。長期パターンにおいて、そんな変動や周期を認識するには多くの歴史的なデータが必要なのさ。経済周期、例えばインフレやデフレを認識するには、歴史的に証明されている経済サイクルの時点で、どんなチャートパターンが展開していたのかを知ることは絶対に必要

なことだからね。

オリジナルな内容とその改訂

　私の言うことを信じる人は（さらには懐疑的な人も）、この第8版には旧版の多くの株式チャートとその解説を含めて、エドワーズとマギーが著したオリジナルな内容のほとんどすべてが再掲されているのが分かるだろう。第5版以降に編集者が挿入した改訂個所や解説は再び整理され、必要に応じて編者の注釈が付されている。こうした編集方針に従って、現在の技術革新やマーケットの現実に対して内容の改訂が必要なときは、「編者注」といった形でその部分を明確にした。また新しいチャートを挿入したときは、「図〜.1」「図〜.2」のように表記した。

必ず必要な改訂

　あるとき息子のパンチョが、私が計算尺のことを話していたのを耳にして、「パパ、計算尺って何？」と質問したことがある。そう、言うまでもないことだが、現在の計算器の代わりに計算尺を使っていたエドワーズとマギーの時代から世界は変わってしまったのである。時代遅れとなった無価値の、または不適当な個所は控え目に修正されている。ただしそのようなときも、その部分に注釈を付けたり、または章末注という形にしたのでその個所も必ず読んでほしい。その部分を読み飛ばしてしまうような読者は、20世紀のアナクロニズムのなかで途方に暮れてしまうだろう。

　一方、そうした注釈の内容が新しい章になったところもある（例えば、マギーの時代には考えられなかった平均株価指数の売買などに関するところ）。現在は平均株価や株価指数、または株式バスケットの

インデックスなどが直ちに作られてしまう時代である。こうした新しい時代の現実を踏まえて、第8版ではそれに関する内容を大幅に加筆した。こうしたテクノロジーの発展や新しい金融理論を扱った挿入章は、例えば第18.1章というように表記した（私が独自に挿入した第23章は例外）。

追記

本書には売買手数料やその他のコストなどに関する従来の固定料金制、証券取引所の独占的な規制などに関する記述が出てくる。証券・金融界の変化があまりにも急激なペースなので、印刷本ではそれに追いつくことができないからである。そのような情報についてはインターネット上のサイトでリアルタイムに更新されているので、ジョン・マギーのウエブサイト（http://www.johnmageeta.com/）にアクセスしてください。

ジェンダー（性）について

この問題については、マギー著『ジェネラル・シマンティクス・オブ・ウォールストリート（General Semantics of Wall Street）』（現在のタイトルは『Winning the Mental Game on Wall Street』）の第2版に書いた私のまえがきから引用しよう。

文法上の性について

私はフェミニストであるが、現在の男性、愛する女性の息子、素晴らしい女性の夫、うれしそうな娘の父などがすべてフェミニストであるわけではない。私は文章の表現法、文法そしてスタイルという点で

は伝統主義者であり、また純粋主義者である。それゆえに、私は同時代の人々や文学関係者などの知識人と同様に、中性的な状況で一般的な人称を表すときは男性代名詞を使用している。これについて『ディクショナリー・オブ・モダン・アメリカン・ジュシド（A Dictionary of Modern American Usage)』(1998年) の著者であるブライアン・ガーナーは次のように述べている。「英語にはperson、anyone、everyone、no oneなど男女共通を表す一般語があるが、男女共通の単数の人称代名詞は存在せず、その代わりにhe、she、itなどの代名詞を使用する。すべての人間、男性、女性などを表すときは、heやhimなどの男性代名詞を使うのが慣例となっている。……しかし、このような総称的な男性代名詞を使うのがぴったりしない多くの文章では、こうした表現法が適切でないのは明らかである」

　このような厳密な文法上の表記法の是非についてはともかく、英語ではheやitをはじめ、その他の一般的な表現を使うことは必ずしも珍しいことではない (sheという代名詞を使うのが不適切な文脈では、女性についてもこうした一般的な表現を使用することもある)。このように中性代名詞として男性代名詞を総称的に使用することについて、私はヘンリー・ファウラー (イギリスの辞書編集者) の次のような見解に賛成する。例えば、「as anybody can see for himself or herself」「as anybody can see for themselves」「as anybody can see for himself」という3つの表現法について考えてみよう。できれば最初のような表現は避けたいところであり (こうした考えは正しく、ときに必要なことでもある)、厳密な明確さが求められる文章を除いては幾分ぎこちなく、形式的なユーモアを出そうとしているように聞こえる。二番目の表現法はよく使われるが、文章にこだわる人であれば少しイライラして、まったく違う表現で同じ意味を表そうとするだろう。このような人は三番目の表現法はとらないかもしれないが、私はこの言い方を勧める。性別がはっきりせず、またはそれほど重要で

はない文章では、「man」が「person（人）」を表す総称的な言葉として使われるのが一般的である（各種文書の解釈でもこうしたことが慣例になっている）」。

　文法にうるさい人の言い分にも一理はあるが、私としては少しいらつくところもあり、したがって私としては一般的な文章では男性代名詞で総称するという旧版の著者の表現法を尊重した。こうした文法上の問題もそのうちに忘れられ、文法の狂信者に譲歩する意志の弱い（男女を総称する）「man」も、将来的には「woman」が主張するやや不恰好な体裁や表現法も受け入れるようになるだろう。この問題について、イギリスの小説家であるジェーン・オースチン（『自負と偏見』の著者）はどのように対処したのであろうか。

投資家のジェンダーについて

　ジェンダーの問題を取り上げたところで、非科学的ながら投資家のジェンダーについても少し触れたほうがよいだろう。投資アドバイザー兼カウンセラーとしての私の広範な経験に照らすかぎり、私の知る女性投資家はいくつかの点で男性投資家よりも生来的な利点を持っているように思われる。私は女性のギャンブラーがいることは知っており、実際にそうした人を見たこともある。しかし、マーケットで女性の賭博者（一発屋、リスク愛好者、利乗せ屋、空想的なギャンブラーなど）にはお目にかかったことはない。こうした表現がぴったりの男性はごまんといる。私の生徒や顧客を見ていると、全体として女性は男性よりも辛抱強いようだ。とりわけマーケットがどちらに向かうのかを見極める賢明な投資家の資質としての忍耐力に関しては。

　以上は私のまったく個人的な見解である。この問題については特に調査したわけではなく、またこれらのことはすべての女性投資家に当てはまるわけではない。また私は、特にIPO（新規株式公開）銘柄に

ついてはやり手の投資家と言われている歌手・女優のバーバラ・ストライザンドを個人的に知っているわけではない。しかし、私は女性の政治家や警察官がもっと増えれば今の世界はもっと良くなるだろうと思っており、同じように女性の投資家やファンドマネジャーがもっと増えてくれば、株式投資の世界もより良くなるだろうと信じている。

重要な問題——感応度指数とベータ値

　（平均株価に対する個別銘柄のボラティリティを表す）ベータ値がまだ証券界に出現していなかった時代に、エドワーズとマギーはすでにそれと実質的に同じである「感応度指数」というものを使用していた。巻末の付録には個別銘柄のリスク度を測るためにマギーが開発した「総合レバレッジ指数」を掲載したので、それを参照すればベータ値に匹敵するデータが入手できるだろう。現在の新しい金融理論や慣行を反映させるため、旧版の感応度指数と総合レバレッジ指数に関する部分は付録Aに移した。

1/8ドルと12.5セント

　本書が出版されると、投資業界では少数で表す株価の論議が再び活発になるかもしれない。株式市場では長らく1/8ドルという株価の単位が使われてきたが、これは証券業界にとって都合がよかったからである。つまり、ブローカーやマーケットメーカーにとって呼び値が大きいとそれだけ利幅が大きくなるからである。しかし、本書とその読者であるトレーダーにとって大切なことは、完全な十進法の表記にすればどうなるのかということである。マギーは本書のなかでしばしば安値・高値よりも1/8ドル離れたところにストップオーダーを入れたり、または1/8ドル刻みでプログレッシブストップを入れることを勧

めている。新しい時代にはこのようなストップオーダーは心理的には
どのような間隔になるのだろうか。12.5セント、または心理的には10
セントのほうがよいのか、それともマネーゲームの目的上では9セン
トまたは11セントが適切なのか。それがどのようになるのかは分から
ないが、この第8版のすべてのチャートでは従来の表記法を踏襲した。

「編集者の私」

　読者の皆さんは本書のところどころで、「編集者のわれわれ（エド
ワーズとマギー）」が「編集者の私」に取って代わられていることに
すぐに気づかれるだろう。従来の編集者はエドワーズとマギーの2人
だったが、この版の編集者は私ひとりである。したがって、読者は私
が書いた文章をすぐに区別することができるだろう。本書では「編集
者の私」という表現を使ったが、今から40年もすればこうした編集者
を表す限定語などはそれほど重要ではなくなるだろう。これについて
は「辞書編集者」という言葉を定義したジョンソン博士の表現法が最
もぴったりなのかもしれない（初めて英語の辞書を作ったジョンソン
博士の定義について、少し尊大ぶっていると見る人もいる）。ジョン
ソン博士は「辞書編集者」を「辞書の製作者であり、骨の折れる単調
な仕事をいちずにする人」と定義しているが、本書の編集者もそれと
同じようなものである。

　本書が出版されるとき、この第8版の編集作業の大変さをよく知っ
ている出版社は、私を第8版の共著者として評価してくれるだろうし、
ジョン・マギーもそれを望んでいるだろう。われわれは心の通じた師
匠と弟子の関係にあり、禅の和尚にとって熱心な弟子に仏陀の教えを
伝授できることほどうれしいものはない。

謝辞

以下の方々には深くお礼を申し上げます。

辛抱強く指導していただいたジョン・マギー氏。

激しく変動するオプションについて教えていただいたブレア・ハル氏。

トレーディングシステムについて教えていただいたビル・ドレイスとアート・フォン・ウォルドバーグの両氏。

今存命していれば、おそらくノーベル賞を受賞したであろうフィッシャー・ブラック氏。

私の友であり、トレーダー仲間でもあるビル・スコット氏。

サンフランシスコのゴールデンゲート大学のヘンリー・プルーデン教授はこの第8版の編集作業を全面的に支援してくださった。その貴重なアドバイスとサポートに深く感謝いたします。そのほか、マーチン・プリング、ローレンス・マクミラン、ミッチ・アクルス、オメガリサーチ社、カーソン・カーライル、エドワード・ドブソン、デビッド・ロビンソン、シェリーン・アッシュ、スティーブン・ポーザー、レスター・ループス、トム・シャンクスの各氏のご尽力にもお礼申し上げます。

また本当にいろいろな面でお世話になったセントルーシー・プレスの出版責任者であるドルー・ギアマン氏、制作責任者のパット・ロバーソン氏、制作編集者のゲイル・レナード氏。さらに私のリサーチアシスタントのドン・カルロス・バセッティ氏にも特別にお礼を申し上げたい。第8版と旧版のチャート掲載でご尽力いただいた次のパッケージソフトメーカー各社にも深く感謝いたします。

AIQシステムズ
P.O.Box 7530
Incline Village, NV 89452
702-831-2999
http://www.aiq.com/

メタストック
Equis International, Inc.
3950 S. 700 East, Suite 100
Salt Lake City, UT 84107
http://www.equis.com/

トレードステーション
オメガリサーチ
14257 SW 119th Avenue
Miami, FL 33186
305-485-7599
http://www.tradestation.com/

追悼

　本書を1987年６月17日に亡くなったジョン・マギーに捧げる。マギーはテクニカル分析の新時代を画したパイオニアであるとみなされ、本書の共著者であるロバート・エドワーズとの共同研究でチャールズ・ダウの理論を明確化し発展させた。1884年にダウ平均株価を開発したダウはテクニカル分析の基礎を築き、1920年代にフォーブス誌の編集長を務めたリチャード・シャバッカーは、平均株価の重要なシグナルは個別株式にも適用できることを明らかにした。1948年に出版された本書の初版本はそれらのコンセプトをまとめたもので、この本はそれから現在に至るまで株式市場のテクニカル分析の最高峰と考えられている。マギーは自らのテクニカル分析の生涯を通じて、次の３つの原則を強調している。すなわち、①株価はトレンドを描いて動く傾向がある、②出来高はトレンドとともに変化する、③いったん形成されたトレンドは一定期間にわたり継続する傾向がある。

　本書の多くの内容は、（形成されたトレンドは相場の反転が起きるまで継続する傾向があるという）さまざまなチャートパターンの研究に充てられている。ヘッド・アンド・ショルダーズ、天底型、W型パターン、三角形、長方形などは株式市場のテクニカルアナリストにとってはおなじみのパターンであり、少し難しいパターンとしては円形底や下向きのネックラインなどがある。

　マギーはいつも投資家に対して、下降相場で底が完成されないうちに底値で買おうとしたり、またはナンピン買い下がりなどはけっしてすべきではなく、トレンドの方向に沿って取引するように訴えていた。また特にマーケットが向かう方向を予測したり、翌年末にダウ工業株平均がどのくらいになっているのかを予想するようなゲームには参加すべきではないと警告していた。マギーによれば、平均株価がどちら

に向かおうとも自分が売買するのは個別株式であり、この点をよく認識して投資銘柄を選択しなければならない。

　かつてマギーと対立していたランダムウォーカー（効率的市場仮説の信奉者）たちは、ウォール街に予測可能な株価の動きなど存在しないと主張していたが、それに対するマギーの有名な反論は次のようなものだった。「あなた方は自分のコンピューターに頼りすぎている。これまで開発されたどれほど高性能のコンピューターといえども、人間の頭脳にはまったく太刀打ちできない。株式市場の行動をシミュレートしようとする理論家がその予測に失敗すると、株価の動きなどはランダムウォークのようなものだと主張する。人間の頭脳の思考プロセスをシミュレートできるほど優れたコンピューターやそのプログラムなどは存在しない」。こう言いながらマギーは多くのチャートの入った大箱のほうに向かい、そこからお気に入りの１枚のチャートを取り出して、それをランダムウォーカーたちに前に広げた。そこに描かれていたのは上昇スパイク、出来高の急増、保ち合い、出来高の減少、２回目の上昇スパイク、出来高の急増などであった。こうしたパターンが３回、４回と続く。このほか、きれいな対称三角形のチャート、はっきりしたトレンドチャネルのなかの株価の動き、株価とともに変化する出来高パターンなども見られた。マギーは彼らからの答えを十分に知りながら、次のように問い掛けたものだった。「これらのパターンがランダムだと本当にそう思っているのですか」

　われわれはだれにでも、好きな著者の好きな文章や引用句があるものだ。私の好きなマギーの文章は、彼が株式テクニカル分析のアドバイスサービスの顧客向けに書いた小冊子のなかの次のような一節である。

　「皆さんが株式市場に参入しようとするときは、自分の株式評価力と考え方がこの世界では最も優秀でタフな人々の能力と互角に張り合っている戦場に乗り込むのだと考えるべきである。皆さんが足を踏み

入れた世界は、高度に専門化された人たちがさまざまなセクターでしのぎを削っているのである。しかし、皆さんはどこからでも自分が必要とするアドバイス、ヒントそして援助を求めることができる。自分流のマーケットの哲学を持たなければ、良い株と悪い株、健全な株と不健全な株を見分けることはできない」

　ウォール街でマギーほど健全な投資哲学の確立の必要性を投資家に訴え続けた人はいない。

　1991年9月
　　　　ジョン・マギー社のリチャード・マクダーモット社長

第7版序文

　100年以上も前にマサチューセッツ州スプリングフィールドに、チャールズ・H・ダウというひとりの男が住んでいた。彼はスプリングフィールド・リパブリカンという素晴らしい新聞の編集者のひとりだった。彼はもうひとつの素晴らしい新聞であるウォール・ストリート・ジャーナルを創刊するためにその地をあとにした。チャールズ・ダウはまた、株式市場の問題に対する解決法の基礎を作り上げた。1884年に11の主力銘柄の毎日の終値平均（そのうちの9銘柄は鉄道株）を開発し、その平均株価の値動きを記録した。

　ダウは、株価の動きに反映された投資家の判断は各産業に対する将来の評価を表していると信じていた。彼にとって、この平均株価は何カ月も先のその産業状況を予測するモノサシであった。平均株価の構成銘柄を売買する投資家はその産業状況を知り抜いている人々だったので、ダウのそうした考えは完全に正しかった。彼によれば、自由な競争市場で決定される株価は、その株式に興味を持つすべての人々（資本家、企業の役員、投資家、従業員、顧客など、その株式を売買する可能性のあるすべての人々）の総合的な知識と評価を反映したものである。この株式市場の評価はおそらく将来の産業状況に対する最も正しい評価であり、そこにはすべての当事者の周知の事実、予想、推測、願望、恐怖などが反映されている。

　ダウのこうした考えを著書にまとめたのがウィリアム・ピーター・ハミルトンであった。彼は1922年に出版された『ストック・マーケット・バロメーター（The Stock Market Barometer)』のなかで、広く利用され、また多くの誤用も引き起こしていたダウ理論を明確化してその論理を確立した。しかし残念なことに、理解力のない多くの人々はその「バロメーター」の基本的なコンセプトをよく理解しない

で、ダウ理論を大金や名声を簡単に入手できる魔法の理論といった程度のとらえ方しかできなかった。その一方で、その「バロメーター」の不備を探していろいろな修正を加える人々もいた。彼らは本来のダウ理論の原則をいじくり回して、頻繁に出現するダマシや逆行の動きを回避する魔法の公式を確立しようとした。彼らが見落としていたのは、ダウ平均株価は単に主力株価の平均にすぎないということである。ダウ理論が間違っているのではなく、いわばどのような体型の人（やせた人と太った人、背が高い人と低い人）にもフィットするスーツといったような、単純で普遍的な公式を作ろうというそうした考え方自体が間違っている。

　1920〜30年代になると、リチャード・W・シャバッカーがやや別の角度からテクニカル分析の問題に取り組んだ。フォーブス誌の株式担当編集長だったシャバッカーは、その新しい解答を見いだそうと研究を重ねた。その結果、平均株価に現れた重要な動きは多くの構成銘柄の類似する動きを反映していることが分かった。彼はその著『ストック・マーケット・セオリー・アンド・プラクティス（Stock Market Theory and Practice）』『テクニカル・マーケット・アナリシス（Technical Market Analysis）』『ストック・マーケット・プロフィット（Stock Market Profits）』のなかで、ダウ理論で重要と考えられている「シグナル」が平均株価に現れたときは、それと同じほど重要な意味を持つシグナルが個別株式のチャートにも出現していることを明らかにした。

　このような株式のテクニカルパターンに注目した人はほかにもいたが、それらをテクニカルな理論にまとめて体系化したのがシャバッカーだった。彼は各種株式のチャートにさまざまな新しいテクニカルパターンを見いだしたばかりでなく、通常では平均株価の陰に隠れて表面化しない、したがってダウ理論には表れない個別銘柄のパターンについても研究した。シャバッカーの晩年に研究に加わった義兄弟のロ

※リチャード・W・シャバッカーは『魔術師たちのトレーディングモデル』（パンローリング）に登場

バート・D・エドワーズは彼の最後の著書を完成するとともに、テクニカル分析の研究を引き継いだ。1942年にはマサチューセッツ工科大学の同窓生であるジョン・マギーが研究に加わり、マギーはテクニカル分析の科学的なアプローチを推進した。エドワーズとマギーはそれまでの研究結果を全面的に見直し、ダウ理論を再検討する一方、シャバッカーが発見したテクニカルパターンについて再考察した。これによっていくつかの新しい応用の手法が明らかになったほか、テクニカル分析のプロセス全体がいっそう科学的になった。

エドワーズとマギーによるテクニカル分析の研究から明らかになったポイントは次のようなものである。①株式市場は個別銘柄の価値を極めて民主的に反映している、②自由な競争市場における株価は、その株式に対する投資家のすべての周知の事実、考え、予想、願望または恐怖などを反映している、③したがって、株価とはすべての市場参加者の行動と考えを総合したものである、④株価とは買い方と売り方の力関係を反映し、その株式のその時点における「真の価値」を表している、⑤メジャートレンドは明らかな反転の証拠が現れるまで継続すると考えられる、⑥日足、週足または月足チャートから、またはその株式の値動きに表れたそのほかのテクニカルな研究を通じて、個別銘柄の将来の動きをかなり高い確率で予想することが可能である。

投資家やトレーダーにとってその株式の最終的な価値とは、その株式から最終的に得られるものである。つまり、投資家が持ち株を売却するときの株価、または配当金などを含むその時点での利益につながる市場価格である。例えば、投資家が配当金が5ドルの株式を25ドルで購入し、それが35ドルに値上がりすれば、その実質的な評価益は15ドルになる。このように株式の総利益は配当金＋値上がり益の合計である。

ところで、ある株式の市場価格を純資産、またはその企業の利益、配当水準、成長見通しなどに基づく「価値」と比較したり、関連づけ

ることはまったく無意味である。そのような価値に影響を及ぼす要因は極めて多岐にわたり、一部の要因を単純な指標で表すことはできない。例えば、その企業に対する買収の動きがあれば、利益成長の期待からその株式の市場価値は増大するだろう。その反対に何年にもわたって赤字と無配を続けている企業の株式でも、多くの投資家が将来には大きく成長する可能性を秘めていると考えれば素晴らしい投資対象となる。マーケットは過去の業績ではなく、将来の可能性を高く評価する。このほか、インフレの時期には多くの株式が大きく値上がりするだろう。それは企業業績の改善よりもお金の購買力の減価を反映しているからで、そのような時期には資金が預貯金から株式市場に流入する。

エドワーズとマギーは1942〜48年の研究を通じて、株式の新しいテクニカル分析の手法を確立し、それを実際の株式市場に当てはめてみた。1948年に出版されたその画期的な書物がこの『テクニカル・アナリシス・オブ・ストック・トレンド（Technical Analysis of Stock Trends)』である。今回で7版を重ねた本書は、株式のテクニカル分析の分野では自他共に認める権威的な名著である。多くの学校や大学で授業のテキストとして使われているほか、多くの投資家やトレーダーの不可欠の売買ツールとなっている。1951年にエドワーズは株式分析家としての第一線から退き、その仕事を引き継いだジョン・マギーは1953年1月から1956年3月まである投資コンサルティング会社のチーフ・テクニカルアナリストとして研究を続けた。1950年から始まったマギーの研究はそれまでとは新しい方向に目を向け、テクニカル分析の未開の研究分野に進んでいった。

マギーはダウ、ハミルトン、シャバッカー、そしてエドワーズの研究成果を踏まえて、新しいテクニカルツールを確立すべく研究を重ねた。その研究は長く辛い作業であり、その努力が報われないことも珍しくなかった。あるひとつの研究に4カ月にわたる数百枚のチャート

作成と数千回に及ぶ計算を要したが、何の成果も生まないこともあった。しかし、ついに1951年末にマギーは重要で実践的な新しいコンセプトを見いだしつつあった。それはテクニカル分析法という建物の基礎となる新しいレンガのようなものだった。

　その新しいツールは革命的といったものではなく、これまでのテクニカル分析の基本的なアプローチの延長線上にあるものである。それは従来のアプローチを進化させ、いわば既存の理論に貴重な実用的ツールを付加したものであった。これによって、それまで使われていたほかの分析手法よりも素早く、いっそう正確に難しいテクニカルパターンを予想・解釈できるようになった。マギーはその新しいテクニカル分析ツールを「デルタ・スタディ」と呼んだ。それは従来のテクニカル手法を基本的に拡充・改良したものであるが、それは魔法の公式といったようなものではない。それはすべてのトレードで確実な利益を約束するものではなく、いわば本書に盛り込まれたテクニカル分析手法の補足ツールとして、実際の株式取引で実践すれば数年間には大きな成功をもたらすといったものである。

　マギーは自らのテクニカル分析の生涯を通じて、次の3つの原則を強調している。すなわち、①株価はトレンドを描いて動く傾向がある、②出来高はトレンドとともに変化する、③いったん形成されたトレンドは一定期間にわたり継続する傾向がある。本書の多くの内容は、（形成されたトレンドは株価の反転が起きるまで継続する傾向があるという原則を含め）さまざまなチャートパターンの研究に充てられている。ヘッド・アンド・ショルダーズ、天底型、W型パターン、三角形、長方形などは株式市場のテクニカルアナリストにとってはおなじみのパターンであり、少し難しいパターンとしては円形底や下向きのネックラインなどがある。

　マギーはいつも投資家に対して、下降相場で底が完成されないうちに底値で買おうとしたり、またはナンピン買い下がりなどはけっして

すべきではなく、トレンドの方向に沿って取引するように訴えていた。また特にマーケットが向かう方向を予測したり、翌年末にダウ工業株平均がどのくらいになっているのかを予想するようなゲームには参加すべきではないと警告していた。マギーによれば、平均株価がどちらに向かおうとも自分が売買するのは個別株式であり、この点をよく認識して投資銘柄を選択しなければならない。このほかチャートが売りシグナルを出しているときは、買いとまったく同じように空売りを行ってもよい。

　1997年1月
　　　第7版の編集者兼改訂者　リチャード・マクダーモット

第5版序文

『テクニカル・アナリシス・オブ・ストック・トレンド（Technical Analysis of Stock Trends)』の第4版16刷は、初版とほとんど変わっていない。これは、故ロバート・D・エドワーズが株式市場の基本的で典型的な動きを分かりやすい表現で言い尽くしているからである。重要なテクニカルパターンを説明しているチャートを、それが単に古いというだけで捨て去る理由はまったくない。その代わりに、類似した例や最近のまったく新しい市場の動きなどを随所に挿入した。それらは、競争市場における株価の特有の性質は長い年月を経ても変わらないし、人間の行動の「よくあるパターン」が同じような株価のトレンドと値動きを生み出していることを立証している。

　第5版の主な変更点は、テクニプラット目盛りによるほぼすべてのチャートを全面的に書き直して新しい図と取り替えたことである。この作業中に以前には気づかなかった目盛りやタイトルのちょっとした間違いなども判明したので、それも訂正した。

　この改訂版のチャートを作成したり、旧版の図を差し替える困難な作業は、チャート部屋で一緒に仕事をした2人の野心的な若者であるアンネ・E・マホーニーとジョセフ・J・スペゼスキーが担当した。しかし、この2人の若者をたまにはこの仕事から完全に解放してやるために、ときには数カ月にわたってほかのスタッフが彼らの仕事を代わってやった。このような理由から、この改訂作業はチャート部屋のスタッフ全員の力によるものである。

1966年12月3日

　　　　　　　　　　　ジョン・マギー

第4版序文

　初版が出版されてから何年もたつが、「株式市場はこれまでとまったく同じ動きを繰り返している」。初版で説明したほぼすべてのテクニカルパターンはこれまでに何回も出現しており、こうした株式の習性は将来も大きく変わることはないだろう。もちろんこれには、自由市場が完全になくなるといった経済上の大変革は起こらないという前提がつく。

　株式市場の基本的な性質はほとんど変わっていないので、第1部の「テクニカル分析の理論」を全面的に変更する必要性はまったくなかった。旧版の内容を詳細にチェックし、最新の資料を必要とするところだけを改訂した。第2部の「トレード戦術」については広範な改訂が必要だった。それは株式の特有な性質の問題を取り扱ったこと、委託証拠金率や取引ルールが変更されたことによる。このほか、トレード戦術面でのテクニカルな手法の適用についても少し手直しして、これまで同様に第2部に掲載した。

　ストップロスオーダーの使用についてはそれほど重視しなかった。初心者のみならず、経験が豊富なトレーダーについてもその必要性があまりないと思われたからである。常にメジャートレンドに従うという原則は、バランスと分散投資を通じて投資資金を安全に守るというように修正した。一部の銘柄に集中投資する危険を避けるために、「評価指数」の利用法も紹介した。これはメジャートレンドに従うという投資戦術を幾分修正したものである。これはまた、「総合レバレッジ指数」や許容リスクの決定ということにも関係がある。

　第4版では活字がすべて組み替えられた。初版で使用したチャートはさまざまなポイントをよく説明しているのでそのまま再掲した。しかし、新しい章には最近のマーケットからとったチャートを多数使用

している。それらを見ると、同じパターンが繰り返し現れているのが分かる。付録の「感応度指数」は全面的に計算し直し、さらに重要な多くの株式を含めるためにそのカバー範囲を拡大した。これらの骨の折れる数字の計算はフランク・J・カートとマルセラ・P・カートの両氏に手伝ってもらった。校正と改訂作業はベバリー・マギーとエリナー・T・マギーが担当した。

　1957年1月1日

ジョン・マギー

第2版序文

　第1版の部数がすべて売り切れるには何年もかかると思われたが、すぐに売り切れてしまった。そればかりでなく、特に宣伝したわけでもないのに、この本を読んだ投資家の人たちが口伝えで薦めてくれたので、この6カ月間に重版本も驚くほど売れている。これは著者にとってはまことにうれしいことである。

　この新版を出版するに当たって、初版を詳しく読み直してみた。そして過去2年間に株式市場で起きたことをチェックし、それらを同じ時期に描いたチャートと比較したところ、初版の内容を変更・増補する必要はまったくないという幾分驚くべき結論に達した。このため編集上の小さな改訂を加えただけである。

　最近の株式市場のチャートを追加すればもっと面白くなったであろうが、印刷費がかなり値上がりしているので、そのようなチャートを追加すれば本の値段が極めて高くなることが分かった。チャートの新鮮さを別とすれば、新しいチャートを追加したからといって、この本に何か新しい内容が追加されるわけではない。それは同じ性質や意味を表すほかのチャートと取り替えるだけであり、これまでのチャートでも現在の株価の動きは十分に説明している。

　初版のまえがきに書いたように、「株式市場はこれまでとまったく同じ動きを繰り返している。それらのパターンを知ることの重要性は、すべてのトレーダーや投資家にとって少しも低下していない」。過去20年間に繰り返し現れた同じようなパターンが、現在のチャートにも頻繁に出現している。株式市場のそうした動きや人間の心理はまったく変わっておらず、これからも変わると考える理由は何もない。

1951年5月1日

ロバート・D・エドワーズ

まえがき

　この本はウォール街のプロ向けではなく、むしろ一般の個人投資家のために書かれたものである。しかし個人投資家とはいっても、本書の読者は少なくとも株式や債券の性質について基本的な知識を持っていること、ブローカーと取引があること、新聞の株式欄には目を通していること——などが前提になっている。したがって株式市場の専門用語や手続きなどの説明は省略されている。しかし、主なテーマである株式市場のテクニカル分析の理論と専門用語については詳しく説明するように努力した。

　第1部は主に、テクニカル分析の先駆者である故リチャード・W・シャバッカーの研究と著書をベースに書かれている。その『テクニカル・アナリシス・アンド・ストック・マーケット・プロフィット（Technical Analysis and Stock Market Profits）』を読んだ人は、チャート以外に新しく書き加えられたものはほとんどないことが分かるだろう。過去数年間に実施された新しい取引規制、キャピタルゲイン税の負担を重くした新しい税制、株式の正しいデータを入手する情報源の進歩、経済の特定部門における急激な変化でさえも株式市場の株価パターンを変えなかったこと——こうした事実については、著者を含むテクニカル分析の研究者もただ驚くばかりである。

　以前にはよくチャートに現れていた株の買い占めなどによる株価操作の形跡は、現在ではほとんど見られない。このようにかつてはよく出現していたが、現在ではめったに見られない投資家にとって実際的な意味のない一部の株価パターンについては本書から除外した。しかし、株価の習性をわずかに変えただけのもの、またはその基本的な性質を失っていないチャートパターンなどはもちろん本書に収録されている。株式市場における著しい出来高の減少（その一因は明らかに取

引規制にある）は、しばしば株価のダマシの動きを誘発したり、または活気のない（したがってあまり儲からない）動きを引き起こしている。しかし、株式市場全体としては昔とほとんど同じ動きを繰り返している。それらのパターンを知ることの重要性は、すべてのトレーダーや投資家にとって少しも低下していない。

　第2部はこうした株価のさまざまなパターンや現象をトレード戦術に応用する問題を取り扱っており、その内容はまったく新しく書き直した。マギーは15年以上にわたり（さらに株式市場での経験は30年近くに及ぶ）、テクニカル分析の理論に基づいて株式投資を実践してきた。彼は数千枚のチャートを作成して数百回の売買を行い、あらゆる株価パターンにその理論の応用を試みた。ほぼすべての角度から売買手法と戦術、それらの結論を分析し、それによる利益を生活の資金とした。彼の功績は彼自身の投資実践に基づく賜物である。

　もうひとつ付け加えたいこと（これはあとでもしばしば出てくるが）は、テクニカル分析に基づく株式取引にも絶対に確実なものはないということである。むしろテクニカル分析に慣れるほど、その落とし穴や失敗に陥りやすくなる。「相場に勝つ」ための絶対確実な方法などあるわけがないし、将来にも絶対に存在することはないと断言する。それにもかかわらず、テクニカル分析の原則を理解し、それを賢明に株式投資に応用すれば、平均的な投資家にとっては既存の売買手法よりもはるかに大きな利益が得られるし、またかなり安全なアプローチでもある。

　1948年7月

　　　　　　　　ロバート・D・エドワーズ

第1部

テクニカル分析の理論
Technical Theory

第1章

株式の売買と投資に対するテクニカルなアプローチ

The Technical Approach to Trading and Investing

　この1世紀の人間活動のなかで、株式の売買ほどさまざまな角度から、そしていろいろな人々から徹底的に研究されてきた分野はあまりない。株式市場は株価の動きを正しく読む投資家にはばく大な報酬を与えるが、その一方で不注意でのろのろしている「不幸な」投資家に対する仕打ちは非情なものである。株式市場が世界で最も目ざとい一部の会計士、アナリスト、リサーチャーをはじめ、さまざまな変わり者、神秘主義者、直感に頼る投資家、そして希望に満ちた数多くの個人投資家を引き付けているのも何ら不思議ではない。

　才能のある人々は株式市場の動向とトレンドを正しく評価し、有望な株式をいつ買うのかを知るための安全で確かな方法を探してきたし、今でも探し続けている。こうした真摯な探求の試みはけっして無意味なものではなく、むしろその反対である。その証拠に、株式投資で成功した投資家や（悪い意味ではなく、この言葉の本来の意味での）投機家が数え切れないほどいるではないか。彼らはいろいろな方法で株価を動かすさまざまな要因を見抜く洞察力、株式投資で利益を上げるための判断力と先見性、そしてとりわけ重要な自制心などを身につけてきたのである。

　ここ数年間の株式市場に関する研究では、「どの株式を」「いつ」売買するのかという問題に対してまったく異なる2つの考え方が出てき

た。ウォール街の用語で言えば、そのひとつは一般にファンダメンタルズ分析、または統計的な方法といわれるものであり、もうひとつはテクニカルな方法である（最近では第三の方法としてサイクル理論も急速に発展してきたが、まだ少数派にとどまっている。もっともそれは経済変動を理解するのに極めて役立つ）。

　ファンダメンタリストは株価を統計数字に基づいて判断する。監査報告書、損益計算書、四半期バランスシート、配当実績、経営政策などを詳しく調査するほか、売り上げデータ、経営能力、生産設備、競争力なども分析する。このほか財政報告、生産指標、価格統計、農産物の予想などに基づいて経済状況を検討する一方、毎日の新聞を詳細に読んで将来のビジネス環境を予測する。ファンダメンタリストはこれらすべての要因を考慮して個別株式を評価する。もしもそのような評価額以下の安値で売買されている株式があれば、それを投資銘柄の対象として注目する（**編者注**　章末注としてロバート・プレクター氏のファンダメンタルズ分析に対する見解の要約を掲載した）。

　しかし、株式投資を始めたばかりで、経験不足から自分の分析方法とは異なる手法は不合理であり理解できないという初心者を別とすれば、実際には純粋なファンダメンタリストなどは存在しない。チャートやチャーチストをバカにしているような投資界の権威者でも、チッカーテープに記録される株式の値動きをフォローしているし、またダウ理論に対する敬意を隠すようなことはしない。彼らが理解しているかどうかは分からないが、ダウ理論こそ純粋なテクニカル分析の手法なのである。

テクニカル分析の定義

　株式市場で使われる「テクニカル」という用語は、普通の辞書の定義とはまったく違う特殊な意味を持つようになった。これは株価に影

響を及ぼすさまざまな要因を分析するのではなく、マーケット自体の動きを研究するものである。「テクニカル分析」とは個別銘柄や平均株価のヒストリカルな動き（値動きや出来高パターンなども含む）をグラフィカルな形で記録し、そこから将来のトレンドを推測する科学である（**注**　コンピューターの普及で多くのテクニカル分析では移動平均など数字をベースとした研究が盛んになり、マーケットの動きを完全に客観的にとらえようとする傾向が強まっている。**付録C**を参照のこと）。

　テクニカルアナリストは株価をその株式の内在価値によって判断するのは無意味であると考えている。例えば、USスチールは1929年初秋には261ドルであったが、1932年６月にはわずか22ドルで買うことができた。その後1937年３月には126ドルとなったが、１年後には38ドルまで下がった。1946年５月には再び97ドルまで上昇したが、それから10カ月後の1947年には70ドルまで下落した。USスチールはこの時期に史上最高の利益を上げ、市中金利は史上最低の水準にあったにもかかわらずである。USスチールのバランスシートによると、同社の１株当たり純資産は1929年末で約204ドル、1932年は187ドル、1937年は151ドル、1938年は117ドル、1946年は142ドルとなっている。このような推定価値と実際の株価の大きな格差はけっして例外的な現象ではなく、株価はいつもこのように動いているのである。このことはUSスチール株の実際の価値はその時点の純粋な需要と供給だけによって決定され、その結果がニューヨーク証券取引所の取引にそのまま反映されていることを意味する。

　もちろん、ファンダメンタリストが分析している統計的な事柄も需給の一部を構成していることは認める。しかし、株式市場にはさらに多くの要因が影響を及ぼしている。株価にはさまざまな評価者の考え方ばかりでなく、無数の潜在的な買い手と売り手の（合理的または非合理的な）願望、恐怖、予想、気分などのほか、さまざまなニーズや

資金力なども反映されている。つまり株価とは分析や統計化できない
すべての要因が総合的に織り込まれ、（証券会社やブローカーを通じ
て）買い手と売り手が出合って取引するひとつの明確な数字として表
示されたものである。それこそが意味のある唯一の数字である。

　テクニカルアナリストは、ファンダメンタリストが研究しているも
のはすでに過ぎ去った過去の記録であり、何の価値もないと断言する。
株式市場が関心を向けるのは、過去でもまた現在でもなく、常に未来
だけである。マーケットはその株式の将来の発展性を織り込み、さま
ざまな観点や評価基準に照らして未来を見ているすべての投資家の予
想や思惑を総合的に反映している。すなわち株式市場で形成される株
価には、統計分析家が知り得たファンダメンタルな情報はもとより、
インサイダーしか知らないような秘密の情報も、またはそれ以上に重
要な情報などのすべてが反映されている。

　以上のような真実をすべて認めたとしても、「株価はトレンドを描
いて動き、そのトレンドは需給バランスを変化させるような何かが起
こるまで継続する」という、経験者であればだれも疑わないような事
実が存在しなければ、それは無意味なものとなる。その需給バランス
の変化は一般にマーケット自体の動きのなかに存在する。何か意味の
あるパターンやフォーメーション、株価の水準や領域がチャートに現
れると、そこから将来の株価の方向を予測できる。それは絶対に正し
いとは言い切れないが、かなりの確率で正確である。これまでの長い
経験で立証されているように、それらのパターンのほうが豊富な情報
を集めた優れた統計家よりもはるかに先見の明を持っている。

　テクニカルアナリストはさらに、出来高の正確な記録とマーケット
のバックグラウンドやその変化を研究する十分な時間があれば、名前
も知らない株式のチャートを見ただけで将来の株価を予測できると主
張する。彼らによれば、そのチッカーシンボル（証券コード）さえ分
かれば、その会社の名前、業種、生産・販売商品、資本構成など何も

図1 1929年1月～1946年12月のUSスチールの月足チャート。1929年（高値 261 3/4ドル）～32年（安値21 1/4ドル）、1932～37年、1937～38年、1942 ～46年の大きな値動きを各年の純資産と比較しよう。

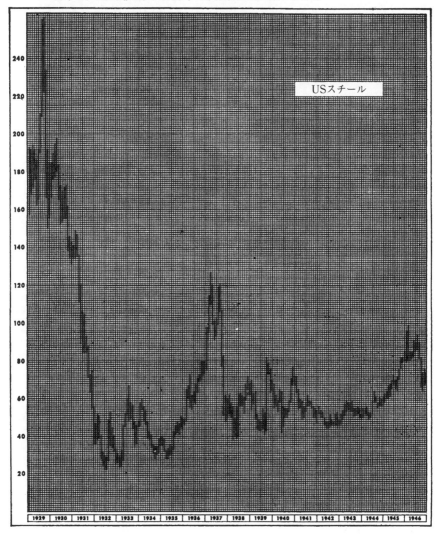

知らなくても、その株の売買で儲けることができるという。もちろん、こんなことはとてもお勧めできないが、そのテクニカルアナリストがかなりの経験を積んでいれば、その言葉どおりのことができるだろう。

　もしも読者の皆さんがこれまで述べてきた株式投資のテクニカルなアプローチをまったく受け入れられないと思うならば、これ以上本書を読み進むのはやめたほうがよい。これがテクニカルなアプローチの基礎、そしてテクニカル分析の科学であり、これ以降はすべてこの問題を取り扱っているからである。

編者注　エリオット波動理論──その概要と解説
(1984年12月15日付の「ジョン・マギー・マーケット・レターズ」からの引用)

　われわれは今週、全米テクニカルアナリスト協会の12月定期会合に出席した。長期の購読者であれば、同協会が1978年にジョン・マギーを「マン・オブ・ザ・イヤー」に選んだことを覚えておられるだろう。このときのスピーカーは、エリオット波動理論に基づいて株式相場を予測した『エリオット・ウエーブ・セオリスト(The Elliott Wave Theorist)』の著者であるロバート・プレクター氏だった。

　購読者にとって大きな関心があるのは、テクニカル分析に対するプレクター氏の考え方であろう。忘れてはならないのは、エリオット波動理論とは何よりも株価の動きだけを重視しており、そこから将来の主要な株価パターンを予測するという点ではいわば純粋なテクニカル分析なのである。同氏のファンダメンタルズ分析に対する定義と考え方は次のようなものである。

1．まず最初に「テクニカル」と「ファンダメンタル」なデータを定義すれば、テクニカルなデータとはマーケットの動きに関するデータである。

2．ファンダメンタルズ分析の大きな問題点は、その分析対象がマー

ケットそのものから離れていることである。ファンダメンタルズ分析家はさまざまな外部要因とマーケットの動きとの因果関係を求めようとしているが、そのような考え方はまったく間違っている。さらに重要であまり理解されていないのは、ファンダメンタルズ分析ではファンダメンタルなデータに基づいて未来を予測し、そこからマーケットの動きの結論を引き出そうとしていることである。そしてそのような予測的な要因がマーケットにどのような影響を及ぼすのかという結論を出そうとしている。一方、テクニカルアナリストはマーケットの動きだけを見ており、その大きなメリットはさまざまな要因に基づいた予測はしないことである。

3．ファンダメンタリストのそのような2段階のステップは、ちょうど流砂の上に家を建てようとするようなものである。……ファンダメンタルズ分析の主な目的は、その会社の今期と来期の業績を予測して、そこから妥当な株価を予測することにある。しかし、実はそのような予測はまったく当てにならないもので、6月号のバロンズ誌によれば、ダウ工業株30銘柄の今期利益に対する予測外れ率は平均で18％、来期の利益予想になるとその比率は54％にも達している。この事実を見ても、正しい利益予想が株式市場で勝者になれる方法であるという考え方がまったく間違っているのが分かるだろう。さらにバロンズ誌の同じ記事によれば、最も高い利益予想のダウ平均構成の10銘柄を購入したとき、過去10年間のその複利リターンは推定40.5％だったのに対し、最悪の利益予想の10銘柄の同リターンは何と142.5％に上ったという。

　以上がファンダメンタルズ分析とテクニカル分析に対するプレクター氏の見解であるが、テクニカル分析に対するこのような見方はわれわれの考えとは同じではない。またファンダメンタルズ分析に対する彼の考え方についても、すべての点について賛成することはできない。

第2章

チャート
Charts

　チャートはテクニカルアナリストの道具である。チャートはマーケットで起きたことは何でもグラフに表し、そこから株価の指標を引き出せるようにいろいろな形が開発されてきた。月足チャートにはその月の取引記録が1本の線に凝縮されており、それ以外にも週足、日足、時間足などのチャート、ポイント・アンド・フィギュア、ローソク足などがある。一般的なチャートは普通目盛り、対数目盛りなどで表され、株価の動きを映している。そこにはまた移動平均、出来高、平均株価、端株取引指標、信用取引残、その他のさまざまな比率・指標なども記入されている。これらの数字はすべて、株式市場で実際に取引されたデータを直接または間接的に表したものである。

　それらの数字の多くはプロのアナリスト向けのもので、われわれはそのすべてに目を向ける必要はない。それらのデータからマーケットのトレンドの変化を正確にかつ自動的に知らせてくれるメカニカルな指標（または指標の組み合わせ）を見つけだそうという努力が続けられてきたが、そうした試みは少なくとも今までのところはまったくの徒労に終わっている。われわれの経験によれば、そのような指標はしばしば混乱を招き、ときには最もクリティカルなときにダマシのシグナルを出す。この本は一般の個人投資家、ビジネスマン、実業家などのために書かれたものであり、これらの人々は株式投資にすべての時

間を振り向けることはできないだろうが、少なくとも1日に数分間は株式投資の研究に時間を充てるべきである。本書の理論と方法をマスターするうえで必要なものは単純な形の株式チャートだけであり、それは毎日取引される株式の高値・安値・終値と出来高の記録である。日足チャートの代わりに特定目的向けに週足や月足チャートを使用することもあるが、それらのチャートは既製品を買ったり、または一般に販売されているソフトからも簡単に入手できる。

　以下に述べるほぼすべてのチャートは日足チャートである。日足チャートを作成・保存するのは簡単である。グラフ用紙（どんな種類のものでもよい）、株式取引に関するすべてのデータを正確に記録した新聞、鉛筆、それにわずかな時間があればよい（**編者注**　最近ではパソコン向けのパッケージソフトを利用してさまざまなデータを入手できる。こうしたテクノロジーの進歩でチャートを手書きするという負担は著しく軽減された。このようなテクノロジーの進歩の欠点を敢えて挙げると、チャートの手書きによる「感じ（フィーリング）」が得られないことか）。

　一般に普通の日足チャートの横軸は時間を表し、縦軸の交差点では左から右に日付を記入する（行間を使う人もいる）。縦軸は株価を表し、株価の下のスペースには毎日の出来高を記入する。新聞の株式欄には毎日の始値・高値・安値・終値と出来高が掲載されている（端株については本書の研究対象外なので除外する）。チャートを描くにはその日の高値と安値を結ぶ線を引き、終値を表す水平の短い線を加えればよい。終日値動きがなく、高値・安値・終値がまったく同じこともあるが、そのときは終値を示す水平の点を記入する。出来高は下に垂直の線で表す。

　始値は記入する必要がない（**注**　エドワーズは始値は重要ではないと考えていたが、私を含むテクニカルアナリストは始値も重要であり記入すべきであると考えている。例えば、ローソク足のチャートでも

始値は極めて重要であり必ず記入する）。われわれの経験によれば、始値は将来の株価を予想するときにあまり重要ではないが、終値は極めて大切である。新聞の株式欄をたまにしか見ない人たちは終値だけ見ている。終値はその日の株式市場が最後に評価した株価を表している。立ち会い当初だけ取引が出来てそのあとに取引がないときはその株価が終値として記録され、その数字が翌日の投資プランを立てる多くの投資家のベースとなる。終値のテクニカルな重要性については、あとの章でさまざまな角度から検討する。

チャートのさまざまな目盛り

　チャートに関する細かい問題については第2部で取り上げるとして、ここではチャートの特徴についてひとつだけ記しておく。ごく最近に至るまで、ほぼすべての株式チャートでは普通目盛りのグラフ用紙が使用されてきた。しかし、現在では対数目盛りのグラフ用紙を使うチャーチストが増えている。これまでの経験によれば、対数目盛り用紙は極めて便利であり、本書に掲載されているチャートのほとんどは対数目盛りで表示されている。対数と普通目盛りのグラフ用紙は一目で区別できる。普通目盛りのグラフは垂直目盛りが等間隔になっており、どの目盛りも同じ量（金額）を表しているのに対し、対数目盛りは等分比となっている。普通目盛りでは10〜20ドル、20〜30ドル、30〜40ドルはみな同じ間隔である。一方、対数目盛りでは10ドルから20ドルは100％の増加を表しており、同じように20ドルから40ドル、40ドルから80ドルも100％の増加を表すので同じ間隔である。

　増減比率が株式投資で重要であるのは言うまでもない。対数目盛りグラフであれば値がさ株と低位株が直接比較できるので、そのなかから最も投資効率の高い銘柄を選ぶことができる。またストップロスオーダー（損切りの仕切り注文）を入れる水準も決めやすい。この2つ

の目盛り用紙に保ち合いパターンを表すと同じように見えるが、一部のトレンドラインは対数目盛りグラフのほうがはっきりと分かる。対数目盛りグラフはだれでもすぐに慣れるので、このグラフ用紙の使用を強くお勧めする。しかし、対数目盛りグラフを使うことのメリットは、普通目盛りグラフを使い慣れた人がすぐに替えなければならないほど大きなものではない。増減比率の計算が必要なときはほかのグラフ用紙でも、または頭のなかでも計算して普通目盛り用紙に記入できる。

　技術者や建築家などが使うグラフ用紙を取り扱っている店で株式チャートの専門用紙を販売している。この用紙は太い線で1週間が区分され、そのなかに6日間のマークが付いている。アメリカの株式市場で取引されているどんな株式でも記入できるように、縦軸は8つに分割されている。対数や普通目盛りのグラフ用紙、そしてどんなサイズの用紙も入手できる（**注**　もちろん、このグラフ用紙の問題は手書きするチャーチストだけの問題である。**付録D**の資料に掲載したソフトを使えば、さまざまな目盛り・種類の株価やチャートをパソコンの画面上で簡単に表示できる）。

　週足の縦線は1週間の取引を表す。株価レンジはその週に動いた値幅、出来高は1週間の合計を表し、終値は省略してもしなくてもよい。株価レンジはその週に成立した高値と安値を結んで表すが、いつ高値・安値を付けたのかは分からない。月足も同じように表すが、一般に出来高は記入しない。週足と月足チャート（長期または大勢チャートと呼ばれる）は、重要な支持圏・抵抗圏と長期のトレンドを見つけるために使用される。読者の皆さんが自分で週足チャートを作りたいときは、日刊紙（ニューヨーク・タイムズ）の日曜版やバロンズ誌のビジネス＆フィナンシャル・ウィークリーなどで前週の株式要約データを見ればよい。

　この章の結論として（もちろん、チャートについてはこれ以降もし

ばしば取り上げるが）、チャート自体は特別な効力や魔力を持っているわけではない。チャートは単にわれわれが関心を持つ株式の取引の歴史をグラフ化したものにすぎない。ヒストリカルな株価を頭のなかでグラフ化できる人にはチャートは必要ない。必要なデータやチャートを、必要なときにいつでも頭のなかから取り出せるからだ。チャートを使わない熟練したプロの「テープリーダー」は並外れた記憶力を持っているので、グラフ化した記録は必要ではない。しかし、われわれのほとんどはそのような才能には恵まれていないので、やはりチャートは必要かつ便利である。チャートは将来の確率の分析に極めて役立つからである。

　ウォール街には「チャートが悪いのではなく、チャーチストが間違っている」という諺がある。これは、重要なことはチャートではなく、その解釈であることを意味している。チャートの分析は簡単ではなく、だれにでもできるというものではない。これは株式投資を行うとき、チャートに基づく売買手法などは考えようともしない行き当たりばったりの投資家のことを言っているのである。チャートのなかにそれまで考えたこともなかったような何かを発見することもよくあり、それには間違った行動を回避することも含まれる。もしもこれまでにチャートを使ったこともなく、またチャートにあまり関心を持たなかった人がチャートを真剣に研究すれば、チャートが示唆する深い意味を発見して非常に驚くだろう。

第3章

ダウ理論
The Dow Theory

　ダウ理論はすべてのテクニカル分析の基礎である。ダウ理論はその有効性を受け入れようとしない人々から、シグナルを出すのが遅すぎる（特に弱気相場の初期）と批判されているが、株式市場に関係している人であればだれでもこれを知っており、ほとんどの人々はダウ理論に敬意を払っている。多くの人々は投資プランの決定に当たって多かれ少なかれダウ理論を参考にしているが、この理論が純粋にテクニカルな理論であることを知っている人は少ない。ダウ理論は株価の動きだけに基づいており、ファンダメンタリストが重視する統計数字はまったく使用しない。

　ダウ理論の開発者であるチャールズ・H・ダウが書いた物を読むと、彼は株式市場の動きを予測したり、または投資家向けのガイドとしてダウ理論を考案したのではなく、むしろ一般的な景気トレンドを読むためのバロメーターとして開発したようだ。ダウはダウ・ジョーンズ・フィナンシャル・ニュース・サービスを創設し、またダウ平均株価を開発した人でもある。ダウ理論（彼の死後にダウ理論と名付けられた）の基本的な原則は、彼がウォール・ストリート・ジャーナル紙に書いた論説のなかで説明されている。ダウが亡くなった1902年に同誌の編集長を引き継いだウィリアム・P・ハミルトンがダウのその原則を取り上げ、その在任期間中の27年間にそれらをまとめて、今日われ

われがダウ理論と呼んでいるものを作り上げた。

　ダウ理論の説明に入る前に、そこで使用されている平均株価について説明する必要があるだろう。ダウの時代よりもずっと以前からすでに銀行家や企業家たちは、ほとんどの大手企業の株式は同じように動く傾向があるという事実を知っていた。株式が一般経済のトレンドと反対の方向に動くことはほとんどなく、仮に反対方向に動いたとしてもそれは数日か数週間の一時的な動きである。好景気のときに一部の株式がほかの株式よりも急速に上昇し、不景気のときにほかの株式が下げ渋っているなかで、一部の株式は急落するといったことがあるとしても、ほとんどの株式は一緒に動くのである（これは現在も同じであり、将来もまたそうであろう）。この事実は長い間よく知られ、当然のことと考えられてきたが、その重要性は完全に見落とされてきた。この事実は本書で扱う問題のなかでは、どの角度から見ても極めて重要なことである。テクニカル分析を研究しようとする者がダウ理論から始めるひとつの理由は、ダウ理論が株式市場の全体的なトレンドを重視しているからである。

　チャールズ・ダウは株式市場の全体的なトレンド（もっと正確に言うと株価水準）を、いくつかの代表的な銘柄による「平均株価」という言葉で表そうとした最初の人である。ダウ平均は1897年1月に今日のような形に作られ、ダウによって株式市場のトレンドを研究するために使用された。ダウ平均には2つの平均株価がある。そのひとつは20の鉄道株で構成されているもので、鉄道会社はその当時の代表的な企業だった。もうひとつは工業株平均と呼ばれているもので、さまざまな業種の代表的な企業の株式で構成され、最初の採用企業は12社だった。採用企業数は1916年には20社に、1928年10月1日には30社となった。

ダウ平均株価

　平均株価に採用されている銘柄はその時代を代表する業種の企業であり、それゆえに時代とともに変化してきた。現在の工業株30社のうち、当初から工業株平均に採用されているのはゼネラル・エレクトリックだけである。この会社も1898年には除外され、その後再び採用されたという経緯がある。公益事業会社は1929年に工業株平均から除外され、20社による公益株平均が作られたが、1938年にはその数が15社に減らされた。鉄道株20社、工業株30社、公益株15社が今日のダウ・ジョーンズ総合65種平均となった。平均株価の採用銘柄の変遷とその計算方法の歴史はとても興味あるものである（**注**　巻末の参考資料を参照。現在ではさまざまなダウ平均がある）。しかし、われわれの今の目的であるダウ理論は鉄道株平均と工業株平均が中心であり、公益株平均や総合株価平均はここでは取り扱わない（**注**　鉄道株平均は現在では運輸株平均と呼ばれている）。最近ではダウ平均株価はその日の終値とともに、1時間ごとの株価も表示されている（**注**　現在ではインターネットを通じてリアルタイムな株価データが入手できる。それらのデータはウォール・ストリート・ジャーナル紙をはじめ、さまざまなデータソースからも得られる。オプションや先物取引では平均株価のそうしたリアルタイムな情報が不可欠である）。同誌はまた、過去2〜3年間の各平均株価の高値・安値の一覧表も掲載している。毎日の終値はその他の多くの日刊紙にも掲載されている。

ダウ理論の基本原則

　ここでダウ理論に戻って、その基本原則について説明しよう。

1. 平均株価は（不可抗力の出来事を除く）すべてのものを織り込む
——平均株価にはすべての投資家の株式市場の行動が反映されている。

投資家のなかには高度な洞察力を備えた人、トレンドやさまざまな出来事について詳しい情報を持っている人もいる。ダウ平均の日々の動きには周知のこと、予測可能なこと、個別株式の需給に影響を及ぼす要因などのすべてが織り込まれている。予測できない自然の災害でさえもそれが起きると直ちにそれを評価して、その予想される影響を織り込んでしまう。

2．3つのトレンド——全体の株価を意味するマーケットはトレンドを描いて変動し、そのなかで最も重要なものはメジャートレンド（Major or Primary Trend）である。これは1年以上に及ぶ大きな動きで、その結果として20％以上の株価の上昇・下落となる。メジャートレンドはしばしばそれとは反対の方向に進む修正トレンド（Secondary Swing）によってさえぎられるが、反動とか調整と呼ばれるこうした動きはメジャートレンドが一時的に行きすぎたときに起こる（調整とメジャートレンドをさえぎるようなこのような動きをまとめて「修正的な動き」と呼ぶ。この言葉はこれからも頻繁に出てくる）。この修正トレンドはマイナートレンド（Minor Trend）、またはダウ理論ではそれほど重要ではない日々の変動で構成されている。

3．メジャートレンド——これは1年以上または数年間にわたる大きな上昇・下降の動きである。それぞれの上昇局面が先の水準よりも高く、それぞれの調整も先の水準より高いところで下げ止まれば、メジャートレンドは上昇である。これが強気相場と呼ばれる。その反対にそれぞれの戻り局面が先の戻り水準に達しないときのメジャートレンドは下降であり、これは弱気相場と呼ばれる（強気・弱気という用語はすべての上昇・下降の動きについてはっきりした定義なしに使用されているが、本書ではダウ理論の意味におけるメジャートレンドを指して使用している）。一般に（少なくとも理論的には）メジャートレンドは、3つのトレンドのなかで長期投資家が関心を向けるただひとつのトレンドである。長期投資家の目的は強気相場においてできるだけ

早く株式を買い、強気相場が終わって弱気相場の開始がはっきりするまでそれを保有していることにある。長期投資家はメジャートレンドに逆行する修正・マイナーな動きはすべて無視しても安全であると考えている。しかし、トレーダー（短期投資家）は中期トレンドに注目し、そこから利益を上げようとする（これについてはあとで詳述する）。

4．修正トレンド——メジャートレンドの方向をさえぎる反動的な動きである。これは強気相場の途上で起こる修正的な下落や調整であり、弱気相場では修正トレンド的な上昇または戻りの動きである。一般にこのような動きは3週間から数カ月続くが、それ以上になることはめったにない。また通常ではそれまでのメジャートレンドの3分の1から3分の2の逆行となる。強気相場では工業株平均が一貫してまたは小さい押しを入れて30ドル（現在では300ドル）ほど上昇したあとに中期的な調整が起こる。そこで10～20ドル押したあと、強気のメジャートレンドの新しい上昇局面が再開する。この中期的な調整の3分の1から3分の2の押しという基準は絶対的なものではなく、単なる確率の目安である。しかし、ほとんどの調整の動きはこの範囲内に収まり、その多くは中間点（メジャートレンドのこれまでの上昇幅の50％の押し）のところで終わる。3分の2以上の押しはめったになく、ときにはそれまでの上昇分のすべてを消すこともある。

　以上、修正トレンドの2つの基準について述べてきた。メジャートレンドの方向とは反対に少なくとも3週間続く反動の動き、すなわちメジャートレンドのそれまでの上げ幅（下げ幅）の少なくとも3分の1を押す（戻す）ような株価の動きを修正トレンドまたは真の調整と呼ぶことができる。もっとも、このような基準があるにもかかわらず、修正トレンドにはしばしば混乱させられる。というのは、このような調整の動きが続いているときに、それが調整のトレンドであると正確に認識することがダウ理論家にとって最も難しい問題であるからだ（この問題についてはあとでさらに詳しく検討する）。

5. マイナートレンド──これらはダウ理論から見るとあまり意味の
ない小さな変動（ときに3週間ぐらい続くこともあるが、普通は6日
以内で終わる）にすぎないが、これが集まって中期的なトレンドを形
成する。一般に中期トレンド（それが調整的な動き、またはメジャー
トレンドの一部として2つの調整局面に挟まれたものであろうとも）
は、一連の3つまたはそれ以上のはっきりしたマイナーなトレンドで
形成されている。こうした日々の変動に対するわれわれの結論はよく
間違ったものとなる。3つのトレンドのなかでこのマイナートレンド
だけが株価操作の対象となり（もっとも現在ではそれほど大規模な株
価操作ができるとは思えないが）、メジャートレンドと中期トレンド
についてはとても株価操作を行うことなどできない。米財務省が株価
操作に対して厳しい目を光らせているからである。

　ここでダウ理論の六番目の原則に進む前に、株式市場と海の動きを
比較することによってこれら3つのトレンドのコンセプトを分かりや
すくしておこう。マーケットのメジャートレンドとは潮の干満のよう
なもので、強気相場は満ち潮にたとえることができる。そこでは次々
と潮が押し寄せ、それが引き潮に変わるまで水位は上げ続ける。次の
引き潮が強気相場である。しかし、潮の満ち引きの間は波はずっと海
岸に打ち寄せては砕け、そして引いていく。満ち潮のときに波は少し
ずつ海岸に押し寄せてくるが、引き潮のときは先に波が押し寄せてき
た地点まで達しなくなる。引き潮のときの波は先に到着した地点より
も少し手前のところで止まり、引き返す波は少しずつ海岸を現すよう
になる。これらの波が中期トレンドであり、その流れは潮の方向と一
致または反対となる。一方、海面は波の方向と一緒にまたは反対の方
向に動いたりする小波によって絶えず振動している。それらは株式市
場のマイナートレンド（これはあまり重要ではないが）にたとえるこ
とができる。潮の干満、波、小波は株式市場のメジャートレンド、中

期、そしてマイナートレンドによく似ている。

潮の干満、波、小波

　干満表を持たない海岸の人たちは、砂浜に押し寄せてくる波の一番奥のところに棒を突き刺して潮の干満を判断するに違いない。もしも次に来る波が先の波が届いた棒のところを超えるならば、満ち潮と判断するだろう。一方、次々と波が押し寄せる場所に棒を移動させて、ついに波がそこまで達しなくなれば、満ち潮から引き潮に変化したことが分かる。ダウ理論家はこれと同じ方法で株式市場のトレンドを判断する。

　潮の干満、波、小波によるこうしたたとえはダウ理論の初期のころから用いられてきた。海の動きがダウ理論のそれぞれのトレンドにたとえられるのは確かだが、両者をあまりにも結び付けて考えてはならない。株式市場における潮や波は、海の動きのように規則的ではないからである。干満表では数年間の干満を正確に予想できるが、ダウ理論で将来の株式市場の動きを予想することはできない。この2つの比較についてはあとでもう一度触れることにして、以下ではダウ理論の残りの基本原則について話を進めよう。

メジャートレンドの各局面

　6．強気相場——上昇メジャートレンドは一般に（明確に決まっているわけではない）、次の3つの局面に分けられる。第一の局面は、（業績の悪い企業もまもなく立ち直ると考える）先見力のある投資家が、悲観的な売り方が投げた株式を拾い集め、売り物が減少するにつれて徐々に買い値を引き上げていくアキュミュレーション（買い集め）の段階である。この時期の企業の財務報告書はまだ悪く（最悪のことも

ある）、大衆は完全に株式取引に嫌気がさしてそこから手を引いている。取引は活発ではないが、上昇局面（マイナーな上げ）では出来高が増加し始める。

　第二の局面はかなりしっかりした足取りの上昇期間であり、企業業績が改善するにつれて出来高も増加し、企業収益の改善傾向が人々の注目を引き始める。テクニカルトレーダーはこの段階で最も大きな利益を得る。

　第三の局面では大衆が殺到し、株式市場は活況に沸く。財務や決算のニュースは良いものばかりで株価の上昇には拍車がかかり、それが新聞の第一面を飾るのでますます株式熱は高まる。「株が上げているが何か良い銘柄はないか」などと、知人が明るい声で電話してくるのもこの時期である。しかし、株価はすでに2年近く上げ続けており、「何を買うのか」よりもむしろ「何を売ったらよいのか」を考えたほうがよい時期に来ている。この局面の最終段階では途方もない投機買いで出来高はかなり高水準に上っているが、急落する株も次第に増えてくる。ボロ株（投資価値のない低位株）が人気を集めるが、多くの優良株は追随しない。

7. 弱気相場——下降メジャートレンドもまた3つの局面に分けられる。第一の局面は、強気相場の最終局面でスタートしているディストリビューション（売り抜け）の期間である。先見性のある投資家は企業の収益はすでに異常な水準に達したとして、持ち株の売却ペースを次第に速めている。出来高はまだ高水準であるが、上昇局面では減少傾向がはっきりしてくる。大衆はまだ活発に売買しているが、思ったほど利益が上がらず、次第に焦りを深めていく。

　第二の局面はパニックの段階である。買い方が少なくなる一方で、売り方はますます多くなる。株価は突然急落し、出来高もクライマックス的な水準に上る。このパニック局面（一般にこの段階は企業業績にかなり先行する）のあとは、幾分長めの中期的な戻りや横ばい状態

が続き、それから第三の局面が始まる。

　この最後の局面はパニック期間を通してずっと株式を保有していたり、または２〜３カ月前に比べて株価が安いと思って買った投資家の失望売りが大量に出る時期である。企業ニュースはかなり悪化し始めてきた。この局面が進むにつれて下降のペースはやや鈍化するが、保有株を現金化したい人々の売りは止まらない。ボロ株はすでに先の２つの局面でそれまでの上昇分をすべて消しているが、優良株の下降ペースはゆっくりである。というのは、優良株の保有者は最後までその株式を手放さないからだ。弱気相場の最終段階では、優良株が集中的に売られることもある。弱気相場は考えられる最も悪いニュースが株価にすべて織り込まれたときに終了する。それは一般に、すべての悪いニュースが出尽くす前に終わってしまう。

　以上述べた弱気相場の３つの局面は、ほかの専門家が分類しているものと同じではない。彼らはこの３つの局面で過去30年間のメジャー弱気相場を正確にかつ現実的に説明できると考えているが、どのような２つの弱気相場もまったく同じではないし、またどのような２つの強気相場も同じものはない。この３つの典型的な局面のうちのひとつが欠けているときもあるし、いくつかのメジャー上昇トレンドでは、第一の局面からいきなり急激な上昇の第三局面に移ってしまったこともある。またある短い弱気相場ではパニック局面がなかったし、1939年４月のように弱気相場がパニック局面で終了したこともあった。これらのどの局面にも時間的な制約を適用することはできない。例えば、熱狂的な投機の局面や大衆が活発に売買している強気相場の第三局面が１年以上も続くことがあるかと思えば、１〜２カ月で終わることもある。一般に弱気相場のパニック局面は数日で終わらなくても、２〜３週間のうちには終了するものである。しかし、1929〜32年の暴落相場では少なくとも５つの大きなパニック局面があった。このように同じケースは存在しないが、それでもメジャートレンドの典型的な特徴

は頭に入れておく価値はある。もしも皆さんが強気相場の最終局面に現れる一般的な特徴を知っていれば、そのときの熱狂的な雰囲気に惑わされることもないだろう。

確認の原則

8．2つの平均株価は確認されなければならない——これは最もよく質問される問題であるが、ダウ理論の原則のなかで理論的に説明するのが最も難しいものでもある。しかし、これまでの長い期間にわたってこの原則の正しさはすでに証明されており、これまでの記録を詳しく研究した人であればだれもこの原則の有効性を否定しないだろう。この事実を無視していた人たちが、あとになってそのことを後悔したというケースも少なくない。この原則が意味するものは、トレンド転換の有効なシグナルはひとつの平均株価だけでは十分ではないということである。例えば、**グラフ1**に示されている仮定のケースについて考えてみよう。

　弱気相場が数カ月続いたあと、株価がaで上昇に転じ、工業株と鉄道株平均がともにbまで上昇したとしよう。工業株平均がその後に下落してもcはaよりも高い水準にあり、ここで工業株平均は下落から上昇に転換するシグナルが確認された。しかし、この間の鉄道株平均を見ると、bからcまでの下落で株価はaよりも低い水準に落ち込んでいる。そしてその後のcからdまでの上昇でもbの水準には届いていない。鉄道株平均はこれまでのところ、工業株平均の動きを確認することを拒否している。ここから判断すれば、メジャートレンドはまだ下降であると考えられる。鉄道株平均がbの水準を上抜いて上昇したときだけ、メジャートレンドの反転シグナルと考えるべきである。そうなるまでは工業株平均だけがその後も続伸することはできず、遅かれ早かれ鉄道株平均によってその上げ足を引っ張られてしまうだろ

グラフ1 日足チャート。鉄道株平均は工業株平均のシグナルを確認していない。短い水平線で表されている終値は、毎日のトレンドをフォローしやすいように同じ垂直線上にある。

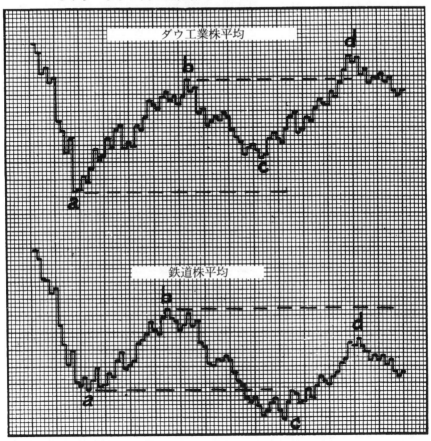

う。メジャートレンドの転換はまだ疑わしい。

　以上の例は、確認の原則が適用される多くのケースのなかのひとつにすぎない。c点については、次のことも注意すべきである。すなわ

ち、鉄道株平均がａの水準を割り込んだことで工業株平均も底の確認とはならず、それはそれまでのトレンドの継続を意味する。しかし、2つの平均株価が必ずしも同じ日に確認される必要はない。2つの平均株価が同時に新高値（または新安値）を付けることもあるが、どちらか一方が数日、数週間または1～2カ月遅れることも珍しくない。株価が明確な確認のシグナルを出すまで辛抱強く待たなければならない。

9．出来高はトレンドとともに変化する——このようなことが重々しく、しかもあまりよく理解されないで言われるのをよく耳にするが、これは次のようなことを意味しているにすぎない。すなわち、株価がこれまでのメジャートレンドの方向に動くとき、出来高は増加する傾向がある。強気相場では株価が上昇するときに出来高は増加し、下落するときは減少する。一方、弱気相場では株価が下降するときに出来高は増加し、反発するときは減少する。このことはある程度まで修正トレンドにも当てはまり、特に弱気相場の初期の調整的な戻り局面では、目先の上昇で出来高は増加し、目先の下落で減少する。しかし、この原則にも例外があり、数日間の出来高の数字だけで有効な結論を出すことはできず、1日の出来高についてはなおさらそうである。有効なシグナルとなるのは、ある期間を通して見た出来高の傾向である。ダウ理論ではトレンドに関する決定的なシグナルは、株価の動きを分析することで最終的に決定する。出来高はいわばどちらとも決めかねるときの二次的な指標にすぎない（出来高についてはあとの章で、ほかのテクニカルパターンと関連してさらに詳しく分析する）。

10.「ライン」は一種の中期的な調整局面である——ダウ理論で言う「ライン」とは、工業株と鉄道株平均のどちらか一方またはその両方による横ばいの動きを指す。株価が約5％またはそれ以内のレンジで保ち合い、そうした動きが2～3週間、ときには数カ月間も続くことがある。ラインが形成されたということは、売り方と買い方の勢力が

ほぼ均衡していることを意味する。買い方が株価を押し上げようとするならば、そのライン内にあるすべての売り物を消化し、もっと多くの株式を買うためにその指値を引き上げなければならない。一方、そのライン内の値段で株式を売ろうとしても買い方がいないときは、持ち株を処分するために指値を下げる必要がある。このようなラインの上限を上放れる株価の動きは強気のシグナル、その反対に下限を下放れる動きは弱気のシグナルである。一般にはライン（の期間）が長ければ長いほど、そのレンジが狭ければ狭いほど、株価の最終的なブレイクアウトはそれだけ大きな意味を持つ。

　平均株価ではよくラインが出現するので、ダウ理論の信奉者は簡単にそれを発見できるだろう。ラインは株の買い集めや売り抜けを示唆するものとして、重要な天井や底でも現れることもあるが、その多くはメジャートレンド途上の一時的な休止または保ち合いパターンとして出現する。そのようなときはいわば、ラインが通常の中期的な調整局面に取って代わったとも言える。一方の平均株価が典型的な調整局面にあるとき、もう一方の平均株価がラインを形成していることもある。その後株価が上下のどちらかに向かってラインをブレイクしたときは、そちらの方向に進む動きが続くものであり、新しい中期トレンドの開始を知らせるシグナルとなる。株価がラインのどちらにブレイクするのかは、実際に株価がラインを突破するまでは分からない。株価の５％のライン幅という条件は経験に基づいて恣意的に決められたもので、実際には５％よりも少し大きいこともあった。明確なラインを形成していれば５％以上のレンジであってもラインとみなされる（あとで分かるように、ダウ・ラインは個別株式のチャートによく現れる「長方形」として定義されたパターンと多くの点で類似している）。

11. 終値だけを使用する——ダウ理論では１日のうち（ザラバで）付けたどのような高値・安値にも注意を払わず、その日の終値（ダウ平

均採用銘柄の終値の平均）だけを考慮する。先のチャートの章では終値の心理的な重要性について述べたので、ここではそれ以上詳しく説明しない。しかし、長い期間にわたってその有効性が証明されてきたもうひとつのダウ理論の原則には触れておかなければならない。それは次のようなものである。上昇メジャートレンドの中期的な調整日の午前11時に、工業株平均は152.45ドルの高値を付けたあと下落し、150.70ドルで引けたとする。メジャートレンドがまだ上昇中であることを確認するには、次の上昇では150.70ドル以上の終値で引けなければならない。このときのザラバの高値152.45ドルは考慮されず、もしも次の上昇でザラバの高値が152.60ドルを付けても、終値が150.70ドル以下ならば、メジャー上昇トレンドの継続は疑わしいものとなる。

　最近では株式研究者の間で、平均株価によるトレンドの有効なシグナルを確認するとき、以前の高値・安値をブレイクする株価の範囲について大きな考え方の相違が見られる。ダウやハミルトンは終値がわずか0.01ドル超えても明らかなシグナルとみなしていたが、最近の研究者たちは1ドル以上のブレイク幅が必要であると主張している。われわれはダウやハミルトンの考え方が正しいと思う。これまでの記録を調べると、この考え方を修正しなければならない理由は何もなかった。1946年6月の局面でも、このオーソドックスな考え方が正しいことを示している（この局面についてはあとで検討する）。

12. トレンドは決定的な反転シグナルが出るまで継続すると考えられる——ダウ理論のこの原則は、ほかの原則よりもいっそう激しい批判を受けている。しかし、この原則を正しく理解すれば、ほかの原則と同じようにその実際上の有効性が分かるだろう。この原則が意味しているのは、完全に確率的な考え方である。つまり、それほど確たる理由もないのにすぐに現在のポジションを変更したり、あまり先走って行動するなという警告である。これはトレンドの反転シグナルが出たときにぐずぐずして行動を遅らせるなという意味ではなく、早まって

行動するよりは確証が得られるまで待ったほうがよいという経験則を述べている。こうした可能性は２対１とか３対１といった数字で表すことはできない。株価は常に変化しているからである。強気相場が永久に続くことはないし、また弱気相場もいつかは底を打つ。２つの平均株価が新しいメジャートレンド入りの決定的なシグナルを出したときは、一時的に逆行する動きがあっても、ほぼ確実に株価はそのトレンドの方向に動いていく。しかし、メジャートレンドが進むにつれて、それがさらに勢いを増す可能性はだんだん低くなる。つまり、強気相場が何回も再確認される（一方の平均株価の新高値が別の平均株価の新高値で確認される）公算は次第に小さくなる。そして新規買いや押し目買いによる利益の可能性も、上昇メジャートレンドが最初に確認されたときよりも低くなっていく。しかし、この12番目のダウ理論の原則に従えば、「反対のシグナルが確認されるまではそれまでのポジションを変更するな」ということになる。

この原則の結論（最初に述べたときほど大きな違和感は感じられないだろう）として、次のことが言える。すなわち、いったんトレンドが形成されたあとは、いつでもそのトレンドの反転が起こり得る。ダウ理論を順守する投資家は株式取引を行うかぎり、常にマーケットの動きを注視しているべきだという警告としてこの原則を受け取るべきである。

編者注　現在のマーケットにおけるダウ理論の重要性と新しい株式市場の理論に移行する必要性

ダウ理論には現在のマーケットでも通用するものが数多くある。そのさまざまなコンセプトは現在でも大きな有効性があるし、またテクニカル分析の基礎としての重要性もけっして薄れてはいない。潮の干満、メジャー・修正・マイナートレンドの動きといったコンセプトは、マーケットの現状を極めて的確に表している。ダウ理論のその他の原

則、すなわち、①すべての情報は直ちに株価に織り込まれる、②マーケットの大きなトレンドは潮のようなもので、それに逆らう船はすべてひっくり返されてしまう、③トレンドは一定期間にわたって継続する——なども極めて重要であり、それらは単なる理論的なコンセプトではなく、現実のマーケットを観察して導き出されたものである。このようなテクニカルな有効性に加えて、ダウ理論には何か神秘的な意味合いが秘められている。つまり、当初の目的とは少し違う何かシンボリックなニュアンスがある。ダウとハミルトンはもともと、このダウ理論を経済全体の動向を測定するバロメーターと考えていたのであり、株式市場の投資ツールとして使われるようになったのはあとのことである。

　第8版の編集者である私の考えでは、ダウ理論は当初の目的はもとより、（株式投資のツールとしての）二次的な目的にとってももはや十分なものではなくなった。この理論は単純な時代に開発された単純な理論である。ダウ理論の信奉者も、鉄道株（現在では運輸株）と公益株を加えた現在のダウ平均を全面的に変革する必要性を暗に認めている。以前のアメリカ経済の動向を反映させるには30銘柄で十分であった。ダウやハミルトンの時代とは様変わりしている複雑な現代経済を映すには、この単純なパラダイム（理論的な枠組み）ではとうてい不可能であることを否定する人はいないだろう。21世紀のアメリカとグローバルな経済には、ダウ理論よりももっと高度な計量経済手法が必要なのである。

　以上の理由から、そして従来のダウ理論の役割を完遂するためにも、アメリカ経済のみならずマーケットの動きも映すようなさまざまな平均株価や指標を開発する必要がある。マギーはその著書のなかでこの目的を満たす極めて貴重なツール（とりわけマギーの評価指数、第38章を参照）を開発したが、これは単なるひとつの総合指数や平均株価ではなく、マーケット全体に使用できる。このツールの価値と効力は

現在でもまだよく理解されず、また十分に活用されてない。

　21世紀のマーケットはマギーの時代のように、ひとつの方向に流れる大きな潮や波だけではない。国の経済に押し寄せて来るのは急流、激潮、逆流などさまざまであり、それらはサンフランシスコ湾にとどろく太平洋の波のようである。現在ではダウ平均が中期的な下降トレンドにあるとき、より銘柄数の多いS&P500が新高値に進んだり、またはダウ平均とS&P500が保ち合っているとき、ナスダック総合指数が急騰することも珍しくない。こうした状況を考慮すると、この3つの株価指数を総合したものだけがアメリカの本当のマーケットを反映すると思われる。そして株式市場の個別銘柄の動向を分析するには、この3つの株価指標に加えてマギーの評価指数を利用するのもかなり効果的である。

　ダウ理論では強気または弱気相場のシグナルを出すには、工業株と鉄道株平均が調和していることが条件だった。この21世紀のマーケット全体の動向を映すためには、3つの株価指数が調和を持ってある方向を示唆する必要がある。この3つの株価指数がすべて上昇または下降を示唆していれば、強気筋は安心して株式を買っていけるだろうし、弱気筋も安心して売っていけるだろう。この3つの株価指数が調和していないときは各マーケットがまちまちの状態にあり、そうした不安定な動向に見合ったポートフォリオの構築が必要となる。ナスダック総合指数が上昇しているときに、下降トレンドにあるダウ平均の構成銘柄を買う理由があるだろうか。もしも投資家の皆さんが本書に述べられている投資理論と売買手法を実践されるならば、長期の下降相場でもただ手をこまぬいている必要はない。積極的な空売りとまではいかないにしても、少なくともヘッジぐらいは実行すべきである。エドワーズもマギーもこうした手法を勧めていたし、（第8版の編集者である）私もそうするのがよいと思う。

第4章

ダウ理論の実践
The Dow Theory in Practice

　ダウ理論の実践に当たって、株式市場について多少の知識を持っている読者の皆さんは幾分当惑するかもしれない。ダウ理論を一度で理解するのは荷が重すぎるからである。前章でダウ理論の原則の説明順序を意図的に変えたのは、この理論を理解しやすくするためである。実際にはダウ理論の12の原則は、すべてが同じように重要であるというわけではない。基本的なルールは2、3、4、5、8、10、11の原則である。一番目の原則は、以下のこれらの原則に哲学的な正当性を持たせるための基本的な前提となるものである。6、7、9、12の原則はいわばニュースレポーターのように、株式市場の全体的なバックグラウンドを解説している。理論的にはこれらの基本的なルールを厳格に順守することによって、数多くの付随的な事例を積み上げていけば大きな成果が得られるだろう。

　しかし、ダウ理論の実践とは結局はその解釈の問題に帰着する。ダウ理論の原則を一字一句に至るまで暗記したとしても、実際にそれらを株式市場で実践しようとすれば、多くの問題に直面して当惑するだろう。われわれのダウ理論に関する知識を体系化し、過去数年間の株式市場の動きがダウ理論家の目にどのように映ったのかを検証すれば、ダウ理論の説明と理解に役立つと思われる。この目的のために1941年から1947年初めまでの平均株価の動きを検討する。この時期には弱気

相場の終了に続く長期の強気相場、そして再び弱気相場に入るという
ダウ理論が適用できるさまざまな局面が含まれている。

5年間のダウ理論の解釈

　図2は、1941年1月1日から1946年12月31日までの工業株と鉄道株
平均の概略を描いたチャートである。日々の小さな動きは省かれてい
るが、中期的な動きは示されている。以下ではそれぞれの局面につい
て、日足チャートを使いながら詳しく解説していく。

　1941年の株式市場は目先の上昇で始まった。しかし、1940年春の暴
落で弱気相場入りが確認され、1941年もまだ弱気トレンドは続いてい
た。1940年5月の暴落が終わってから5カ月以上に及ぶ中期的な戻り
局面があり、それまでの下げ幅の半値以上を戻した。工業株平均は6
月10日の111.84ドルから11月9日には138.12ドル、鉄道株平均は5月
21日の22.14ドルから11月14日には30.29ドルまで戻した（この長いメ
ジャーな弱気相場の調整局面では、戻りのときに出来高は増加した。
このことはダウ理論の第一原則を重視していない人たちに、この戻り
局面が新しい強気相場の始まりであると思わせた。出来高については
第3章を参照）。しかし、株価は11月に戻り高値を付けたあと、再び
下降局面に入った。年末には既述したような小戻しとなり、工業株平
均は1941年1月10日に133.59ドル、鉄道株平均は29.73ドルを付けた
が、そこから再び下落して2月14日には工業株平均が117.66ドル、鉄
道株平均が26.54ドルになった。

最初の厳しいテスト

　それに続く数カ月はダウ理論が実際にテストされた時期で、図3は
1941年2月1日から8月31日までの7カ月間の2つの平均株価の値動

図2　1941年1月〜1946年12月のダウ工業株平均と鉄道株平均の中期トレンドとやや大きなマイナートレンドを表すチャート。工業株平均は左目盛り、鉄道株平均は右目盛り。

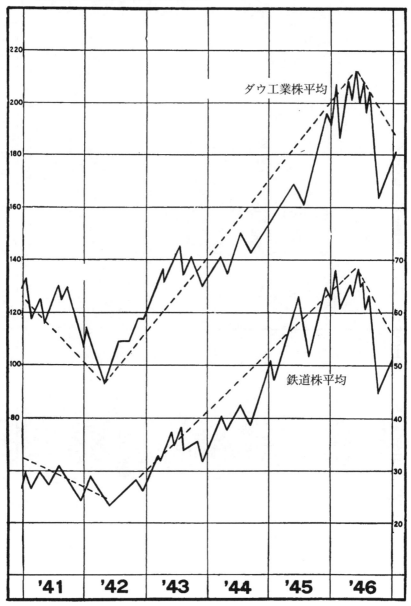

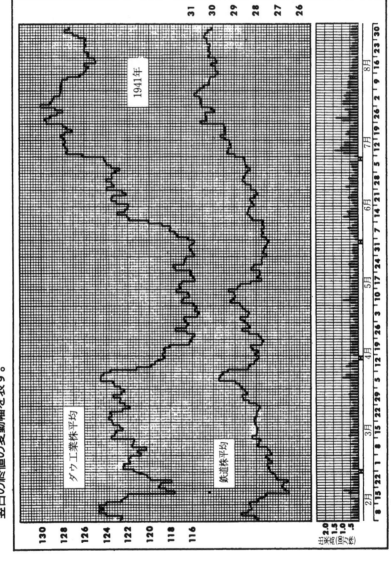

図3　1941年2月1日～8月31日のダウ工業株平均と鉄道株平均の終値と出来高。株価の縦線はその日と翌日の終値の変動幅を表す。

き、終値、出来高を示したものである。これについて詳しく解説する前に、まず２月14日の状況を見てみよう。それまでの弱気相場の安値は1940年５〜６月に付け、それに続く中期的な戻りで工業株平均は26.28ドル、鉄道株平均は8.15ドル戻したが、次の３カ月で再びそれぞれ20.46ドル、3.75ドルに下落し、この下げ局面ははっきりした３つのマイナートレンドで形成されていた。それまでの上昇幅に対する今回の下落率は鉄道株平均で46％、工業株平均で78％であり、この下落は修正トレンドとみられる。その後株価は再び上げ始めたが、ダウ理論家は懐疑的であった。

　もしも両平均株価が1940年11月の高値（138.12ドルと30.29ドル）を上抜くことができれば、新しい上昇メジャートレンド入りのシグナルとなる。そのときには同年５月に株式市場から引き揚げた資金を直ちに再投資しなければならない。そうであれば、さらに前にさかのぼって検討する必要がある。1940年５〜６月の安値は弱気相場の終わり、11月にかけての上昇の新しい強気相場の最初のメジャートレンド、翌年２月の下げは最初の調整的な押しと見ることができる。しかし、ダウ理論の12番目の原則をここに適用すると、トレンド反転の決定的なシグナルが出現するまでは依然として弱気相場が続いていると予想される。

　ここで再び**図３**に戻って、実際にどんなことが起こったのかを検討してみよう。工業株平均は６週間にわたって上げ続け、４月３日には124.65ドルとなった。一方、鉄道株平均は29.75ドルとなり、工業株平均の２倍の上昇率となった。しかし、両平均とも前年11月の高値には達していない。そこから工業株は再び下げ始め、２週間後の５月１日には２月の安値を割り込む115.30ドルまで下げた。工業株はまだ下降トレンドが続いている。これに対し、鉄道株は異なる動きをしていた。鉄道株平均も４月３日の高値から２週間にわたって下げたが、27.72ドルで下げ止まり、そこから小戻ししたあと再び下落して５月

31日には27.43ドルまで下げた。これが２つの平均株価の「乖離」、つまり確認の失敗である。鉄道株平均はその後２回にわたって反転が確認されたが、工業株平均の下げによって底入れの確認とはならなかった。

確認の失敗

　６月に入って株価が上昇に転じると、多くのダウ理論家はこの「確認の失敗」を強気相場入りの兆しであると考えるようになった。ウォール街にはこのような両平均株価の乖離を強調しすぎる傾向があり、特にそれが明るい方向に向かっていると思われるときはその傾向に拍車がかかる。しかし、ダウ理論ではひとつの平均株価がもうひとつのダウ平均を確認するのを拒否したときは、どのようなシグナルも出ることはない。２つの平均株価の乖離は、メジャートレンドが反転する局面でときどき起こる。株式市場の歴史のなかで特に顕著な乖離が起きたのは1901年と1902年だった。そのときはメジャートレンドが反転したときだったが、そうでないときもこのような乖離現象はよく見られるもので、以下で検討するのはこの後者のケースである。

　1941年５月末の状況はダウ理論家にとって、メジャートレンドに関するかぎり２月14日の局面とまったく同じだった。鉄道株平均は６～７月に上昇して、８月１日には30.88ドルを付けた。一方、工業株平均は７月28日に130.06ドルを付けたが（これらの株価を1940年11月の高値と比較してみよう）、そこから再び加速度的な下降に入り、「真珠湾」パニックで下げのピークに達した。このときの工業株は以前の弱気相場の安値（1940年６月10日の111.84ドル）を下回ったが、鉄道株はそれを割り込まなかった。しかし、両平均とも直近の中期的な底（２月14日）は大きく下抜いた。

　次の重要な局面は1942年４月に始まった。1941年12月～1942年４月

のチャートは、ダウ理論に関係する動きは何もないので特に検討しなくてもよい。鉄道株平均は１月に少し戻したあともじり安を続けた。この下げ局面でも出来高はそれほど増えなかった。売り物は細ったが、証券会社の店頭に客は寄り付かず、典型的な弱気相場の最終局面だった。

　次の**図４**は、1942年３月２日〜10月31日の両平均株価の動きを示したものである。両平均は４月下旬に1940年以来の安値を付け、鉄道株は４月24日に23.72ドル、工業株は４月28日に92.92ドルとなった。その直後にわずか７日間の上げで注目すべき乖離が起こった。工業株はそのまま上げたが、鉄道株はそれに追随せず、出来高も依然として低水準だった（９月後半まで出来高は増加しなかった）。鉄道株は６月１日に新安値を付け、翌２日には23.31ドルで引けた。工業株も６月22日には再び下落するかと思われたが、その数日後にはここ数カ月は見られなかった力強い上げ足をたどって新高値を付けにいく一方、鉄道株も反発して４〜５月の下げ分を埋めた。出来高も活発になり、年初来の大商いが記録される日もあった。

メジャートレンドへの反転シグナル

　ダウ理論家はさらに株式市場の動きを注視するようになった。中期的な上昇相場はすでに始まっていたが、それはほかの証拠によって確認されないかぎり、依然として続いているメジャーな弱気相場の中期的な戻りとみなされる。しかし、下降メジャートレンドはすでに３年近くも続いており、かつてないほどの期間にわたっていた。現在のその最後の局面では売り圧力はほとんどなく、閑散な小動きが続いていた。この中期的な戻りの動きは新しい上昇メジャートレンドになるかもしれない。このような希望的観測は１年前の同じような局面では裏切られたが、前回と異なる今回の特徴は株価水準も低く、市場にはそ

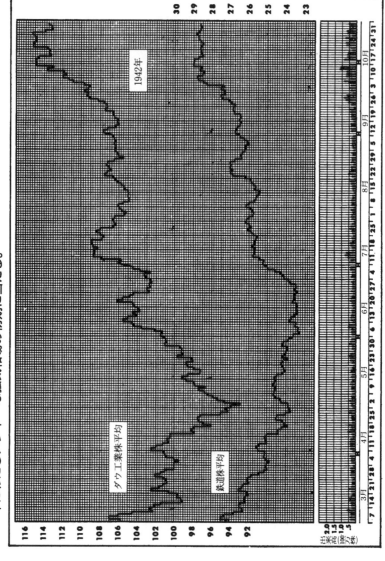

図4　1942年3月2日〜10月31日のダウ工業株平均と鉄道株平均の終値と出来高。この時期はその後4年にわたるメジャーな強気相場の初期に当たる。

れまでと違うセンチメントが広がっていた。一般のニュースにはあまり明るい話題はなかったが、ダウ理論ではすべての材料を織り込んだマーケットそのものだけを問題にしているので、それ以外の外部要因にはまったく関心がない。どのようなことが起きても静観してマーケットの反応を見守るしかなく、マーケット自身の時期と方法でそれぞれの出来事を評価させるだけである。

工業株平均は７月初めから小幅な保ち合いを続け、11週間にわたって５ドルのレンジでしか動かなかったが、それから典型的なダウ・ラインを形成したあと、９月後半から上昇局面に入った。鉄道株平均も同時に新高値を付け、両平均は11月２日に１月の高値を上抜いた。この段階になるとようやく強気相場入りのシグナルが出たと主張するダウ理論家も増えてきた。テクニカルな要因やダウ理論の原則を別とする彼らの主張は、次のようなものである。

１．４～６月の底値圏で出来高が極端に少ないのは、弱気相場の終了を意味する大きな特徴である（この主張にはかなり説得力がある）。

２．そのときの鉄道株平均は工業株平均と一緒に新安値を付けることもなく、また1940年５月の水準も割り込まなかった（確かにそのとおりだが、この主張には賛成できない。これについてはあとで説明する）。

３．工業株平均はラインを形成したあと、そこから上放れた（これもそのとおりだが、そのラインは大きな重要性を持つにはやや短すぎる）。

４．鉄道株平均はこの４カ月間に直近の高値と安値を切り上げている（これもそのとおりだが、それによって下降メジャートレンド途上の修正的戻り局面では済まないと断定することはできない）。

慎重なダウ理論家たちはこのような見方には納得できなかった。彼らの考えによれば、この上昇局面はいずれ中期的な下落の試しを受け

ることになる。ダウ平均のチャートに明るさが見え始めたのは確かだが、1の理由を除いて1940年11月の状況と比較して相場環境はあまり好転していないようだ。では、これに続く5カ月間の動きを見てみよう。図5は1942年11月1日〜1943年6月30日の日足チャートである。

強気のシグナル

鉄道株平均は11月2日に29.28ドルで引けたあと、6週間にわたって棒下げして12月14日には26.03ドルとなった。この動きは明らかに中期的な下落であり、6月2日の安値からの値上がり分の大半を消した。しかし、工業株平均は11〜1月に狭いレンジのラインのなかで持ちこたえた。その後鉄道株は12月14日から上昇に転じ、1943年2月1日には29.55ドルと前年11月に付けた29.28ドルの中期的な高値を上抜き、また工業株も新高値を付けた。この上昇はダウ理論の厳しい条件をすべてクリアした。つまり、新しい強気のメジャートレンドの始まりである。出来高も秋から冬にかけての短期的に上昇局面で増え続けた。ただし、問題となるのは株価の動きだけであり、出来高が増加したという事実はそれほど重要ではない。鉄道株の中期的な高値と安値は次第に切り上がり、工業株ではラインが中期的な下落の代替となってダウ理論の原則を満たした。今や1942年4〜6月から11月にかけての上昇は、新しい強気相場の始まりを告げるメジャートレンドの一部であったと改めなければならない。鉄道株の11月2日〜12月14日の下げも、上昇メジャートレンドの最初の調整局面であったと訂正される。

ここで少し前にさかのぼって、1942年6月の鉄道株平均の状況について解説しよう。あるダウ理論家は、このときの安値は1940年5月の安値より上にあったので、今回の強気相場はこの安値が確認されたときに始まっていたと主張した。われわれは、この考え方はあまりにも細かすぎて現実的ではないと思う。確かに鉄道株の安値が以前の安値

図5　1942年11月2日～1943年6月30日のダウ工業株平均と鉄道株平均
　　　の終値と出来高。このチャートは図4に続くもので、2つのチャ
　　　ートを比較してみよう。11～12月初めの鉄道株平均の値下がり
　　　は、前年6月からスタートしたメジャートレンドが初めて試され
　　　た局面。その後鉄道株平均は再上昇し、1943年2月1日には11月2
　　　日の高値を終値で上抜いた。ダウ理論によれば、これによって
　　　メジャーな強気相場が確認された。

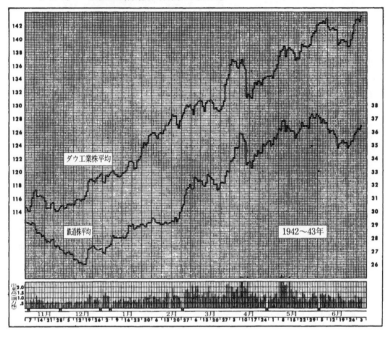

よりも1.17ドル高かったのは事実だが、本格的な強気相場は1943年2
月以前にはまだ始まっていなかった。1942年春に鉄道株が工業株の確
認に失敗したことがその何よりの証拠であろう。両平均がこのように
乖離していては明るいシグナルは出ないし、出るはずもない。このよ

うなときは、ひとつの平均株価のシグナルを否定するか、または疑いの目を向けるべきである。もうひとつの平均株価がその後に逆の方向に進んだときにトレンドの転換が確認される。もしも1942年5月の鉄道株の下げで22.14ドルが下抜かれたとしても、その後の動きはおそらく実際の動きとほとんど同じであっただろうし、強気相場入りのシグナルも同じ日か、1日後には出ただろう。

　たとえ両平均が乖離したとしても、それぞれの株価が反対の方向に進むとは限らない。われわれは先に今回と類似する1941年春のケースを検討したが、この2つのケースでは違う結果となった。1942年のように2つの平均株価の確認の失敗がトレンドの転換を示唆すると考えるならば、その逆のケース、すなわち2つの平均株価による確認や再確認はトレンドが転換しないことを意味することになる。しかし、メジャートレンドが反転するのはほとんど場合、2つの平均株価が一致したときであって乖離したときではないというのが単純な事実である。われわれはこの点についてさらに詳しく解説するつもりはないし、読者の皆さんの時間を浪費しようとも思わない。株価が下降トレンドをたどっているときに、どのような「確認の失敗」が出現したとしても、それをトレンド反転のシグナルと解釈してはならない。

　ところで、1943年2月にダウ理論が強気相場入りのシグナルを出した日の両平均の終値は、それぞれ125.88ドルと29.51ドルだった。理論的にはダウ理論を厳格に順守する投資家であれば、ここで株式を買ったはずである（1942年11月にメジャートレンドが上向きになったことをトレンド反転のシグナルと見た人たちは、両平均がそれぞれ114.60ドルと29.20ドルのときに買い出動したはずだ）。この強気相場（通常の第二局面の特徴をほとんど見せず、さらに第三局面の特徴もまったく現れなかったが）は、当分続くであろうと考えるのは当然であろう。続く4カ月間は注目に値するような動きはなかったので、次は7月からの動きを検討しよう。**図6**のチャートは、1943年7月1日

〜1994年1月31日の動きを示したものである。

最初の調整

　工業株平均は1943年7月14日に145.82ドルの高値を付けたあと、揉み合い局面に入った。鉄道株平均は10日遅れて新高値（38.30ドル）を付けたが、このとき工業株は鉄道株に追随しなかった。そのあと両平均は7日間にわたって急落し、出来高も急増した。このときの下げ幅は強気相場に入ってから最大のものとなった。しかし、数カ月にわたるほぼ一本調子の上昇のあとに、このような押しがあるのは当然のことである。この調整局面ではその期間と下げ幅もマイナーな調整以上のものとはならず、続く3カ月間に両平均は小幅な揉み合いに終始した。工業株は9月20日に141.75ドルまで上昇したあと再び売られ、鉄道株も10月27日になってようやく35.53ドルまで上昇した。11月初めには再び急落して出来高も急増、11月8日には工業株が前日比3.56ドル安、鉄道株は同1.75ドル安となった。両平均は少し上げてはまた売られ、11月30日には春以来の新安値を付け、それぞれ129.57ドルと31.50ドルまで下げた。

　しかし、この大きな下げも一時的な調整局面であることは明らかだった。ダウ理論家にとって、この急落はどのような意味があるのかが問題だった。7月の最初の下げを修正トレンド、8〜10月の動きも修正トレンドと見るならば、11月の急落は弱気相場のシグナルとも解釈できるだろう。しかし、われわれの知るかぎり、このような解釈の立場をとるダウ理論家は1人もいない。既述したように、7月の下げは期間・下げ幅のいずれを見ても修正トレンドではなく、1943年7〜11月の一連の動きは調整的な押しの局面であると考えられる。真のメジャートレンドは上下のどちらなのかというテストは、次の上昇のときに試されることになる。もしもそのときでも7月の高値を上抜くこと

図6　1943年7月1日～1944年1月31日のダウ工業株平均と鉄道株平均の終値と出来高。

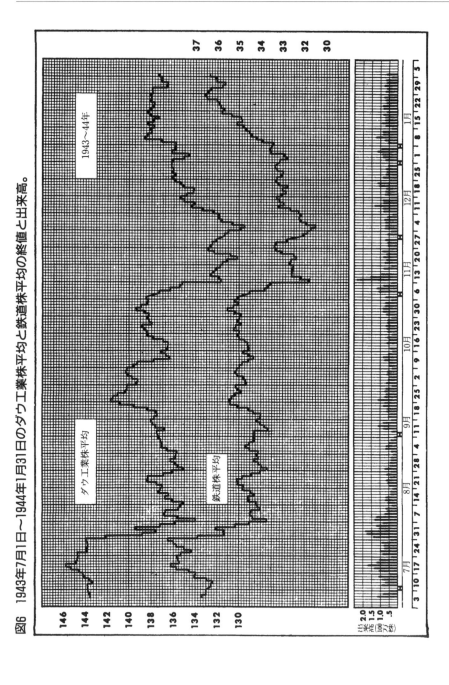

ができず、そのあとに新安値を付けるようなことがあれば、弱気相場に転換したことになる。

　メジャートレンドがどちらなのかという決定にはかなりの時間を要した。両平均は再び上昇し始めたが、工業株の上昇ペースはゆったりしたものだった。鉄道株は工業株よりも速いペースで上昇し、1944年２月17日には７月の高値を上抜き、３月21日には40.48ドルという目先高値を付けた。工業株も３月13日には141ドルまで上げたが、強気相場の再確認には５ドル足りず、そこからまた下げ始めた。これはもうひとつの「確認の失敗」である。こうした株価の動きは大きな意味を持つと考える人たちにとっては、単に弱気を意味するにすぎない。しかし、それが実際に意味しているのは、上昇メジャートレンドがまだ再確認されていないということである。もしも両平均が下落して11月30日の安値を下回るようであれば、２月に鉄道株だけが付けた高値は無視され、メジャーな弱気相場に転換したといえるだろう。要するに３月末の局面はメジャートレンドの解釈に関するかぎり、鉄道株が新高値を付ける前の１月初めのときとまったく同じだった。

上昇トレンドの再確認

　工業株平均が最終的に145.86ドルを付ける1944年６月15日までは、（ダウ理論の12番目の原則に照らして）強気とも弱気とも判断できなかった。工業株が鉄道株を確認するのに４カ月、上昇メジャートレンドを再確認するにはほぼ１年かかった。このシグナルに対する投資家の反応は大きく、その翌日の両平均は跳ね上がり、出来高も65万株増加した。

　続く12カ月間はダウ理論家の目を引くような動きはなかったので、この期間については詳しく検討しない。株価は７月半ばから９週間にわたって不規則に下げたが、それほどの下げ幅ではなかった。それか

ら再び上昇に転じ、工業株は1945年5月29日には169.08ドル、鉄道株は6月26日に63.06ドルとなった。その後の期間については少しだけ触れるが、それはわれわれの研究にとって特に注目すべきことがあるからではなく、この時期に第二次世界大戦の終結と日本の降伏があったからである。

　図7は1945年5月1日〜11月30日の動きを示したものである。工業株は4週間にわたって保ち合っていたが、鉄道株は6月26日の高値に向けて上昇していた。6月28日の新聞にはその後の急激なトレンドの変化に関する記事は載っていなかったが、株価は急落し、出来高もほぼ300万株まで急増した。これは強気相場に入ってから1日の出来高としては最も多かった。しかし、工業株はまもなく下げ渋り、7月26日には160.91ドルとなったが、これは高値からわずか5％の下落率にすぎなかった。これに対し、鉄道株はかなり大きく下げた。8月5日には広島に原爆が投下され、14日には日本が降伏した。工業株は7月26日の安値から上昇に転じたが、鉄道株は再び下げて8月20日の51.48ドルでこの下げ局面の最後の底を打った。6月の高値から18％強の下落だった。

鉄道株のためらい

　株式市場の動きについてさらに検討を続ける前に、この時点まで鉄道株平均がわれわれの研究の主役であったことは注目に値する。1942年6月に新たな弱気相場の新安値に落ち込むことを拒否した鉄道株は、その後に目覚ましい上昇を見せ（これが最初の重要な上昇局面だった）、工業株の82％の上昇率に対し、170％という著しい上昇率を達成した。鉄道株が急騰したのは、鉄道は戦後に最大の収益を上げる産業のひとつであるという見方を反映していた。鉄道各社は膨らんだ利益で負債を返済し、これまでにないスピードで固定費を減少させていっ

図7　1945年5月1日～11月30日のダウ工業株平均と鉄道株平均の終値と出来高。第二次世界大戦の終結を挟むこの時期は、1942年4～6月から3年間にわたって続いてきたメジャーな強気相場の小さな調整局面にすぎなかった。

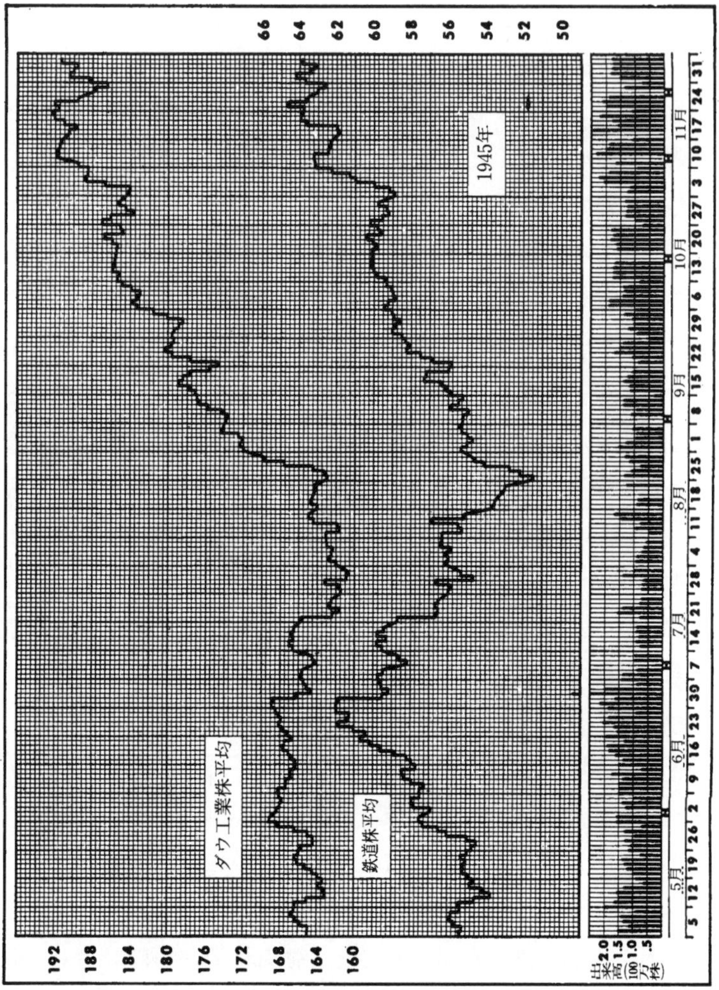

1945年

ダウ工業株平均

鉄道株平均

た（おそらくこのようなことは二度と起こらないだろう）。大衆の目が戦後の復興需要に沸く伝統的な戦時産業に向けられている間に、株式市場はすでに日本による真珠湾攻撃のときから鉄道株の前例のない

高収益を予測し、それを株価に織り込んでいった。しかし、その後の状況は次第に変化し、鉄道株平均の動きは弱くなっていった。株式市場は以前と同じように、1945年7月には鉄道株の将来の変化を直ちに織り込み始めた。これはダウ理論の基本的な原則（1番目の原則）を実証した好例である。

　ここで再びチャートに目を向けると、株価は8月20日以降に再び力強く上昇し始めた。両平均はすでに調整局面を経験し、ダウ理論家は両平均が新高値を付けることによって上昇メジャートレンドが再確認されるかどうかを注意深く見守ることになった。工業株は8月24日に169.89ドルという新高値を付けた。鉄道株は新高値を付けるには相当な値上がりが必要であり、結局6～8月の短期的な底に落ち込んだ（このような動きについては「支持線と抵抗線」の章で詳しく検討する）。しかし、1945年11月初めに鉄道株が63.06ドルを上抜いたことで工業株のシグナルの確認となった。この時点でメジャーな強気相場がまだ継続中であることが確認された。今回の上昇局面はすでに3年半も続いており、これまでの多くの強気相場よりも長かった。そして強気相場の第三局面の特徴が急速に現れ始めた。大衆が株式の買いに殺到し始めたことから証券会社の店頭は混雑し、小さな地方紙にも株式関係記事が一面を埋め、ボロ株が人気を呼び、産業界はブームに沸いた。

　両平均が新高値を付けたことで強気相場が再確認されたため、これまでのすべての安値は無視できることになった。例えば、工業株の7月26日の160.91ドルの安値、鉄道株の8月20日の51.48ドルの安値は、ダウ理論ではもはや何の意味も持たなかった。これについてわれわれはこれまであまり強調しなかったが、極めて重要なことである。このポイントが基本原則になければ、新しいルールとして追加してもよいほどのものである。ひとたびメジャートレンドが確認または再確認されると、過去の出来事はすべて忘れられ、今後の方向は将来の動きに

よって決定される。1945年末には第三局面の現象が広まって、株価の動きにはこれまで以上の警戒が必要になった。しかし、この第三局面はときに2年以上も続くこともあるし（1927〜29年など）、すぐに終わることもある。次の**図8**は1946年5月までのチャートである。

1946年の春

株価は1945年12月後半に浅い押しを入れた。これは年末に見られるいつものパターンであり、一般には「税金支払いのための売り」と言われる。1946年1月になると株価は猛烈な勢いで上昇し始め、1月18日には1日の出来高としては過去5年間で初めて300万株を超えた。2月第1週にはあまり大きな動きはなかったが、鉄道株平均は2月5日に68.23ドル、工業株平均は2月2日に206.97ドルの高値を付けた。2月9日に両平均は一転して下げに転じ、13〜16日には一時的に大きく上昇したが、その後に再び売られて2月26日にはそれぞれ60.53ドルと186.02ドルの安値を付けた。工業株の下げ幅は20.95ドルとなり、今回の強気相場のなかでは最大の下げとなった。一方、鉄道株の下落率は前年7〜8月の下げ（約10ドル）をわずかに上回る程度であり、1945年夏の安値からの上げ幅の半値押しとなった。この下げ局面は2月26日で3週間となり、これは明らかに修正的な動きであり、ダウ理論に照らせば上昇メジャートレンド途上の調整的な下落である。

1946年には1月早々から労働争議が鉄鋼や自動車産業でくすぶり、石炭産業でもストライキが実施されそうな状況だった。2月の下げはこうした状況を映したものとされていたが、本当の原因は信用取引の打ち切りにあったようだ。FRB（連邦準備制度理事会）は1月に、株式は現金だけでしか買えないと発表した。1月後半の上昇は小口投資家による最後の信用買いによるものであった（しかし、それらの人たちはその後長期にわたって後悔することになる）。この上昇局面で

図8 1945年12月1日〜1946年5月31日のダウ工業株平均と鉄道株平均の終値と出来高。この時期に注目されるのは、1〜2月の大商いと4〜5月の薄商い、工業株平均が4〜5月末に新高値を付けたのに対して鉄道株平均が伸び悩んだことである。ダウ理論によれば、2月末の安値は下降トレンドへの反転シグナルが出るクリティカルな水準だった。

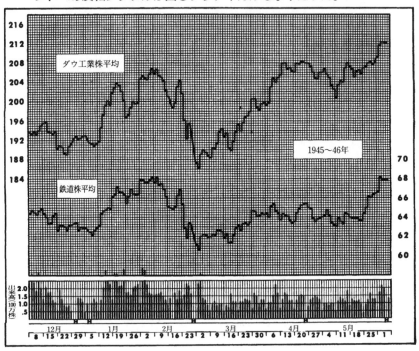

　玄人筋は持ち株を売却するチャンスをつかんだが、信用買いに走った投資家は一時的に資金不足の状態に陥り、証券会社の口座が封鎖された人もいた。あとで振り返ると、このような状況の下で広範なパニックが起こらなかったのが不思議なほどであった。

　しかし、ダウ理論家は株価の動きの原因には関心を持たない。2月

初めに両平均が以前のシグナルの水準をすべてクリアしたことで強気相場が再確認された。株価が2月26日の安値を割り込まず、再び上昇に転じたことで強気相場の継続が確認されたのである。工業株は急速に値を戻し、4月9日には208.03ドルの新高値を付けたが、鉄道株は伸び悩んだ。鉄道株は4月末に弱気のシグナルを出したが、それでも2月初めの高値からわずか5ドル安の水準にあった。これはもうひとつの「確認の失敗」であろうか。

最後の急騰

2月後半の安値は株価が下降トレンドに転じるかどうかのクリティカルな水準だった。もしも鉄道株が68.23ドルの新高値を付ける前に、両平均が以前の中期的な底を割り込むようなことになれば（そうなれば工業株の強気のシグナルは取り消される）、弱気相場入りのシグナルとなる。しかし、炭鉱・鉄道労働者のストライキが差し迫っていたにもかかわらず、株価は5月半ばから再び持ち直し、その後に目を見張るほど上昇して、工業株は1946年5月29日に先の高値を約6ドル上回る212.50ドルの新高値を付けた。鉄道株は5月に2月の高値にわずか0.17ドルのところまで迫ったが、そこから少し押したあと、6月13日にはついに68.31ドルの新高値を付けた。これによって鉄道株は工業株を確認し、メジャートレンドは引き続き上昇であることが明らかになった。2月の安値（それぞれ186.02ドルと60.53ドル）はダウ理論上からは何の意味も持たなくなった。

図9のチャートは前の図と一部重複しているが、1946年5月4日～10月19日の動きを示している。特に注目されるのは、5月後半と6月初めの出来高が1月末～2月初めの天井圏、または2月後半の底の水準に達していないことである。株式市場は活気を失いつつあるように見えたが、まだ決定的にトレンドの転換を示唆するような証拠はなか

った。6月13日に鉄道株が工業株を確認してから、株価は急速に下げ始めた。工業株は7月初めから2週間にわたって反発したが、鉄道株は下げ続けた。工業株も7月15日に再び下げに転じ、両平均は7月23日にそれぞれ195.22ドル、60.41ドルとなった。

　この中期的な下落もようやく底入れしたようだ。これはほかの証拠で立証されるまでは、ダウ理論の第12番目の原則に照らせば強気相場における調整的な下落とみなされる。株価は再び上げ始め、工業株は6〜7月の下げの半値戻しの204.52ドル（8月13日）、鉄道株はその3分の1戻しの63.12ドル（8月14日）までゆっくり上げたが、出来高は100万株以下にとどまっていた。この上昇は修正トレンドの最小限の条件を満たしていた。もしも株価がさらに続伸して5〜6月の高値を上抜くようであれば、上昇メジャートレンドがさらに確認される。しかし、7月23日の水準を割り込むとメジャートレンド反転のシグナルとなる。

弱気相場のシグナル

　出来高パターンを見ても、そのときの状況がクリティカルであることは明らかであった。5月末からの出来高は下降局面で増加し、上昇局面で減少していた（これは極めて重要である）。**図9**を**図7〜図8**と比較すると、8月半ばまでにこのような傾向がかなり顕著になっているのが分かる。株価は出来高の増加を伴いながら下げ続け、8月27日の終値は工業株が191.04ドル、鉄道株が58.04ドルとなった。残念なことではあるが、両平均株価は4年にわたる強気相場が終了し、弱気相場が始まったと告げていた。ダウ理論に基づいて売買していた投資家は、持ち株すべてをその翌日に売却すべきだった（約190ドルと58ドル）。

　ダウ理論家としては過去にさかのぼって5月29日と6月13日の両平

図9 1946年5月4日〜10月19日のダウ工業株平均と鉄道株平均の終値と出来高。
このチャートは図8とオーバーラップするもので、鉄道株平均の6月13日
と2月5日の高値を比較してみよう。鉄道株平均の6月の動きは、ダウ理論
における2月の安値の重要性を否定した。5月以降の出来高パターンの重
要な変化、特に8月に株価が少し戻ったときの出来高に注目。

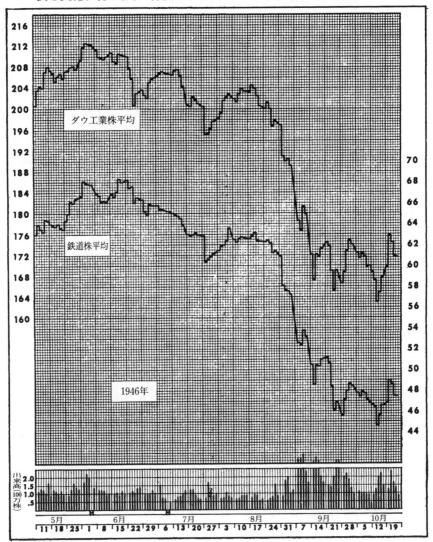

103

均の高値を強気相場の最終局面としてマークすべきである。６〜７月の下落は新たな弱気相場の最初の動きであり、７月23日〜８月14日の上昇は下降メジャートレンド途上の初めての調整的な戻り局面だった。メジャーな弱気相場はすでに始まっていたのである。

　以上のことから、両平均が７月23日の安値を下抜いたときに弱気相場入りのシグナルが出たことが分かるだろう。これまでの株価の動きを振り返ってみると、ダウ理論家のなかには６月13日の鉄道株の新高値を強気相場の決定的な再確認と認めない人もいる。先の高値を少なくとも１ドル以上上抜かなければ工業株のシグナルの確認とはならない、つまり0.8ドルのブレイク幅では決定的な確認とはならないというのがその理由である。しかし、このような主張を認めるとあとで理論的に困ることになる。というのは、もしも６月に強気相場が確認されていないと、下降トレンドのクリティカルな水準は２月26日の安値の186.02ドル（工業株）と60.53ドル（鉄道株）のままとなる。そうであれば、両平均がこの水準を下抜くまでは弱気相場は始まっていないことになる。このような見方は多くの人々、特に緻密な理論には興味を持たないが、ファンダメンタルズ面だけを見ると状況はそれほど悪化していないので、株式の買い材料を探している人たちの支持を得ていた。

　その後株価は２月の安値を割り込み、そのときはすでにパニック（第二局面）に入っていることは明らかだった。このときはブレイク幅は問わず、とにかくクリティカルな水準を下抜けば反転のシグナルになるというオーソドックスな考え方のほうが正しかった。このように考えた投資家はそうでない人たちよりも、13ドル（鉄道株では６ドル）も高いところで持ち株を手仕舞っていた。それから６週間後の1946年10月９日には、この第二局面の下降メジャートレンド途上の修正的な下落は工業株で163.12ドル、鉄道株で44.69ドルのところで終わり、次の中期的な戻りが始まった。

　ダウ理論に基づく6年間の歴史の解説を終わる前に、6月13日の鉄道株の高値は次のような原則を端的に証明している好例であることを指摘しておきたい。それは、トレンドがいったん確認または再確認されたあとでも常にそのトレンドの反転は起こり得るし、さらにメジャートレンドが連続して再確認されることが少なくなれば、トレンド反転の可能性はいっそう高くなるということである。

第5章

ダウ理論の欠点
The Dow Theory's Defects

　読者の皆さんは前章の難しくて退屈であり、そしてときどき混乱するような解説を読み終わってほっと一息ついておられるだろう。前章を読んでダウ理論など開発されなければよかったのにと思った人もいるだろう。このほか、ダウ理論の実際的な、または考えられるいくつかの欠点を指摘したり、その他の疑問を抱く人もおられるだろう。こうした理由から、われわれはもっと面白いチャートの説明に入る前に数ページを割いて、ダウ理論に対するそのような疑問点を明らかにしようと思う。

　まず最初に、ダウ理論家にしばしば向けられる「後講釈」に対する批判を取り上げよう。このような批判は、クリティカルな時期にダウ理論家の間で意見が食い違うときによく起こる（残念なことにこういうケースはよくある）。最も経験が豊富で緻密なダウ理論家でも、その後の株価の動き次第で当初のスタンスの修正を迫られることがよくある。彼らはそのような事実を否定しないが、結果的にそうした一時的な解釈の間違いで失われるものはほとんどないと主張している。彼らの多くは定期的に自らのコメントを印刷物によって公表しているので、その購読者はある出来事の前、その最中または事後に公表される彼らの意見やアドバイスを常にチェックすることができる。読者の皆さんが前章を読みながらヒストリカルな株価の足取りを注意深くフォ

107

ローしていれば、その時点におけるダウ理論家のマーケットに対する
解釈は、最も権威のあるダウ分析家の解釈とほとんど同じであること
が分かるだろう——もっとも、彼らの後講釈となるとその見解はかな
り違ってくるが（**編者注**　現在のインターネット時代における最も権
威のあるダウ理論家は、ダウ理論レターズを発行しているリチャード
・ラッセル氏であろう。そのURLは「www.dowtheoryletters.com」）。

「ダウ理論は遅すぎる」

　もっともな批判である。さらには「ダウ理論に従って売買するとす
べてのメジャートレンドのうち、最初の3分の1と最後の3分の1を
取り損なってしまうほか、真ん中の3分の1もよく取り逃がしてしま
う」といった過激な批判も聞かれる。その一例を挙げると、1942年に
始まったメジャーな強気相場では工業株平均は当初の92.92ドルから
1946年には212.50ドルとなり、その上昇幅は119.58ドルに上った。し
かし、ダウ理論に従えば工業株が当初の安値から125.88ドルに上がる
までは買えず、また天井から191.04ドルに下がるまでは売れなかった。
ダウ理論に従った売買の利益はたったの65ドルで、この間の上昇幅の
半分ちょっとにすぎない。この例では確かに反論の余地はない。しか
し、「ダウ理論は遅すぎる」という一般的な批判に対するわれわれの
反論はこうである。「最初に92.92ドル（そこから5ドル高の水準でも
よい）で買った株を数年間保有し、天井の212.50ドル（またはそこか
ら5ドル安のところ）で売った人を探してください」。そのような投
資家などいるはずもなく、実際のダウ理論どおりに売買した人もおそ
らく数えるほどしかいないだろう。
　これよりもっと手っ取り早い反論は、今日に至るまでのすべての強
気・弱気相場の過去60年間におけるダウ理論による売買記録を見るこ
とであろう。強気相場のシグナルが出た1897年7月12日に工業株平均

ダウ理論に基づく売買の60年間のリターン

最初の 投資資金 100ドル	日付	ダウ工業 株平均 （ドル）	利益率 （%）	累積利益 （ドル）
投資	1897/07/12	44.61		
売り	1899/12/16	63.84	43.1	143.10
再投資	1900/10/20	59.44		
売り	1903/06/01	59.59	0.3	143.53
再投資	1904/07/12	51.37		
売り	1906/04/26	92.44	80.0	258.35
再投資	1908/04/24	70.01		
売り	1910/05/03	84.72	21.0	312.60
再投資	1910/10/10	81.91		
売り	1913/01/14	84.96	3.7	324.17
再投資	1915/04/09	65.02		
売り	1917/08/28	86.12	32.5	429.53
再投資	1918/05/13	82.16		
売り	1920/02/03	99.96	21.7	522.74
再投資	1922/02/06	83.70		
売り	1923/06/20	90.81	8.5	567.17
再投資	1923/12/07	93.80		
売り	1929/10/23	305.85	226.1	1849.54
再投資	1933/05/24	84.29		
売り	1937/09/07	164.39	95.0	3606.61
再投資	1938/06/23	127.41		
売り	1939/03/31	136.42	7.2	3866.29
再投資	1939/07/17	142.58		
売り	1940/05/13	137.50	（損失 3.6）	3727.10
再投資	1943/02/01	125.88		
売り	1946/08/27	191.04	51.9	5653.71
再投資	1950/10/02	228.94		
売り	1953/04/02	280.03	22.3	6911.01
再投資	1954/01/19	288.27		
売り	1956/10/01	468.70	62.6	11,236.65

に100ドルの資金を投資し、それ以降にダウ理論がメジャートレンドの転換を明確に確認したときだけ理論どおりに売買した結果は109ページの**表**のようになる。

　これを要約すれば、1897年に投資した100ドルは1956年には１万1236.65ドルになった。これはダウ理論が強気相場を確認したときに工業株平均を買い、弱気相場のシグナルが出るまで持ち続けた結果である。この期間の買いと売りはそれぞれ15回で、これは平均して２年に一度の割合で売買したことになる。この記録は完璧なトレードではない。そのうちの１回は損勘定になっており、３回は先に売却した価格よりも高い値段で再投資している。しかしそうであっても、これは弁解を必要としないほどの素晴らしいパフォーマンスである。このなかには手数料や取引税、購入した株式の保有期間中に受け取れる配当金などは含まれていないが、配当金を含めると投資効率はもっと高くなっているはずである。

　「優良株をバイ・アンド・ホールドするのがベスト」と信じている人たちにその真相を明らかにするため、この50年間に工業株平均が最も安いときに一度だけ買い、それを最高値で売却したときの例と上記の結果を比較してみよう。1896年８月10日の最安値29.64ドルで100ドルを投資し、それを60年後の1956年４月６日の最高値で売却したときの利益はわずか1757.93ドルにすぎず、ダウ理論のシグナルどおりに売買した累積利益の１万1236.65ドルとは比較にもならない（**注　ダ**ウ理論によるこの売買記録は第5.1章で2000年までアップデートされている）。

「ダウ理論は絶対に確実ではない」

　もちろんそのとおりである。これは解釈の問題であり、各人の能力に応じてその解釈は違ってくる。しかし、ダウ理論の有効性はこれま

での売買記録が証明している。

「ダウ理論は投資家にしばしば疑問を抱かせる」

これはある意味では正しく、ある意味では間違っている。メジャートレンドの方向の予測に関する質問に対して、ダウ理論がシグナルによる示唆で返答しなかったことは一度もない。ダウ理論のこの返答は、新しいメジャートレンドの初期という比較的短い期間では間違うこともあるだろう。これについて優れたダウ理論家はこのように言うかもしれない。「メジャートレンドは引き続き上昇であるが、すでに危険な段階に来たようだ。私は現時点での買いを良心的に勧めることはできない。株を買う時期としては遅すぎる」

ダウ理論に対する以上のような批判は、株価はすべてのニュースや数字を直ちに織り込むという基本的なコンセプトを理解できないダウ理論に対する批判者の無能ぶりを示している。彼らは株価が発信するメッセージとほかの情報に基づく自分の投資スタンスを調和させることができないので、ダウ理論を疑っているのである。言うまでもなく、ダウ理論はかなり正確である。一方、ダウ理論に対する批判がその投資家のせっかちさが原因になっているときもある。ダウ理論が数週間または数カ月間も結論を出せないときもある（例えば、ラインを形成しているときなど）。このようなときにせっかちなトレーダーなどはダウ理論に対して批判的になる。何事についてもそうだが、株式投資においても忍耐は必要なのである。大きな間違いを避けるには忍耐力が求められる。

「ダウ理論は修正トレンドで売買する投資家の役に立たない」

　これも完全に正しい。ダウ理論は修正トレンドの転換についてはほとんどシグナルを出さない。もしも修正的な動きの多くをとらえることができれば、メジャートレンドだけの売買利益よりもかなり高いリターンになるだろう。あるトレーダーはダウ理論の原則をベースとし、修正トレンドに適用できる補足的なルールを開発したが、満足できるほどの成果は上げられなかった。この問題についてはあとで詳しく分析する。

　（編者注　「平均株価を売買することはできない」というエドワーズの時代には常識だった昔の批判は、現在では古くさいものになってしまった。現在のマーケットでは平均株価とほとんど連動している代替投資商品を買うことができる。ダウ平均の代替商品をトレードすることも可能である。第15.1章を参照）

　ダウ理論は株式市場のメジャートレンドの方向を示唆するために開発されたメカニカルなツールである。既述したように、多くの株式が一緒にトレンドの方向に動くので、メジャートレンドを見極めることはかなり重要である。しかし、平均株価の構成銘柄を除いては、ダウ理論によって投資銘柄を決定することはできない。この問題についてもあとで検討する。

　（注　確かにダウ理論には紛らわしいところがある。すべての勘定項目の収支を厳密に区別できない会計士と同じように、私も「メジャートレンド」や「修正トレンド」とはどこからどこまでの期間をいうのかについては正確に分からない。私は底から天井までの日数でメジャートレンドと修正トレンドを区別している。**図103.1**を参照）

第5.1章
20〜21世紀におけるダウ理論
The Dow Theory in the 20th and 21st Centuries

　（第5章の表に続く）以下の表を見ても分かるように、ダウ理論に従う投資家は現在でもこの理論を知らない投資家よりも優位に立っている。ダウ理論に基づいて1897年に最初に投資した100ドルは、20世紀末には36万2212.97ドルにまで膨れ上がっている。編者は第5章の

ダウ理論に基づく売買の103年間のリターン

最初の投資資金100ドル	日付	ダウ工業株平均（ドル）	利益率（%）	累積利益（ドル）
投資	1897/07/12	44.61		
売り	1899/12/16	63.84	43.1	143.10
再投資	1900/10/20	59.44		
売り	1903/06/01	59.59	0.3	143.53
再投資	1904/07/12	51.37		
売り	1906/04/26	92.44	80.0	258.35
再投資	1908/04/24	70.01		
売り	1910/05/03	84.72	21.0	312.60
再投資	1910/10/10	81.91		
売り	1913/01/14	84.96	3.7	324.17
再投資	1915/04/09	65.02		
売り	1917/08/28	86.12	32.5	429.53
再投資	1918/05/13	82.16		
売り	1920/02/03	99.96	21.7	522.74
再投資	1922/02/06	83.70		
売り	1923/06/20	90.81	8.5	567.17

最初の 投資資金 100ドル	日付	ダウ工業 株平均 （ドル）	利益率 （%）	累積利益 （ドル）
再投資	1923/12/07	93.80		
売り	1929/10/23	305.85	226.1	1849.54
再投資	1933/05/24	84.29		
売り	1937/09/07	164.39	95.0	3606.61
再投資	1938/06/23	127.41		
売り	1939/03/31	136.42	7.2	3866.29
再投資	1939/07/17	142.58		
売り	1940/05/13	137.50	(損失 3.6)	3727.10
再投資	1943/02/01	125.88		
売り	1946/08/27	191.04	51.9	5653.71
再投資	1950/10/02	228.94		
売り	1953/04/02	280.03	22.3	6911.01
再投資	1954/01/19	288.27		
売り	1956/10/01	468.70	62.6	11,236.65

表で最後になった累積利益の１万1236.65ドル（1956年10月）から、さらに現在に至るまでを追跡記録した。その結果はダウ理論に基づくテクニカルな売買のすごさを改めて立証することになった。これに対し、工業株平均の最安値29.64ドルに100ドルを投資し、それをこれまで（この第８版が出版されるまで）の最高値１万1762.71ドル（2000年１月）で売却したときの利益は３万9685.03ドルにとどまっている。

　この新しい追跡記録のデータは、ジャック・シャネップ氏が運営する「The Dow Theory.Com」（http://www.thedowtheory.com/）から提供してもらった。このサイトにはダウ理論に関する数多くの興味ある情報が掲載されており、またここに示した追跡記録よりもかなり詳細なデータが入手できる。

　純粋なダウ理論家から見ると、本書のデータとほかのデータにはいくらかの誤差があるかもしれないが、それは各人の解釈の相違を反映したものである。つまり、ダウ理論が出すシグナルの正確な期日やそ

の内容については、ダウ理論家の間でも完全に一致してはいないということである（例えば、1956年10月１日の売却日は1957年10月７日にすべきだったといった意見もある）。このようにダウ理論のシグナルの解釈にも各人のいくらかの主観が入る。チャート分析と同じように、ダウ理論も客観的なアルゴリズムではない。

この章の**表**を要約すれば、1897年に投資した100ドルは1956年には１万1236.65ドルになった。これはダウ理論が強気相場を確認したときに工業株平均を買い、弱気相場のシグナルが出るまで持ち続けた結果である。この期間の買いと売りはそれぞれ15回で、これは平均して２年に一度の割合で売買したことになる。1956年のこの累積利益からさらにダウ理論のシグナルに従って売買していくと、20世紀末の累積利益は36万2212.97ドルに膨らんだ（最安値を買ってバイ・アンド・ホールドし、最高値を売却したときの利益は３万9685.03ドル）。ダウ理論がほかの市場においてどれだけの有効性を持つのかは分からないが、少なくともナスダックの５倍の時価総額を持つNYSE（ニューヨーク証券取引所）においては、依然として断トツの存在であることは間違いない。

最初の 投資資金 100ドル	日付	ダウ工業 株平均 （ドル）	利益率 （%）	累積利益 （ドル）
再投資	1958/05/02	459.56		11,236.65
売り	1960/03/13	612.05	33.18%	14,965.17
再投資	1961/10/10	706.67		14,965.17
売り	1962/04/26	678.68	−3.96%	14,372.43
再投資	1962/11/09	616.13		14,372.43
売り	1966/05/05	899.77	46.04%	20,988.88
再投資	1967/01/11	822.49		20,988.88
売り	1967/10/24	888.18	7.99%	22,665.20

最初の 投資資金 100ドル	日付	ダウ工業 株平均 （ドル）	利益率 （%）	累積利益 （ドル）
再投資	1968/10/01	942.32		22,665.20
売り	1969/02/25	899.80	−4.51%	21,642.49
再投資	1969/10/27	860.28		21,642.49
売り	1970/01/26	768.88	−10.62%	19,343.09
再投資	1970/09/28	758.97		19,343.09
売り	1971/07/28	872.01	14.89%	22,224.03
再投資	1972/02/10	921.28		22,224.03
売り	1973/03/27	922.71	0.16%	22,258.52
再投資	1974/11/05	674.75		22,258.52
売り	1977/10/24	802.32	18.91%	26,466.78
再投資	1978/06/06	866.51		26,466.78
売り	1978/10/19	846.41	−2.32%	25,852.84
再投資	1980/05/13	816.89		25,852.84
売り	1981/07/02	959.19	17.42%	30,356.34
再投資	1982/10/07	965.97		30,356.34
売り	1984/01/25	1231.89	27.53%	38,713.07
再投資	1985/01/21	1261.37		38,713.07
売り	1987/10/15	2355.09	86.71%	72,280.75
再投資	1988/01/07	2051.89		72,280.75
売り	1989/10/13	2569.26	25.21%	90,505.85
再投資	1990/06/04	2935.19		90,505.85
売り	1990/08/03	2809.65	−4.28%	86,634.86
再投資	1990/12/05	2610.40		86,634.86
売り	1998/08/04	8487.31	225.13%	281,679.77
再投資	1998/09/15	8024.39		281,679.77
売り	1999/09/23	10318.59	28.59%	362,212.97

第6章
重要な反転パターン
Important Reversal Patterns

　実践的な投資家にとってのダウ理論の欠点は、この理論によって具体的にどの株式を売買したらよいのかを決定できないことである。最大の利益よりもむしろ安全性を求める金持ちの保守的な投資家は、この問題を次のように解決するだろう。すなわち、広範かつ徹底的に分散投資するブルーチップのリストを作り、それをブローカーに渡して、ダウ理論が強気のシグナルを出したときにそれらの株式を買うようにする。投資銘柄のなかにはほかの株式よりも大きく上昇したり、またはあまり値上がりしない株式もあるだろうが、広範な分散投資によって平均的には良い投資結果が得られるだろう。もしもその時点で最も有望な株式を選択できる方法があり、保有していた株式をそうした有望銘柄に乗り換えることができれば、さらに良い結果が得られるだろう。またダウ理論家よりも早く安全に上昇トレンドに乗り、ダウ理論の弱気シグナルに市場が反応する前に持ち株を売却することができれば、キャピタルゲインはもっと増えているだろう。

　われわれは先に、ダウ理論は修正トレンドをとらえることはほとんどできないと指摘した。もしもその後の下落でそれまでの利益を帳消しにすることなく、トレンドのあらゆる動きをとらえることができれば、または買いと売りの両方で利益を上げることができれば、さらに高いリターンを上げられるだろう。多くの株式は平均株価に代表され

る市場の動きとほとんど同じように動くが、個別銘柄の動きにはかなり大きなばらつきがある。平均株価とはさまざまな数字をひとつの数字にまとめた指標のようなものである。ダウ工業株平均のメジャーな強気相場は1946年5月29日に終わったが、ユナイテッド航空は1945年12月に最高値を付けたのをはじめ、ゼネラルモーターズ（GM）は1946年1月、グッドイヤーは同年4月、デュポンは6月、そしてシェンリーは8月に大天井を打った。こうした個別銘柄の動きをうまく見極めて利益を上げることができるだろうか。

　個別株式のテクニカル分析には4つの問題があるが、そのなかで最も重要なものは投資銘柄の決定である。これについてダウ理論はかなり（いつもではないが）有効である。テクニカル分析をダウ理論と個別株式の問題に当てはめるときは投資プランやリスクなどの点で一定の条件が付くが、個別株式のテクニカル分析は修正トレンドでの売買という問題について大きなヒントを与えてくれる（これについては順を追って検討していく）。テクニカル分析はほとんどの場合に、平均株価よりも早く天井を打って下げ始めるような株式を特定したり、ときには持ち株がまだ大きく下げないうちに、まだ上昇余地のあるほかの株式に乗り換えることも示唆してくれる。

　平均株価が将来の株価に影響を及ぼすような周知の事実と予測可能なすべての要因を直ちに織り込むのと同じように、個別銘柄の株価も将来の動きに影響を与えるようなすべての要因を反映している。特に平均株価のチャートに現れたものは、すべての株式に何らかの影響を及ぼす市場全体の状況であり、これはインサイダーの動きも含めた個別株式の特有な状況と同じである。

　読者の皆さんがインサイダーと呼ばれるその企業内部の特別なメンバーではないと仮定して話を進めよう、このような人々はその会社の運命を決定するあらゆる事実、数字、経営状態などをすべて知っており、ときにその株価に大きな影響を与えるような行動に出ることもあ

る。しかし、現実には一般投資家が考えるほど多くのインサイダーがいるわけではないし、また大衆が非難する10分の1も株価の形成に影響を及ぼしているわけではない。インサイダーは間違いを犯すこともあり、それを最初に認めるのも彼らである。彼らの株価操作プランは株式市場の予想外の動きや、専門家が評価する株式価値を無視することで覆されることも少なくない。彼らが成功するには市場で株式を売買しなければならない。株価を支配している需要と供給の微妙なバランスを変えないことには何も始まらない。しかし、彼らが企てることはすべて遅かれ早かれチャートに現れるので、「アウトサイダー」であるあなたはすぐに彼らの動きを察知することができる。インサイダーの動きが引き起こす需給バランスの変化と、市場を支配している力を常にチェックしていれば、自分がインサイダーになる必要もないし、また彼らの動きに便乗することもそれほど難しいことではない。

重要な反転パターン

　株価はトレンドを描いて動く。直線的にまたは曲線を描くこともあるし、その期間も短かったり、長く続くこともある。その形も不規則だったり、あまりはっきりしないものもあれば、驚くほど規則的にまたは標準的に動くこともある。しかし、それらは大きな統一性を持った一連の上昇と下降の波として形成されている。そしてそれらのトレンドはいずれ方向を転換する。上昇から下降に転じるときもあれば、横ばいの動きが一時的に中断されたあと、再び以前の方向に進むこともある。

　ほとんどの場合、トレンドが反転しつつあるときは（上昇から下降、または下降から上昇のどちらでも）、チャート上に特有の領域やパターンが形成されるが、これが反転パターンと呼ばれるものである。これらのパターンがかなり早く形成・完成することもあるし、ときには

※参考文献　『株式インサイダー投資法』（パンローリング）

トレンドの反転がはっきりするまで数週間を要することもある。一般的に言えば、反転の領域が大きいほど（その領域内での株価の動きが大きいほど、形成期間が長いほど、その間の出来高が多いほど）、それが意味するものは重要である。大ざっぱに言えば、大きな反転パターンはその後に大きな動きがあることを示唆しているし、小さな反転パターンのあとには小さな動きが続く。言うまでもなく、テクニカルアナリストの最も重要な役割はその反転パターンを見極めて、それが何を意味しているのかを判断し、それをトレードに生かすことである。

　わずか1日だけ出現してその日のうちに完成する反転パターンもあり、これは「1日の反転」と呼ばれている。または上昇や下降の動きが一時的に停止するという重要なパターンもあるが、その場合でも株価が常に反対方向に向かうというわけではない（このようなパターンについてはあとで詳しく分析する）。しかし、新しい大きなトレンドが形成されるまでにはかなりの時間がかかる。時速70マイル（約110km）で走っている大型車を即座に止めることはできない。同じように、こちらに向かってきた車を直ちに反対方向に向けて同じ速さで走らせることもできない。

トレンドの反転には時間がかかる

　重要なトレンドが反転するときになぜ時間がかかり、また出来高や株価の動きがなぜ重要であるのかを説明するのに、自動車レースのたとえを持ち出す必要はないだろう。ちょっと調べればその理由は簡単に分かるし、そのようなときにはこれまでどんなことが起きたのかを（数多く）調査すればいっそう明らかになるだろう。多くの情報と資金を持つあるグループが、現在40ドルで売買されているある会社の株はかなり割安であり、その業績も順調に推移していることから、近い将来には多くの投資家の目を引いて60〜65ドルぐらいまでは買われる

だろうと判断したとする。彼らが市場でうまく立ち回り、その計画を
ひっくり返すような事態も起きなければ、彼らは20ドルは儲けること
ができる。そこで彼らはすべての売り物を目立たないように買い始め、
現在出回っているほぼすべての浮動株を買い集める。そのうえでじっ
と待つ。すると玄人筋がこの株式の動きに不振を抱くようになり、
「何かが起こっている」といううわさが流れ、抜け目のないバーゲン
ハンターたちはその会社の明るい業績見通しに目を付け、またチャー
ト分析家はその株価の動きから株集めの事実を見抜く。買い方は売り
物が極めて少ないことに気づく。実際に売り注文はほとんどなく、そ
の株式を買うには買値を引き上げなくてはならない。こうしてその株
式は上昇し始める。

　株価の上昇には勢いがつき始め、さらに多くの投資家が株価の上昇
に引き付けられる。この上昇局面では好収益や増配などの支援材料が
流れるが、このグループはすでにそのような情報を握っていた。つい
に株価は彼らが予定していた水準に近づいてきた。しかし、持ち株を
売り逃げするのは株集めよりもいっそうの忍耐とテクニックが必要で
ある。仮りに保有株が２万株あるとしても、それを一度に市場に放出
するわけにはいかない。そんなことをすれば彼らの目的は直ちに、そ
して永久に失敗に終わってしまうだろう。彼らはあまり目立たないよ
うに少しずつ売り始めるが、買い方の意欲をそぐような大量の売りを
出すことはできない。もしもこの株式の１日の出来高が2000株程度で
あれば、株価を下げることなく500株は処分できるだろう（そのうち
にこの株を安値で買って、株価が伸び悩んだところですぐに売却しよ
うともくろんでいる提灯筋と張り合うことになるだろう）。そこで彼
らは、株価が天井に達する前に上昇トレンドがピークの兆しを見せた
り、または目標値に近づくと売り始め、急いでその持ち株を買い方に
売り渡してしまう。

　一般に彼らが持ち株をすべて売り切る前に、買い意欲は弱まるもの

である。おそらく買い方は売り物が増えてきたことを感じ取ったのだ
ろう。そして下落が始まる。このグループは直ちに売りをストップし、
株価が大きく下げるようであれば、株価を維持するために今度は少し
買い始める。これで売り物は一時的になくなり、株価は下げ止まった
あと再び上げ始める。彼らは今度は新高値を付けるまでは売らないの
で、ほかの保有者は安心し、さらに多くの買い手が集まることになる。
市場が再び沸いてくるとまた売り始め、こうした手口がうまくいけば
2回目の買いが集まる前の2〜3週間ですべての持ち株を売り払って
しまう。

　今やこのグループは持ち株をすべて売却して大きな利益を手にした。
その2万株はほかの人に渡ったのである。もしも彼らが正確に市場の
動向を判断し、状況が許すかぎりの最高値で持ち株を売ろうとしたな
らば、すべてを売り切るまでにはかなりの時間がかかっただろう。株
価が以前の下落のときに買い支えた水準まで一時的に押したので、そ
こで押し目買いが入って小反発した。その後は以前の大商いのときに
利食いを逃したほかの投資家の売りによって、株価は中期のトレンド
や下降メジャートレンドに移っていった。

　特殊な条件の下で売り抜けパターンが出現した天井圏では、相応の
時間と出来高が必要である理由がこれでお分かりいただけたかと思う。
しかし、このようなケースはそれが高度に組織化されたインサイダー
グループや投資シンジケートであろうと、または未組織の一般投資家
であろうとも、その結果はほとんど同じである。売り抜けは供給が需
要を上回るようになるプロセスのウォール街での表現方法であり、そ
れには多くの時間と株主の交代（出来高）が必要となる。こうした売
り抜けを表すパターン（これからは単に天井パターンと呼ぶ）がある
種のフォーメーションを形成するのは驚くばかりである。同じような
パターンが底でも現れるが、これはもちろん売り抜けではなく株の買
い集めを意味している。

ヘッド・アンド・ショルダーズ・トップ

　これまで述べてきた売り抜けパターンをチャート上に視覚化すると、それはヘッド・アンド・ショルダーズ・トップとなる。これはよく見られるもので、最も信頼できるメジャートレンドの反転パターンのひとつである。多くのトレーダーがこの名前をよく知っているので、皆さんも聞いたことはあるだろう。しかし、このパターンの意味を本当に理解し、トレンド反転の前兆とはならないほかの類似パターンとこれをはっきりと区別できる人は極めて少ない。

　グラフ2は、典型的なまたは理想的なヘッド・アンド・ショルダーズ・トップを表したものである。どうしてこのように呼ばれるのかについての説明は不要であろう。このパターンは次のような構成になっている。

A. 力強い大きな上昇はクライマックスに達し、出来高も急増する。そこから浅く押して、出来高は上昇局面や目先天井よりも減少する。これが「レフトショルダー（左肩）」である。

B. ここから大商いを伴って左肩の天井を上抜く水準まで上昇する。その後に出来高は減少して、左肩の安値近辺まで下落する。この安値は先の安値よりも幾分高かったりまたは低いこともあるが、どのような場合でも左肩の天井よりは低い。これが「ヘッド（頭）」である。

C. 3回目の上昇であるが、出来高は左肩やヘッドのときよりも決定的に少ない。株価はヘッドの高さには届かずに急反落する。これが「ライトショルダー（右肩）」である。

D. 3回目の最後の下げは左肩とヘッドで挟まれた安値（谷）、ヘッドと右肩の間の谷を結んだ「ネックライン」を下抜き、終値でそのラインから約3％以上下落する。これが「確認」であり、「下放れ（ブレイクアウト）」である。

　A、B、C、Dで表された各ポイントは、有効なヘッド・アンド・ショルダーズ・トップの必要条件である。このうちのひとつでも欠けていれば、その後の動きを示唆するこのパターンの有効性は疑わしい。このパターンの名称を付けたとき、われわれは出現する可能性のあるこのパターンの多くの変形を明らかにする方法を残しておいた（というのは、まったく同じ形のヘッド・アンド・ショルダーズ・トップは存在しないからだ）。以上の説明はこのパターンからトレンド反転の重要なシグナルを見極めるときの主な特徴だけに言及したものであり、以下ではこのパターンについてさらに詳しく検討していく。

出来高の重要性

　まず最初は出来高について検討する。出来高はパターン全体の条件のなかでも重要な要因である。出来高チャートは株価チャートと同じようにあるパターンを形成している。この2つは一緒に変化するが、そのどちらもそのときの条件によって異なる。しかし、出来高は相対的なものであることを知るべきだ。大商いというときは、その株式のそのときの出来高が通常の水準よりもかなり多いという意味である。取引された正確な株数は重要ではなく、例えばラジオ・コーポレーションの1日の出来高6500株とボーン・アルミニウム＆ブラスの500株を比較することは、本書の目的にとってはまったく意味がない。最近の平均出来高に関するテクニカルな基準によれば、ラジオ社の6500株はかなり低水準で、ボーン社の500株はかなり高水準なのかもしれない。ヘッド・アンド・ショルダーズ・トップでは左肩を形成するときに大商いができると言われるが、これは左肩の天井とそこに至る上昇途上の出来高がそれ以前の上昇局面よりも多いという意味である。
　その後の小反落で出来高も減少したあと、再び新高値に向かうときも出来高は増加する。こうした動きは上昇トレンド途上で見られる通

グラフ2　日足チャート。株価は上、出来高は下の縦線で表している。典型的
なヘッド・アンド・ショルダーズ・トップの反転パターンである。
A、B、C、Dは重要なポイントである。

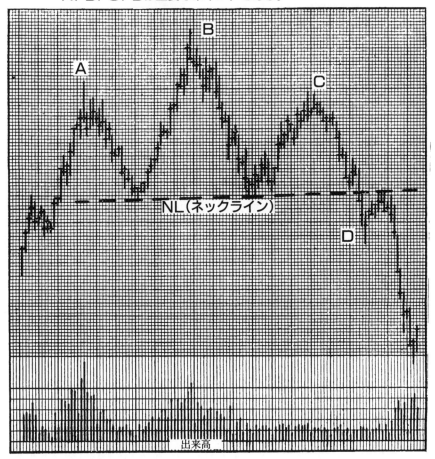

図10　ヒューマナのこの日足チャートでは3月から大きなヘッド・アンド・ショルダーズ・トップが形成されている。8月には株価がネックラインを3％下抜いたので反転が確認された。このパターンの値幅測定方式に基づく下値目標値は18ドルである。

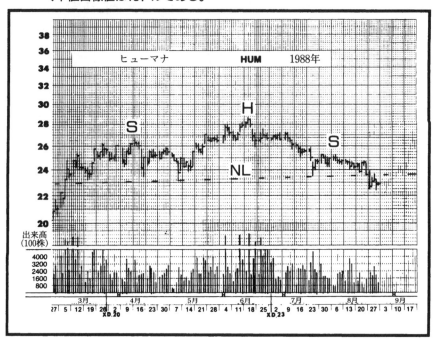

常の動きとそれほど大きな違いはない。この2つの連続した上昇が、反転型のヘッド・アンド・ショルダーズ・トップの左肩とヘッドを形成するのである。

　ヘッド・アンド・ショルダーズが形成されているかどうかを確かめる最初の示唆は、直近の目先天井形成のときよりもその後の天井の出来高が幾分少ないことである。この出来高の相違がかなり顕著なときは、二番目の高いほうの天井形成が終わりつつあるときにそのチャートに赤マークを付けて、その後の株価の動きをさらに詳しくフォロー

する必要がある。しかし、このような事前の警告はそう頻繁に現れる
ものではないし、またそれが現れたからといって決定的なシグナルと
して受け取るべきではない。大ざっぱに見ると、ヘッド・アンド・シ
ョルダーズが確認されたすべてのケースの約3分の1では左肩の出来
高はヘッドのところよりも多く、3分の1はほぼ同じ、そして残る3
分の1のケースでは左肩よりもヘッドの出来高のほうが多かった。

　もうひとつの警告（これは上記の場合よりもよく出現する）は、ヘ
ッドからの下落で株価が左肩の天井水準よりも安くなったときである。
このような動きは相場の基調が弱いことを示している（これについて
は「支持線と抵抗線」の章で検討する）。これまでの動きが目先的な
ものであれば、このような動きも決定的なものとは言えない。しかし、
このような動きが現れたときは、チャート上に二重の赤マークを付け
るべきである。

ネックラインのブレイク

　真の警告は、3回目の上昇による右肩の出来高が増加しないときで
ある。株価が再上昇してもその足取りは弱く（この段階でチャート上
に仮のネックラインを引くことができる）、左肩の天井とほぼ同じ水
準に達したり、またはそれを上抜いても出来高が依然として相対的に
少ないときは、ヘッド・アンド・ショルダーズ・トップは少なくとも
75％は完成されたのである。これらのパターンをトレード戦術に応用
する方法については第2部で詳しく紹介するが、トレーダーの多くは
薄商いの右肩の完成が確実になれば、ネックラインのブレイク（グラ
フ2のD点）という最終的な確認を待たずに持ち株を売却、または乗
り換えを実施するだろう。しかし、株価が決定的な値幅でネックライ
ンを下抜くまではヘッド・アンド・ショルダーズは完成されず、した
がって重要なトレンド反転の決定的なシグナルとはならない。ネック

図11　1946年1月1日～6月29日の日足チャート。上昇メジャートレンド局面の2
　　　月に現れたヘッド・アンド・ショルダーズ・トップで、左右の両肩は小
　　　さいがはっきりと分かる。出来高の推移に注目。値幅測定方式に基づく下
　　　値目標値は4月に達成された。3月30日～5月4日の長方形の保ち合いパタ
　　　ーンについては第9章で検討する。この株は10月に11 1/2ドルまで下げた。

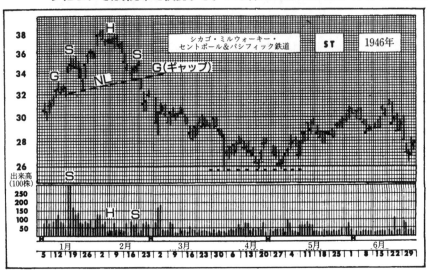

ラインを下抜かない未完成のヘッド・アンド・ショルダーズは、完成
されたすべてのケースの20％に上る。そのようなとき株価は右肩の高
値と安値のレンジのなかで一定期間にわたって揉み合ったあと、再上
昇して新高値を付けにいくことが多い。

　最後に付記しておくが、まれにではあるが、株価がネックラインを
決定的に下抜いてヘッド・アンド・ショルダーズ・トップが完成して
も、株価がネックラインよりも下がらないこともある。このようなダ
マシの動きは、テクニカルアナリストを困らせる最も難しいケースで
ある。しかし幸いなことに、ヘッド・アンド・ショルダーズのこのよ
うなケースは極めてまれである。いったんヘッド・アンド・ショルダ
ーズ・トップが完成すれば、ほとんど場合はそのまま続落するので、

その後の動きが大きなニュースや市場心理と一致しないように見えても、チャートを信用したほうが大きく報われるだろう。

ヘッド・アンド・ショルダーズが完成しなかったり、またはダマシの動きが現れたときは次のように対処すべきである。まず最初に知っておくべきことは、ヘッド・アンド・ショルダーズは上昇メジャートレンドの初期にはほとんど出現しないということである。次に上記のように、たとえヘッド・アンド・ショルダーズが未完成となり、その時点ではまだ株価に生命力が残っていたとしても、そのようなことが起こったということは真の反転時期が間近いという警告である。反転パターンらしきものが再びチャートに現れ始めたときが、おそらくは最終局面となる。

ヘッド・アンド・ショルダーズ・トップの変形

気まぐれなニュースや相反するような材料が日々の株価にさまざまな影響を及ぼすが、ヘッド・アンド・ショルダーズはかなりきれいな左右対称の形で形成される傾向がある。ネックラインは水平に、そして右肩は左肩と似かよっており（もちろん出来高の水準は異なる）、全体としてかなりバランスがとれている。しかし、左右対称であることは有効なヘッド・アンド・ショルダーズの形成にとって本質的な問題ではない。ネックラインは上向き、または下向きのときもある。ネックラインが上向きであるときの条件は、ヘッドと右肩に挟まれた安値が左肩の天井よりもかなり低くなければならないことである。一方、下向きのネックラインは相場の基調が極めて弱いことを示唆しており、このような弱気の基調は下向きのネックラインが引かれ、株価がそれを下抜く以前にすでに支配的になっている。あとで検討する下値測定方式は、このようなパターンにも適用される。

両肩は左右対称に形成されることが多いので、ネックラインが引か

図12　1946年の大天井に形成されたみごとなヘッド・アンド・ショルダーズ。
　　　株価は2月13日にブレイクアウエーギャップ（第12章で検討する）を伴
　　　ってネックラインを下抜いた。値幅測定方式に基づく最初の下値目標値
　　　は33ドルだった。平均株価が新高値圏に進むなかで、この株も何度かネ
　　　ックラインを上抜こうとしたがいずれも失敗し、結局3月のヘッド・ア
　　　ンド・ショルダーズ・ボトムは完成されなかった（第7章を参照）。その
　　　後株価は11月には21 1/2ドルまで下げた。1月末以降の出来高パターン
　　　の変化に注目。

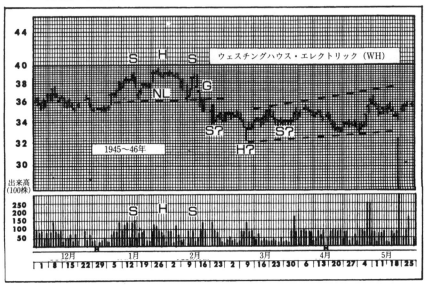

れるとすぐに、左肩の天井からヘッドの途中を突き抜けてネックライ
ンと平行な線を引くトレーダーがいる。これが右肩の天井のおおよそ
の高さとなり、また売り目標値の目安となる。しかし、このような理
想的で完全な左右対称な形はほとんどなく、そのことは本章に掲載し
たチャートを見ても分かるだろう。実際にはどちらか一方の肩がもう
ひとつの肩よりも高くなったり、またはその形成に時間がかかったり
するものである。さらに、どちらか一方の肩や両方の肩がヘッドの近

図13　5カ月にわたる大きなヘッド・アンド・ショルダーズ・トップ。12月に
　　　株価が大商いを伴ってネックラインを下抜いたことでトレンドの反転が
　　　確認された。テレダイン株は超値がさ株であるため、直接空売りするよ
　　　りは260ドルのプット（満期日は4月）を買うほうが賢明かもしれない。
　　　値幅測定方式に基づく下値目標値はネックラインの264ドルから44ドル
　　　安の220ドル。

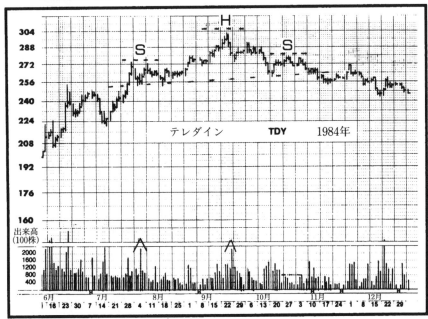

くまで達していたり（同じ高さのときはヘッド・アンド・ショルダー
ズではなくなる）、両肩がヘッドよりもかなり低いこともある。もし
も右肩形成のときの出来高がかなり少ないとその天井は低くなり、そ
の形成にも多くの時間がかかる。一般に株価のパターン、その形成時
間、そして出来高という3つの要素はバランスのとれた関係にあるが、
現実にはそれを言葉や数字で表すことはできず、経験を通して理解す
るしかない。しかし、**グラフ2**のチャートでA、B、C、Dと印した
ポイント以上のヘッド・アンド・ショルダーズの原則はなく、その範

囲内にこのパターンのさまざまな変形が存在する。

パターン確認後の株価の動き──値幅測定方式

　株価がネックラインを下抜く最終局面では出来高が幾分増加するが、最初はそうではない。もしも株価がじり安を続ける数日間に出来高も少ないときは、株価が再びネックラインの水準まで戻ることもある（ときにネックラインを上抜くこともある）。これは「最後のあえぎ」であるが、一般に株価はそこから急速に下げ、出来高も急増する。ネックラインを最初に下抜いたあとでこのような戻りがあるかどうかは、そのときの全体的な市況次第である。もしもメジャートレンドがその株式と同じようにヘッド・アンド・ショルダーズ・トップを完成したあとに下降局面に入っていれば、そのような戻りが起こることはほとんどない。株価が天井水準から離れるにつれて出来高も増加し、さらに加速度的に急落することになる。

　一方、全体的な基調がまだ強いときは大きな戻りが起こることもある。これに対し、右肩の形成が十分に進まないうちに株価がネックラインを下抜くようなときは戻りが起こる可能性は低いが、戻りの有無についてはっきりした原則があるわけではない。いずれにせよ、そのような株価の戻りはその株式の空売りを考えていたり、またはすでに空売りしているトレーダー、さらにどこにストップロスオーダーを入れようかと決心しかねているトレーダーにとっては大きな関心事である。

　ここでこの基本的な反転パターンの最も興味ある特徴のひとつ、すなわちヘッド・アンド・ショルダーズ・トップが完成したあとの下値目標値について検討しよう。まずチャート上にヘッドの天井からネックラインに向かって直線を下ろしてその距離を測る。それと同じ距離を、右肩が完成して株価がネックラインを下抜いた地点から下方に延

図14　IC株は10年以上にわたり力強い上昇トレンドをたどり、その上昇率は目を見張るほどであったが、ここに来てさすがにその勢いにも陰りが見え始め、天井の形成がはっきりしてきた。8月のピークは前年に形成されたフラッグの値幅測定方式に基づく上値目標値を満たしている。この大天井の直前のギャップはすぐに埋められたことから、これはエグゾースチョンギャップであることが確認された。そこから支持線まで下落したあと、やや少ない出来高で7月の高値水準まで戻して右肩を形成した。その後大商いを伴ってネックラインを下抜いて反転の確認となった。下値目標値は前年のフラッグの天井である19 1/4ドルであるが、フラッグの安値の14 1/4ドルまで下げる可能性もある。

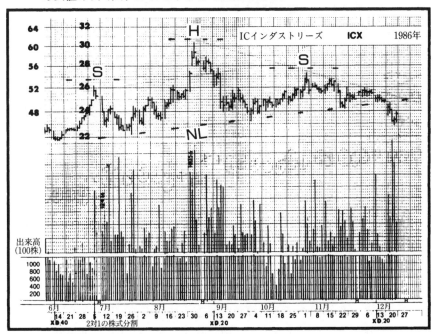

図15　平均株価が力強い上昇トレンドをたどっているときに主力株の反転パタ
　　　ーンを信じることは難しく、それに従って行動することはさらに困難で
　　　ある。しかし、そうしたことは極めて重要なことである。デュポン株は
　　　1936年に平均株価よりも4カ月早く天井を付けた。右肩は横に広がって
　　　はっきりしないが（出来高に注目）、12月19日の反転の示唆は明らかで
　　　ある。1月の戻りはネックライン水準の売り物に押され、3月の2度目の
　　　戻りからの下げもヘッド・アンド・ショルダーズの典型的な値動きパタ
　　　ーンになっている。図12と比較しよう。

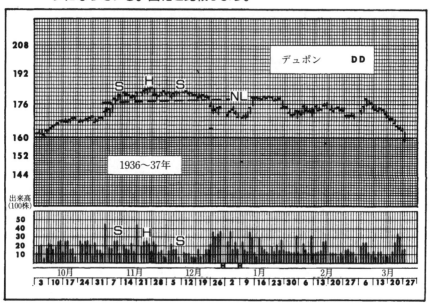

長する。そこが最小限の下値目標値となる。

　ヘッド・アンド・ショルダーズの値幅測定方式に関する重要なひと
つの条件を検討するに当たり、このパターンの原形の説明にもう一度
戻ってみよう。（**グラフ2**の）A点では「力強い大きな上昇はクライ
マックスに達した」と述べた。もしもこの領域での上昇幅が小さけれ
ば、おそらくその後の下げ幅も同じように小さいだろう。もっと簡単
に言うと、反転パターンには株価が反転するための何かがあるという
ことである。最小限の下値目標値を予測する方法は2つあり、そのひ

図16　1937年の強気相場におけるヘッド・アンド・ショルダーズで、1回だけ
　　　の戻り（2月10日）もすぐに下落した。2月5日に株価が最初にネックラ
　　　インを下抜いたときの出来高は急増している。値幅測定方式に基づく下
　　　値目標値は3月に達成された。第10章の図89と比較し、また第13章（「支
　　　持と抵抗」）を検討するときもこのチャートを参照しよう。

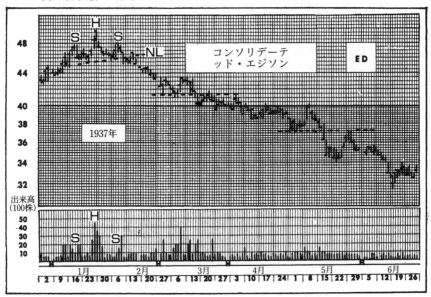

とつはヘッド・アンド・ショルダーズが形成される前の上昇幅であり、
もうひとつは既述した値幅測定方式である（このうちのどちらか値幅
の小さいほうを適用する）。測定法は本章に掲載したいくつかのチャ
ートのなかに示されている。これによって下向きのネックラインの形
が上向きのネックラインの形よりもなぜ弱いパターンなのか、さらに
はどの程度弱いのかも分かるだろう。そのようなパターンの最小限の
下値目標値は、ヘッドの天井からネックラインが下抜かれた地点まで
の距離にほぼ等しいと予測される。

　これに対して、最大限の下値目標値になると話はまったく別で、そ

図17 1946年の6カ月にわたる長期のヘッド・アンド・ショルダーズ・トップ。2月の高値水準（最初のS）を5月に下抜けばこのパターンが完成するはずだった。第7章の初めに列挙した必要条件のBを参照のこと。ヘッド・アンド・ショルダーズの値幅測定方式が、右上がりのネックラインではどのように適用されているのかに注目。最小限の下値目標値である12 1/2ドルは11月に達成された。7月27日の急速な戻りは最後の売りのチャンスだった。

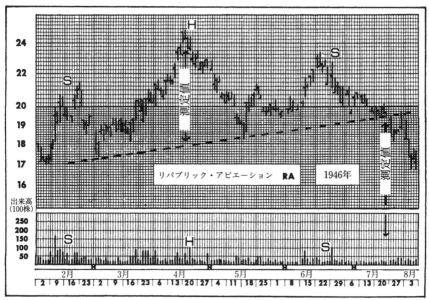

れについては簡単なルールを適用することはできない。それにはヘッド・アンド・ショルダーズ形成までの上昇幅、そのパターンの大きさと形成期間、出来高、メジャートレンド（これは極めて重要である）、以前に形成された支持圏までの距離など、さまざまな条件が関係してくる（そのいくつかのテーマについてはあとで検討する）。

ダウ理論とヘッド・アンド・ショルダーズの関係

　読者のなかには、ヘッド・アンド・ショルダーズはある意味では、単にダウ理論の原則を個別株式の動きに適用しただけのものではないかと思われた人もいるだろう。まさにそのとおりである。ヘッドからネックラインまでの下落、それに続く右肩の天井までの上昇、そしてネックラインを割り込む急反落などは、ダウ理論における下降トレンドのシグナルに極めて類似している。ヘッド・アンド・ショルダーズがその基本的な重要性、出現頻度、高い信頼性のほかに、ダウ理論とこのような論理的な関係にあるため、われわれは最初の反転パターンとしてヘッド・アンド・ショルダーズを取り上げたのである。このパターンはダウ理論よりもはっきりしていて、しかも簡単に発見できるので事前の警告もすぐに分かり、特に上向きのネックラインのパターンではかなり早い段階でシグナルを出してくれる。さらにヘッド・アンド・ショルダーズの形成には最小限の一定期間という制限もなく、また平均株価やほかの株式による確認という条件もない。ヘッド・アンド・ショルダーズは天井圏ばかりでなく底値圏にも現れるが、それ（ヘッド・アンド・ショルダーズ・ボトム）も同じく重要な反転パターンである（この底型パターンについては次章で検討する）。

　（**編者注**　私は底型パターンであるヘッド・アンド・ショルダーズ・ボトムを「キルロイボトム（Kilroy Bottom）」と呼ぶのが好きだが、それについては**図23.1**を参照のこと。このヘッド・アンド・ショルダーズはこのあとも頻繁に出てくる）

図18　1983年の高値から1年間にわたって大きく下げ、長期の支持圏に達した
　　　ところから再び強気の見方が広がって上昇した。しかし、4月に入ると
　　　その勢いも弱まり、トレンド転換の兆しが見えてきた。その後、大商い
　　　を伴って大きなヘッド・アンド・ショルダーズ・トップを形成し、8月
　　　の大商いでネックラインを3%下抜いたところでトレンド反転の確認と
　　　なった。

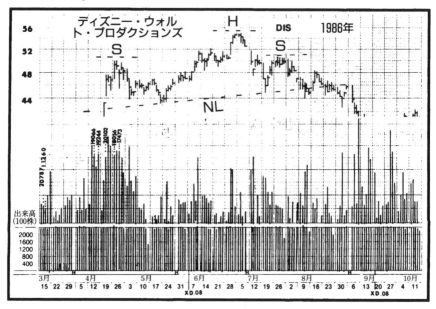

図19 1945年6月に形成されたヘッド・アンド・ショルダーズ・トップ。中期
の上昇トレンドラインは7月5日の天井からの下げで破られた。値幅測定
方式に基づく下値目標値の24ドルは8月18日に達成された。それから数
日後に22 3/4ドルで下げ止まった株価は、9月25日にもうひとつのネック
ラインを突き抜けて上昇したあと、10月には再び26 7/8ドルまで押した。
その後再上昇した株価は11月初めに30ドルの水準で再び買いシグナルを
出し、翌年1月に35 1/2ドルの大天井を付けた。テクニカルトレーダーに
とって、この株式の1945年8月～1946年2月は極めて難しい時期だった。
しかし、1945年7月に26～27ドルで空売りし、1947年5月の安値12ドルで
買い戻せば大きな利益を手にしただろう。

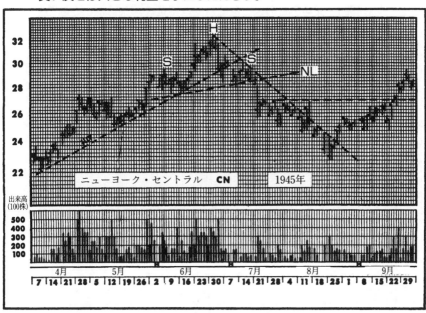

図20 1929年の大天井では多くのきれいなヘッド・アンド・ショルダーズ・トップが形成されたが、これはそのときのひとつの好例である。9月の小さなヘッド・アンド・ショルダーズは、さらに大きな同パターンのヘッドになっている。10月9日のネックラインまでの戻りは、9月28日に最初にネックラインを下抜いたときに持ち株を売却しなかった人たちに、128ドルで手仕舞う2度目のチャンスを与えた。大きなヘッド・アンド・ショルダーズでは10月19日にネックラインを下抜いたが、株価はその直後の10月22日に大きく戻した。しかしそれから1カ月もたたないうちに大天井のほぼ半値まで急落し、1932年には15 1/2ドルまで下げた。1929〜32年のこのような壊滅的な暴落の再来はないだろうが、その教訓は大切である。それはヘッド・アンド・ショルダーズをけっして軽視してはならないということである。このような複雑なパターンについては第7章で検討する。この図は1929年の手持ちのチャート集から選んだものだが、20世紀半ばでもよく見られるパターンである。最近の例はあとのページに掲載した。

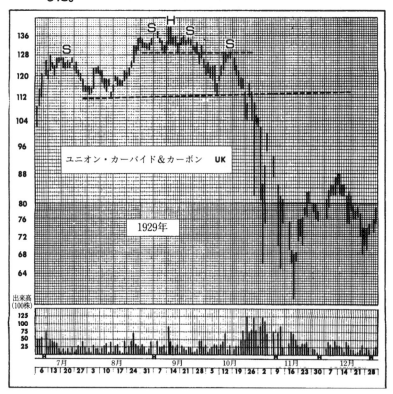

重要な反転パターン（続き）
Important Reversal Patterns—Continued

ヘッド・アンド・ショルダーズ・ボトム（または「キルロイボトム」）

　もうひとつのヘッド・アンド・ショルダーズは、メジャートレンドが下降から上昇に転換する重要な局面に現れる。これはヘッド・アンド・ショルダーズ・ボトムと呼ばれ、天井型をちょうど逆にしたものである（**編者注**　私は「ヘッド・アンド・ショルダーズ・ボトム」という呼び方よりも、「キルロイボトム」という名称のほうが適切であると考えている。**図23.1**を参照）。出来高パターンも（天井型と完全に逆ではないが）幾分似ているが、形成後半の出来高には大きな違いがある（これについてはあとで検討する）。この底型パターンはヘッド・アンド・ショルダーズ・トップと同じように説明できるが、天井型と違う点もある（その個所にはアンダーラインを引いた）。

A. 急激な下降トレンドはクライマックスに達し、出来高は急増する。その後に短期的な上昇が続くが、そのときの出来高は前の底のときよりも少ない。これが「左肩」である。

B. ２回目の下落で株価は左肩の水準を下抜き、出来高は（前の上昇のときに比べて）やや増加する。しかし、通常では左肩の出来高と同じ水準ではない。次に２回目の上昇となり、株価は左肩の安値よりも

図21　ロッキードは1940年の41ドルから長期にわたって下落し、1943年10月に
　　　円形の山を作ったあと、2カ月にわたるきれいなヘッド・アンド・ショ
　　　ルダーズ・ボトムを形成した。12月前半の上昇局面と1月第1週の出来高
　　　を、本章初めに列挙した必要条件BとDを参考に検討してみよう。株価
　　　は1944年6月に15ドルまで下げたあと、11月には23ドルに戻し、1946年1
　　　月にはついに45ドルに達した。ここで使用している対数目盛りチャート
　　　のひとつのメリットは、低い株価水準の重要な動きを拡大して見やすく
　　　していることである。普通目盛りチャートでは安値の動きが不鮮明にな
　　　る。

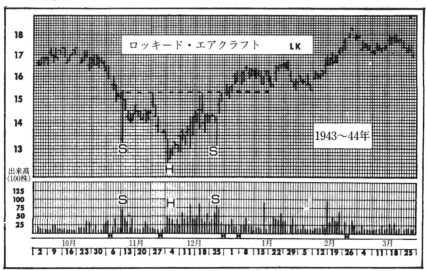

高くなるが、このときの出来高は左肩からの上昇のときよりも多くな
る。これが「ヘッド」である。

C. 3回目の下降のときの出来高は、左肩やヘッドの形成のときより
も決定的に少なく、株価はヘッドの水準よりも高いところで下げ止ま
る。これが「右肩」である。

D. 最後に大商いを伴って上昇し、ネックラインを約3％上抜いて引
けるが、そのときの出来高は著しく急増する。これが「確認」または

図22 底の形成は天井の形成よりも長期にわたるため、週足チャートは大底で
　　　の反転を見極めるのに有効である。ドーム株は1942年にメジャートレン
　　　ドが反転したとき、13カ月にわたる典型的なヘッド・アンド・ショルダー
　　　ズ・ボトムを形成した。出来高パターンに注目（出来高の推移を詳し
　　　く見るには日足チャートのほうがよい）。このきれいなパターンは普通
　　　目盛りの月足チャートだと変動幅がかなり大きくなってしまう。ドーム
　　　株は1944年に25ドルに達した。

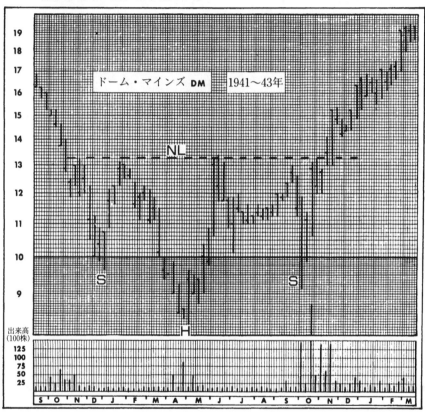

図23　6月以降の低金利を背景とした力強い動き。安値を付けた時期と3〜10月
　　　の大きな値動きのパターンは、わずかなタイムラグはあるものの、9月
　　　25日にやはり複雑で大きなヘッド・アンド・ショルダーズ・ボトムを形
　　　成したTビル（1984年12月）の動きと重複している。

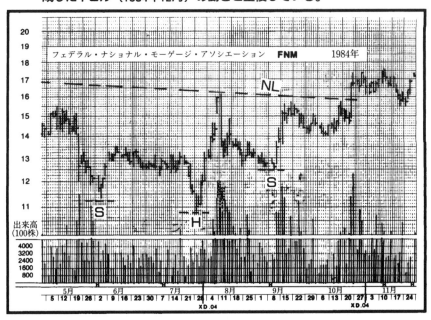

「上放れ（ブレイクアウト）」である。

　底と天井型のヘッド・アンド・ショルダーズの基本的な違いは出来
高のパターンである。底型の出来高はヘッドを形成し始めたときに増
加傾向を示し、ヘッドからの上昇で幾分目立つようになり、右肩から
の上昇ではさらに顕著な水準となる。そしてネックラインを上抜くと
きに著しい大商いがなければ、上放れが決定的に確認されたことには
ならない。
　ここにはさらに検討しなければならない重要なテクニカル上の基本

図23.1　「何だこのマンガは！」といった批判を恐れずに、私はあえてこのコミカルなマンガは現在広く使われている「ヘッド・アンド・ショルダーズ・ボトム」というあまりしっくりしない呼び方よりも、このパターンをぴったりと表現していると主張する。左手は左肩、右手は右肩、鼻はヘッド、そしてフェンスラインはネックラインを表す。この「キルロイ」は「逆立ちした逆ヘッド・アンド・ショルダーズ」などといったバカげた名称よりもはるかに気が利いており、私の生徒たちにもこの呼び方を使うように勧めている。今から100年後にはこの「キルロイ」という名称が広く使われ、「ヘッド・アンド・ショルダーズ・ボトム」といった言葉は相場用語集からはなくなっているだろう。

原則がある。これについてウォール街の古い諺ではこう言っている。「株価を上げるには買わなければならないが、下げるときは株価自身の重さで下がる」。ヘッド・アンド・ショルダーズ・トップのネックラインからの下放れでは、出来高が少なくても値幅の条件を満たすだけで決定的な確認となるが、ヘッド・アンド・ショルダーズ・ボトムのネックラインからの上放れではかなりの大商いが伴わないとその有効性は疑わしくなる。ヘッド・アンド・ショルダーズ・ボトムでは少ない出来高で上放れすると、その後に安値水準でもたつくような早す

ぎるものだったり、または完全なダマシの動きのこともある。その有効性が疑わしいときは様子見するのがベストである。このような出来高の条件は、類似するほかの反転パターンにも当てはまる。

　ヘッド・アンド・ショルダーズの天井型と底型の相違点は、基本的には出来高以外には何もない。一般に底型の形は天井型よりも長くフラットであるが、それは底型は天井型よりも各ポイントの形成に時間がかかるためである。こうした傾向はメジャートレンドの反転のときは特に目立つ。全体の出来高は天井型よりも底型のほうが少なく、底型の出来高パターンは円形となる。天井型の左肩の出来高は、それまでのどの上昇局面よりも多いのが普通である。一方、下降トレンドでは幾分早い段階でろうばい売りが出ることもあり、そのときの出来高は最後の底のときの出来高よりも多くなる。しかし、このような違いはヘッド・アンド・ショルダーズの本質に影響するものではない。

　ヘッド・アンド・ショルダーズ・ボトムの上値測定方式は天井型の方法とまったく同じであり、それと同じように適用すればよい。底型も天井型と同じように左右対称として現れやすく、ネックラインの傾きは少し違うかもしれないが、両肩の相対的な大きさなども天井型とほとんど同じである。底型における最初の上放れのあとのネックラインまでの下落は、天井型における戻りと同じくらいの割合で起こる。

複合型のヘッド・アンド・ショルダーズ

　これまで検討してきたヘッド・アンド・ショルダーズは多少の変形はあったが、3つのはっきりしたポイントから成る比較的単純で分かりやすい形だった。以下では同じようにテクニカルな重要性を持つが、もっと多くのポイントから成るそれほどはっきりしないヘッド・アンド・ショルダーズについて検討しよう。それらは複合型のヘッド・アンド・ショルダーズ・トップと同ボトムで、複雑なパターンとしても

図24　MCA株は1980〜86年に大きな上昇トレンドをたどり、1986年に入ると
　　　その勢いも次第に衰えてきたが、1985年の高値を試す動きとなった。強
　　　気筋の買いで4月には新高値を付けたが、その後の一連の戻りでもこの
　　　水準を抜けなかった。複雑で大きなヘッド・アンド・ショルダーズ・ト
　　　ップを形成したあと、株価は長いネックラインをわずかに下抜いている。

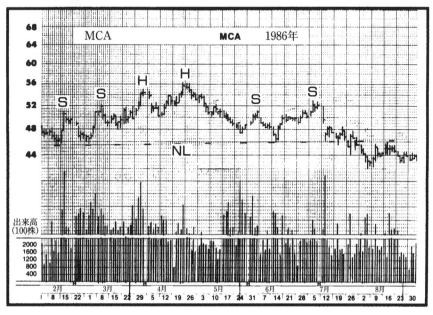

知られている。これらのパターンについては多くのページを割いてそ
の定義を述べたり、または詳しく説明する必要はなく、まとめて反転
型のヘッド・アンド・ショルダーズと言えば十分である。

　複合型は両肩やヘッドのどちらかまたはその両方が二重になってい
たり、もしくはそれ以上の値動きから成っている。それらにはさまざ
まな組み合わせのものがあり、この章に掲載したチャートはそれらの
ほんの一例にすぎない。このパターンはメジャートレンドの天井や底
で現れるが、天井よりはむしろ底でよく出現し、中期的な反転局面で

図25　ブッド株は1946年に2つのヘッドを持つ理想的な複合型のヘッド・アン
　　　ド・ショルダーズ・トップを形成した。このときの出来高に注目。下げ
　　　の速さは単純型よりも複合型のほうがゆっくりである。3月末のネック
　　　ラインを上抜く戻りは単純型よりも大きかった。この時期に平均株価は
　　　新高値圏に進んでいた。株価はその後再びネックラインを上抜いたが、
　　　それだけでトレンド反転の有効性を否定することはできない。

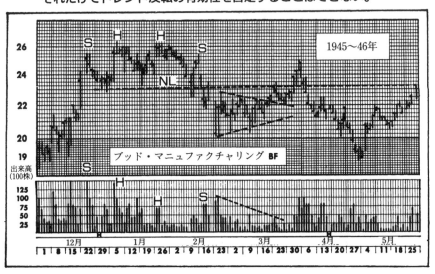

はあまり見られない。通常ではほぼ同じ大きさの2つの左肩とひとつ
のヘッド、2つの両肩とバランスのとれた同じような大きさの2つの
右肩から形成される。2つのヘッドと左右両肩のどちらか一方が2つ
以上の天井から成るパターン、メジャートレンド転換のときによく現
れるひとつのヘッドと左右どちらかに2つの肩を持ち、そのヘッドは
小さいが、はっきりと分かるヘッド・アンド・ショルダーズを形成し
ているパターンもある。

図26 1946年に形成された長期にわたる複合型のヘッド・アンド・ショルダーズ・トップ。出来高パターンも典型的である。後半には不規則ながら弱気基調への転換がはっきりと読み取れる。8月の弱気局面における円形の戻り（株価と出来高を比較しよう）はネックラインには届かず、以前の底値水準の抵抗線のところで上げ止まっている（第13章を参照）。Gのブレイクアウエーギャップは埋められなかった（第12章を参照）。

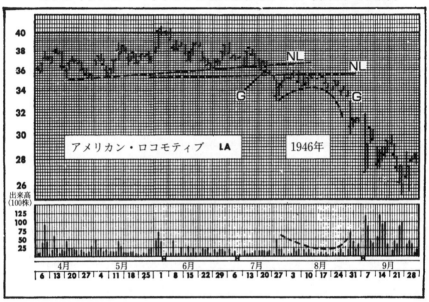

左右対称となる傾向

　われわれは先に、単純なヘッド・アンド・ショルダーズは左右対称になる傾向があると述べた。また複合型や複雑なヘッド・アンド・ショルダーズも左右対称の傾向になるので、この性質をうまく利用すれば有効なトレードプランを立てることができるだろう。もしも左側に２つの肩があれば、右側でもほとんど同じ大きさの２つの肩がほぼ同じ時間をかけて形成される（もちろん、右肩がはっきり現れるまでは複合型のヘッド・アンド・ショルダーズが形成されているかどうかは

図27　DECは2月のヘッド・アンド・ショルダーズ・トップから大きく下げ、
　　　6月半ばの安値では1983〜85年の上げ幅のほぼ2/3を消した。この安値は
　　　複雑で広範なヘッド・アンド・ショルダーズ（またはキルロイ）・ボト
　　　ムのヘッドとなった。DECはそこから大商いを伴ってネックラインを
　　　上抜き、買い方有利の展開となった。

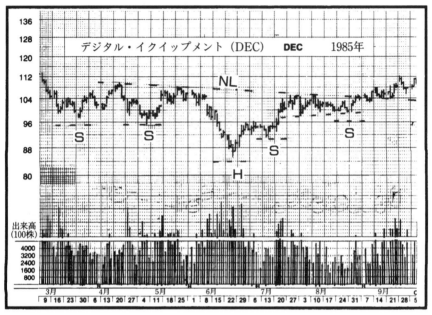

分からない）。出来高は別としてこれらの多くのパターンでは、右側
の半分は左側の形を鏡に映したような形になる。

　複合型のヘッド・アンド・ショルダーズのネックラインはあまり簡
単には引けない。肩と肩、ヘッドとヘッドに挟まれた安値が同じ水準
ではなく、一線で結べないからである。これらのパターンではネック
ラインが上向きや下向きのものはほとんどなく、その多くは水平であ
る。ときにちょっと見ただけで、ネックラインがどこにあるのかが簡
単に分かることもある。内側と外側に2本のネックラインがあるケー
スもよくあるが、その場合は外側のネックラインがブレイクされるま

図28　アーチャー株は1983年半ばに1980年の高値を試したあと急落し、1984年
半ばまでに1982〜83年の上げ幅の約40%を消した。しかし、この安値で
大底を付けたようだ。実際、4〜11月の出来高パターンを株価の動きと
関連づけて調べると、複雑なヘッド・アンド・ショルダーズ・ボトムを
形成しているのがよく分かる。終値で20 5/8ドルのネックラインを上抜
けばトレンド反転のシグナルとなる。

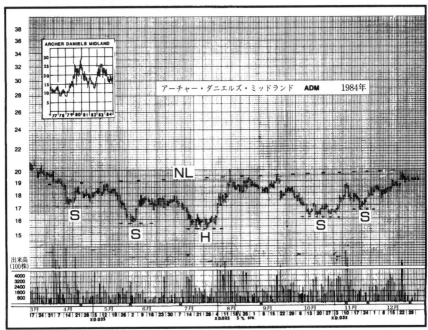

では株価が向かう方向を特定することはできない（これは上記したよ
うなヘッド・アンド・ショルダーズの左右対称となる傾向を別の表現
で言い換えたものである）。

　本当に不思議なことだが、複合型のヘッド・アンド・ショルダーズ
の「力」は過小評価というよりは過大評価されやすい。これはこのパ
ターンの形成に要する時間や出来高を比較すると、単純型よりもその
後の大きな動きのシグナルを出すというのがその理由である。しかし、

少なくともその後の結果を見るかぎり、単純型よりも複合型のほうが一貫して力が弱い。最小限の値幅測定方式は単純型も複合型もみな同じであり、いずれも同じように適用される。両者の違いは最小限の目標値が達成されたあとの株価の動きに表れる。単純なヘッド・アンド・ショルダーズ・トップの最初の下げでは、ほとんど戻りがなく一気に下値目標値に達したり、またはそれ以上に下げることもある。これに対し、複合型では最初の下降ペースはゆっくりしているし、最小限の下値目標値を超えて下げることはほとんどない。こうした事実は、大天井よりも中期的な天井局面でトレードするときにかなり役に立つので覚えておいて損はない。もしも複合型のヘッド・アンド・ショルダーズ・トップがメジャートレンドの転換局面で形成されると、株価は一時的に最小限の下値目標値以上に下げるかもしれないが、その後はその水準から大きく上昇するものである（底型のときは下落）。

ゆっくりしたパターン

複合型のヘッド・アンド・ショルダーズの出来高は、一般には先に述べた単純型の法則に従う。複合型が形成される初期の段階では、出来高パターンははっきり分からないほど不規則なものであるが、後半になると単純型とかなり似てくる。複合型のヘッド・アンド・ショルダーズには、テクニカルアナリストを特別に喜ばせる何かがある。その形が左右対称となる傾向があるので、それが完成されるまでのプロセスを観察するのがおもしろいこともあるだろう。しかし、いったんパターンが完成すると、その後の新しいトレンドがどちらの方向に向かうのかがはっきりしないので、かなりの忍耐力が必要となる。そのようなときはダマシと思われても、そのシグナルに飛び乗ったほうが簡単かもしれない。というのは、これまで検討してきた値幅目標値を除いては、複合型のその後の株価の動きは単純型と同じようにかなり

図29　複雑なヘッド・アンド・ショルダーズ・ボトムの中期的な底。左右
　　　対称でないためにちょっと分かりにくいが、その形であるのは明ら
　　　かである。ヘッドを作ったあとの下げ局面の出来高が少なかったこ
　　　とは、強気基調の確認となった。新しいトレンドのゆっくりとした
　　　スタートは、複合型のヘッド・アンド・ショルダーズによる反転パ
　　　ターンにはよく見られるものである。

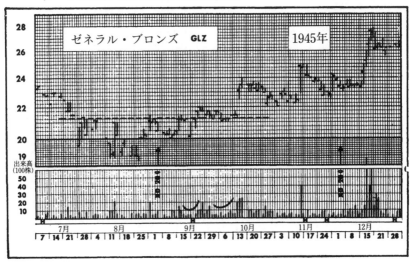

信頼できるからである。複合型でも単純型と同じようにダマシが現れ
るケースは極めてまれである。複合型のその後の株価が予想とは逆の
方向に動くことがあっても、それでもやはり単純型と同じように、最
終的なトレンドの反転が間近いことを示唆していることに変わりはな
い。

円形天井と円形底

　これまで検討してきた複合型のヘッド・アンド・ショルダーズは、
通常の形がいわば拡張または増殖されたことによって形成されたもの

図30　3〜6月の下げ局面から一転して上昇に転じたことで、再び強気の見方が
　　　支配的になってきた。その後、揉み合いのトレーディングレンジでは年
　　　初に付けた安値水準が支持されている。3〜9月の大きなヘッド・アンド
　　　・ショルダーズ・ボトムは、出来高パターンを含めて全体として左右対
　　　称形になっている。買い場はネックラインを3%上抜いたところ、上値
　　　目標値は19 3/4ドルである。

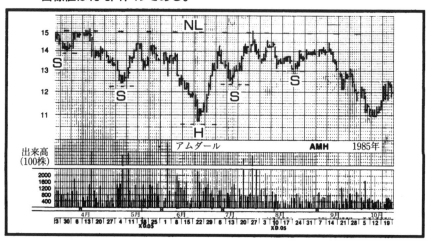

である。このプロセスがさらに進展すると、複合型のヘッド・アンド
・ショルダーズは次の反転型である「円形の反転パターン」となる。

　われわれは反転パターンの理論を最初に検討したとき、トレンドが
上昇から下降または下降から上昇に転換するとき、なぜ時間とかなり
の出来高が必要であるのかを見てきた。株価がヘッド・アンド・ショ
ルダーズを形成してトレンドが反転するとき、いわば大きく揺れても
がいたり、何度も攻勢をかけたあと、ついに降伏してそれまでとは反
対方向に転じていくのである。この期間中の需要と供給の力関係を映
す株価は、どちらの力が最終的に勝つのかがはっきりするまではしば
しば大きく変動する。複合型でも似たようなプロセスをたどるが、単
純なヘッド・アンド・ショルダーズほどの激しさは見られず、もっと

図31　ヘッド・アンド・ショルダーズ（H&S）の変形によるメジャートレン
ド反転パターン。日足チャートでは小さいH&Sは見落とされるだろう。
この小さいH&Sは6カ月にわたっているが、これだけではメジャート
レンド反転のシグナルとはならない。しかし、株価が10月に前年12月の
12～13ドルの水準にある大量の売り物を消化して上げたときは、中期的
な上昇では収まらないと予想された。その後株価が1943年2月に上のネ
ックラインを上抜いて14ドルで引けたときに、上昇トレンドへの転換が
最終的に確認された。株価は1943年11月には12ドルまで下落したが（ち
ょうどネックライのところ）、それ以降は30ドルまで着実に上昇した。
第13章の「支持線と抵抗線」を検討するときに、このチャートをもう一
度見直してみよう。このチャートからは次のようなポイントが読み取れ
る。つまり、天井は比較的短い時間で形成されるが、大底の形成には数カ
月を要するなど、かなりの忍耐力が求められる。このように大底の形成
には長い時間を必要とするが、ほとんどの天井と底の形はよく似ている。

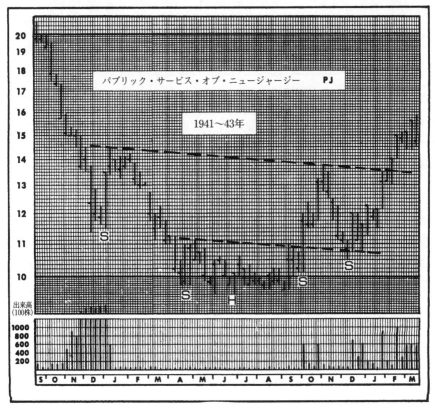

図32 複雑なヘッド・アンド・ショルダーズ・トップによる反転パターン。これはかなり離れた2つのヘッドを持つH&Sとも見られる。出来高の推移、6月20日の下放れとその後の戻りに注目。第12章の図123に示したベスレヘム・スチールの底の反転パターンと比較しよう。

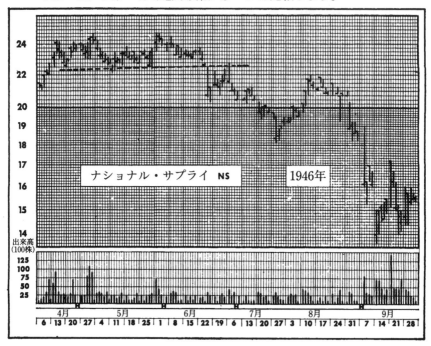

時間をかけてはっきりした形で需給の力関係が変化していく。円形の反転は、このようなテクニカルな状況がもっと単純にかつ理論的な形で現れたものである。これは売り方と買い方の勢力のバランスが次第に変化して、トレンドが徐々にはっきりした左右対称形を形成していったプロセスである。

　例えば、もしもその時点で売り方よりも買い方の力が強ければ、その株式チャートを見るとすぐに分かるように、株価は上昇トレンドとなって表れる。その後も買い方の勢いが強く、その数も多く、積極的でその力が勝っていれば、上昇トレンドが続いていく。しかし、その

図33 値がさ株の大天井の反転パターン。この株の大天井はしばしば長期にわ
　　　たるフラット型となるが、1946年の大天井は複合型のヘッド・アンド・
　　　ショルダーズ・トップ、または不規則な円形天井とも見て取れる。重要
　　　なトレンドライン（第14章を参照）は7月に下抜かれた。

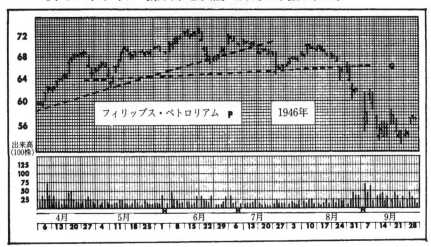

後に売り方の力が少しずつ強くなる一方で、買い方の力は少し弱まっ
たり、またはこれまでの強さのままでいると、それまでの上昇ペース
が鈍ってくるというテクニカル的なバランスの変化が始まる。そして
売り方の相対的な力がさらに強まってついに買い方と同じ程度になる
と、株価は上にも下にも動けずに一定期間は静止したままとなる（テ
クニカル的に意味のない目先の変動は別である）。この新しい動きが
しばらく続いて、ついに売り方の力が買い方よりも強くなったときに
反転して下降が始まる。そして買い方よりも売り方のほうがさらに多
くなれば、株価の下降にはさらに拍車がかかる。しかし、両者の力関
係のバランスがゆっくりと変化していけば、そのトレンドは時間をか
けてゆっくりと丸くなり始め、しばらくは静止状態となり、それから
上げ下げを繰り返しながら新しい下降トレンドとして加速していく。
　円形底は一般に「ボウル（椀）」または「ソーサー（皿）」と呼ばれ、

図34 この株は1945年の終戦の時期に、ほかの多くの株式と同じように円形底を形成した。株価と出来高パターンを比較しよう。10月4日までにはっきりと反転シグナルが出ているのが分かる。

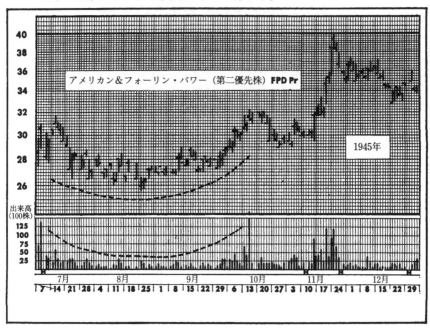

円形天井は「逆のボウル」などと呼ばれている。これらの形ははっきりしているが、ヘッド・アンド・ショルダーズほど頻繁には現れない。円形底はよく低位株に現れ、引き伸びたフラットな底が完成するには数カ月を要する。1942〜43年には10ドル以下の株式のなかに、円形底を形成したものがたくさんあった。2〜3カ月にわたるソーサー底は、低位株のメジャートレンドの転換局面にしばしば現れる。これらの特徴とその意味については、あとの保ち合いパターンのところで検討する。

　円形天井は中位・低位株に現れることはまれだが、値がさ株にはと

図35　この株は1932年の大底でも、また1936年の大天井でもヘッド・アンド・
　　　ショルダーズを形成している。1942〜46年の強気相場は、約2年半にわ
　　　たる長期の円形底からスタートした。長期の値動きを見るには、このよ
　　　うな月足チャートが便利である。

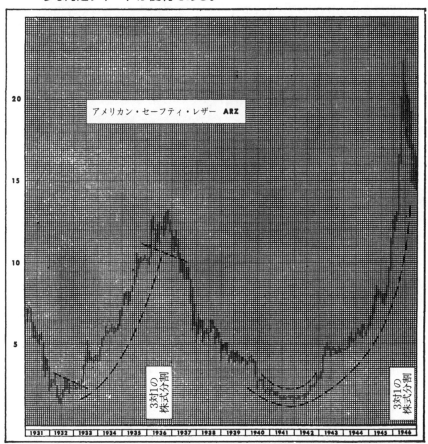

図36　ブッドの月足チャート。1942年
　　　には緩やかなソーサーボトムを
　　　形成した最初の年であった。
　　　1942年には3ドル以下だった株
　　　価は、1946年には26ドルまで上
　　　昇した。

図37　サーテンもブッドと類似したパ
　　　ターンを形成している。この株
　　　も1942年の2ドルから1946年に
　　　は25ドルに上昇した。1940〜45
　　　年の出来高の推移に注目。この
　　　ような強気のメジャートレンド
　　　のパターンについては第15章で
　　　検討する。

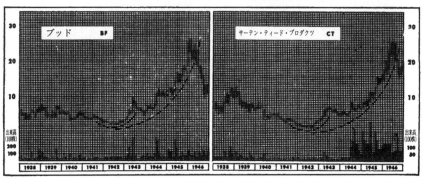

きどき現れ（金持ちの投資家はよくこの種の株式にしか目を向けない
が、一般投資家はあまり興味を示さない）、また優良優先株にもよく
見られる。というのは、この種の株式の動きは主に保守的な投資資金
の増加と利子率という2つの要因が反映されており、この2つはいず
れもゆっくりと変化していくからである。こうした株式は大きく動く
という投機的な魅力に欠けており、これで円形天井が投機的な低位株
に現れない理由が分かるだろう。これらの低位株は、強気相場で長期
投資ということなどをあまり考えない興奮した大衆によって大きく買
い上げられる。

円形反転と出来高

円形反転のもうひとつの面である出来高についてはまだ触れていな

いが、これは大きな意味のある重要な問題である。一般に円形底の出来高パターンは、株価のパターンと同じように明確かつ決定的である。買いが売りを徐々に圧倒していく円形底の最初の段階では、売り方の圧力が弱まっていくので、それまでの高水準の出来高は次第に減少する。買い方はまだ臆病でその力も弱いが、株価の下降ペースは鈍くなり、下降トレンドのカーブはますます水平に近づいていく。底値圏では需要と供給の力が均衡し、出来高は相対的に少ない。まもなく買い方は増え始め、株価の曲線が上向くにつれて出来高も高水準になっていく。出来高は株価とともに加速度を増し、このような動きはトレンドがほぼ垂直となる一種のクライマックスに達するまで続く。

このようなチャートで出来高の水準を点で結んでいくと弓形となる。これは株価のボウルによる弓形とほぼ平行である。このようなパターンが大きな下降トレンドのあとに現れたときは要注意である。これはほとんどメジャートレンドの転換を意味し、その後に大きな上昇局面が来る。しかし、その局面が数週間で大きく上昇する「スカイロケット」になるのを期待するのは無理である。円形底が完成したあとの上昇トレンドは緩やかで気短な投資家をイライラさせるが、最終的には大きな利益をもたらしてくれる。

もう一度繰り返すと、この円形底の出来高は極めて低水準でなければならない。株価が極限点を通過すると出来高はわずかに増え始め、まもなく早すぎるブレイクアウトが出現する。これは突然の一時的な買いによるもので、その上昇は1〜2日で終わる。このような突発的な上昇はよく現れるが、そのあと株価はすぐに下落してそれまでの足取りに戻り、緩慢な円形の動きが再び続く。この早すぎる突然の上昇は投資家に特別の危険はもたらさないが、そこで飛びつき買いをすれば、それ以降にかなりの忍耐を強いられる。**図38**はこのような早すぎる突然の上昇の好例である。

161

図38　1932年の円形底によるメジャートレンド反転の古典的な例。6月10日に
　　　急上昇した株価が再びソーサーパターンに戻るのは、円形底の通常の動
　　　きである。

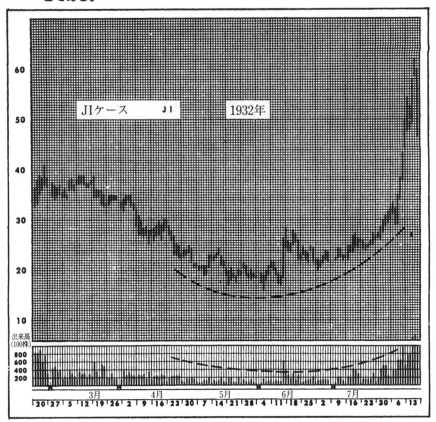

休止した底の変形パターン

　「休止した底」と呼ばれる大底パターンがある。これは理論的には
ボウル型であり、フラットな底型が大きく広がったような形をしてい
る。このようなパターンは品薄株、すなわち発行株数または特に浮動
株が極めて少ない株に現れる。このような株式は通常日の出来高が

200〜300株にすぎない。上昇相場でも数日間も取引がないときが数週間から数カ月も続き、たまに値段が付いてもその変動幅はかなり小さい。このような株のチャートはハエが点在しているように見える。

一方、通常ではまったく説明のつかないような突然の大商いが現れることもある。株価は大商いを伴って急騰するが、このような休止を破る早すぎるブレイクアウトはそれから数週間後には再び取引がなくなったり、または新しい上昇トレンドに入る前の段階的な上昇局面の最初の上げのこともある。いずれにせよ、このような動きは株の買い集めが行われていることを意味する重要なシグナルである。

なぜこのような休止した底が形成されるのかを説明するのは、それ

図39 「休止した底」の好例。最初の4カ月は取引のない日が多かった。買いシグナルは4月26日に出た。そのときの出来高に注目。

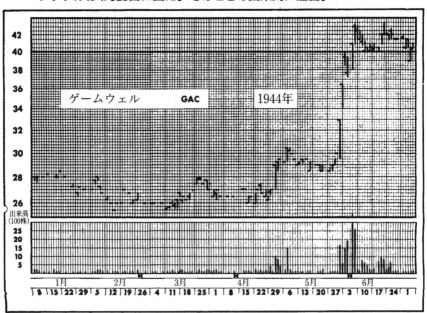

**図40　1935年3月の下げ局面は多くの値動きによる円形底の前半の時期である
　　　が、これは「休止」型に近い。抵抗圏から上放れたときにできたブレイ
　　　クアウエーギャップ（G）は、1937年後半まで埋められなかった（第12
　　　章を参照）。**

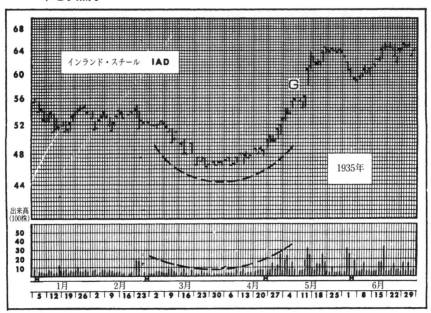

ほど難しいことではない。発行株数が少なく、わずかな買い注文でも
値段が飛んでしまう株であるため、おそらく社内事情を知っているイ
ンサイダーが、ほかの人々の手の届かない水準まで株価を引き上げる
ために買い集めているのであろう。彼らは諺にもあるように「木の下
に籠を広げて」おき、売り物があればすぐに拾うが、木から落ちてく
るまでこちらからは手を出さない。指値を引き上げることによって多
くの売り物が出てくるようであれば、数ドルくらいは指値を上げるこ
ともあるが、その後は再び待機戦術をとる。

図41　抵抗圏から下げてきたアプライド株は、1988年夏に長期のトレーディングレンジ（11〜17 1/2ドル）の動きとなり、7〜11月には株価・出来高の基調が次第に強気となるなかで、ゆっくりとしたソーサーパターンを形成した。このとき特に注目されるのは、このソーサーボトムが2月の安値を割り込まなかったことで、それ以降に底値は次第に切り上がっている。株価が高水準の出来高を伴って短期の下降トレンドラインを上抜いたことで、新たな上昇トレンドのスタートが確認された。

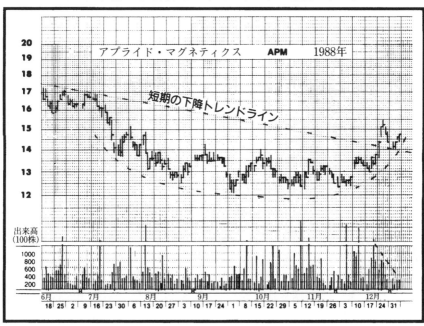

円形天井の出来高パターン

　円形天井の出来高パターンは、円形底ほどはっきりしていない。出来高は円形の形成プロセス全体を通して比較的高水準であるが、規則性は見当たらない。詳しく調べるとピークを過ぎたあとの小さな動きのなかに、強気から弱気に変化する何らかのシグナルを読み取ること

図42　1976年には1ドルに満たなかったスーパーコンピューターメーカーのクレイ・リサーチ株は1987年に135 3/4ドルの大天井を付けたあと、4月末にギャップを作って7週間にわたるダイヤモンドの底を下抜いて下げ始めた。しかし、1月半ばに大商いで上昇した株価は、きれいな円形天井を形成しようとしていた。株価が高水準の出来高を伴ってダイヤモンドの下の支持圏に下落するまで、出来高パターンが凹形になっているのは典型的な天井フォーメーションである。

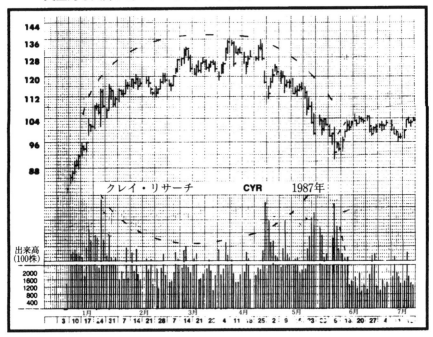

ができる。しかしほとんどの場合、上昇トレンドが加速して垂直近くになるまではっきりした出来高の警告は現れない。

　円形反転に適用される明確な値幅測定方式は存在しないが（ヘッド・アンド・ショルダーズのところで述べた最小限の値幅測定の条件は、それ以前の反対方向の変動幅よりも大きくなることはない）、その予測結果はかなり正確である。それ以前のトレンドの規模、円形天井の

形成に要する時間などによって、大ざっぱな下値目標値が予測できる。週足や月足チャートに現れる円形反転はかなり重要である。

　こうした理由から、週足と月足チャートのパターンを検討することは極めて有益である。これまでは日足チャートだけについて述べてきたが、日足チャートの動きはすべて週足や月足チャートに圧縮されてさらに大きな動きとして現れる。週足や月足チャートの出来高パターンを読み取るのはそれほど簡単ではないが（1週間のうち大商いの日が1日でそれ以外の日に取引がなくても、それが週間出来高の数字となってしまう）、それはあまり重要なことではないので無視してもよい。一方、ヘッド・アンド・ショルダーズ・トップはよく月足チャートに現れるので注意する必要がある。実際のところ、週足または月足チャートで完成した明確なパターンはどれでもそれなりの重要性を持つ。「反転パターンには反転するための何かがある」ことを常に自覚すべきである。

図43 大きな波形を作って推移していている動き。急上昇を示唆するようなパターンではないが、チャートの最後の最後で大商いで抵抗線を上抜いたことで、テクニカル的に見たその後の株価は上昇に向かうだろう。

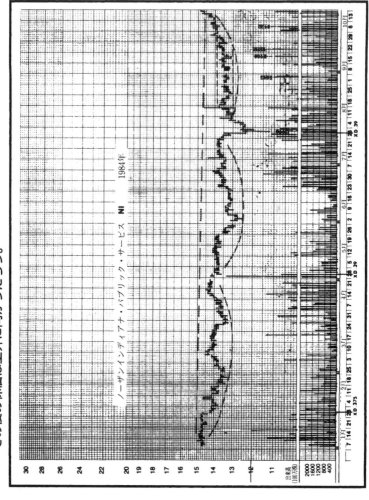

168

第8章

重要な反転パターン──三角形
Important Reversal Patterns – The Triangles

　次にテクニカルパターンとしては、これまで述べてきたパターンとはまったく異なる種類に属する三角形について検討する。このパターンはこの10年間では1920～30年代ほど頻繁にチャートに現れなくなった。このパターンをうまく利用すればかなり大きな利益を上げられるが、最近あまり現れないのは残念なことである（**注　1920年代のチャート**は2000年代のチャートに差し替えられている。**図269**や**図269.1**を参照）。三角形について詳しく検討する前に、テクニカル分析に意味と価値を与える基本的な理論について簡単に触れておく必要があるだろう。それは次のような点である。

１．株式の市場価値は、需要と供給の力関係によってのみ決定される。

２．需要と供給は、その時点の合理的または非合理的な要因を含む無数の要因によって左右される。情報、意見、ムード、推測（かなり正確なものやそうでない予測も含む）などが、その他の場当たり的な考えと混合して需給の均衡状態を形成する。通常ではこれらすべての要因を把握・評価することはできないが、マーケットはそれを自動的に行う。

３．目先の変動を無視すれば、株価はかなりの期間にわたりトレンドを描いて動く。

４．需給バランスの重要な変化を表すトレンドの転換は、それがどの

ような要因によって引き起こされたものであろうとも、<u>遅かれ早かれ</u>
<u>マーケット自身の動きのなかに見つけられる。</u>

　ところで、アンダーラインを引いた個所を見て皆さんは「あれっ」
と思われるだろう。ダウ理論のシグナルがしばしば遅れがちになると
いう不満についてはすでに述べた。先の2つの章で検討した反転パタ
ーンでは、トレンドが転換したあとに初めて明確なシグナルが出る。
ダウ理論のシグナルよりは早いかもしれないが、けっして天井や底の
ところではない。チャートでヘッド・アンド・ショルダーズ・トップ
が完成すると同時に持ち株を売ろうとしても、最高値から最安値まで
の値幅の半分も取れない。われわれの値幅測定方式を適用するときは、
天井の反転パターンが最終的に確認される前に、その後の下げ幅の半
分はすでに終わっているからである。

　これ以上多くを望んではならない。ヘッドの大天井から1/8ドル以
内を売った人がいるかもしれないが（そしてこれを買った気の毒な人
もいる）、それは単に幸運であったにすぎない。このようなラッキー
な売りはゴルフのホールインワンにたとえることができる。どんなに
下手なゴルファーでも、ときにはこんな幸運に出合うときもある。し
かし、経験を積んだプレーヤーであれば、ボールをグリーンに完全に
乗せ、できるだけピンに近づけることで満足するだろう。同じように
経験の豊富な投資家であれば、持ち株を手仕舞うときの1ドルはもと
より、10ドル程度の差額も気にしないだろう。その時点で最高値を売
っているという確信を持っている人などだれもいない。天井で売り、
底で買うような方法やルールなどはこれまでに存在しなかったし、こ
れからも存在するはずがない。もちろん売り物を全部、必要とあれば
浮動株をすべて買うつもりであれば最安値を買うことは可能であるが、
すべてのUSスチール株を70ドルの底値で買うためには最大で37億ド
ルの資金が必要である。

　以上の説明が極論であると思われる読者も、三角形の習性がどのようなものであるのかを説明すれば納得されるだろう。三角形は必ずしもトレンドの反転を示唆するものではなく、一部の特別な形を除けば多くの三角形は「保ち合い」と呼ばれるパターンを形成しており、これはそれまでと同じ方向に再出発する前の地固めの期間を意味する（シャバッカーはこれを「継続パターン」と呼んだ）。反転パターンを検討するこの章で三角形を取り上げるのは、メジャートレンドが反転するときにときどき三角形が形成されるからであり、その意味でも投資家が三角形の形成条件を知っておくことは極めて大切なことである。

対称三角形

　三角形の最も普通の形は、株価の変動幅が次第に狭くなる一連の動きで形成される。それぞれの短期の天井は直近の高値に届かなくなり、短期の底も直近の安値よりも高くなっていく。その結果、チャート上にダウ・ラインを縮めたようなパターンが形成される。この横ばいの領域またはトレーディングレンジでは、上限はほとんど正確な下向きの斜線となり、下限も同じような上向きの斜線となる。このような三角形を「対称三角形」と呼ぶ。もし幾何学的に正確に表現するならば、鋭角三角形と呼ぶべきである。というのは、この三角形の上限と下限線は同じ長さであるとか、または水平軸に対して同じ角度である必要はまったくないからである。しかし、このパターンは上下対称になろうとする強い傾向がある。したがって、この三角形はときに「コイル（Coil）」とも呼ばれる。

　対称三角形を形成する過程の出来高は不規則ではあるが減少傾向をたどり、時間の経過とともにさらに低水準になる。収斂する上限と下限線はチャートの右側（時間的には将来）、すなわち三角形の頂点で交わる。株価の動きが三角形の頂点に向かって徐々に狭まるにつれて、

図44 週足チャートのきれいな対称三角形の反転パターン。1942年2月の戻り
高値21ドルから右下がりの上限線と、真珠湾パニックの安値16 3/8ドル
から右上がりの下限線は約18 5/8ドルの頂点で交わっている。ハドソン
株はこの大底圏から1946年には45ドルに上昇した。三角形の形成中は出
来高が減少しているが、1942年10月に株価が上限から上放れたときに急
増している。この上放れは三角形の最初の天井から頂点までの距離の
3/4に達しないところで起きた。

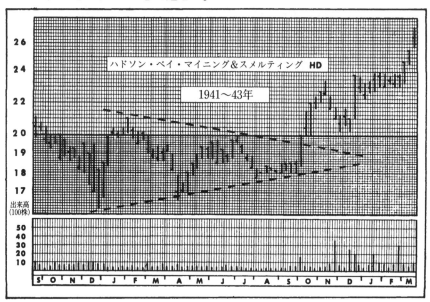

出来高も著しく減少する。典型的な対称三角形では、まさにコイルと
いう名称にふさわしい動きとなる。次第に強く巻かれたコイルのバネ
が突然何の警告もなく跳ね返るように、株価は著しい大商いを伴って
三角形の上限または下限をブレイクし、三角形が形成される前の方向
に再び戻ろうとする。

しかし、チャート上に形成されつつある対称三角形を見ても、株価
がこの保ち合い圏から放れてどちらに向かうのかは、実際に動き始め
るまではよく分からないこともある。同じ時期のほかの株式チャート

を調べることによって、その後の株価の方向をかなり正確に予測できるが（これについてはあとで検討する）、ほとんどの場合は実際に動くまでは分からない。「その後の株価の方向を決める」ということは、この三角形が形成されている最中に株価が行っていることにほかならない。このパターンから株価が最終的にどちらに向かうのかが決まるまでは、気迷いやダマシの動きが現れることも少なくない。

対称三角形に関する注意点

きれいに整った形の三角形はとても魅力的であるが、判断を惑わすこともある。チャート分析の初心者は常に三角形を見つけようとして、実際にはまったく違うパターンを三角形と見誤ることがある。1本の

図45　シアーズ株は1946年に大天井で対称三角形の反転パターンを形成したあと、もうひとつの長い三角形を作った。結局、その三角形は反転型というよりは保ち合い型になった（対数目盛りのため、出来高の変化は分かりにくい）。売りシグナルは44 1/2ドルと41ドルのところで出ている。その後の下げは30 1/2ドルまで続いた。

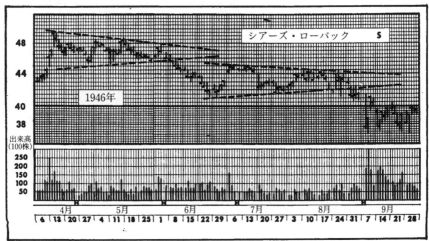

線を引くためには、2点が必要であることを想起してほしい。保ち合いパターンの上限線は2つの短期的な天井がはっきりと形成されるまでは引くことができず、株価がこの領域内で上下の動きを繰り返したあと、はっきりした2つの高値を付けて初めて確認される。下限線も同じように2つの短期的な底が形成されるまでは引くことができず、したがって対称三角形が形成されつつあるという結論を出す前に、4つの目先の反転ポイントを確認しなければならない。もしもこのパターンが上昇局面のあとで現れるならば、最初の短期的な天井とそれに続く短期的な底、この直近の高値よりも低い二番天井と直近の安値よりも高い二番底がなければならない。この4つのポイントができて初めて上限と下限線を引くことが可能となり、対称三角形であることが推定される。

　忘れてはならないもうひとつの重要な点（これはコイルのところで述べた比喩とは一致しないが）は、株価が上限と下限をブレイクすることなく、三角形の頂点のほうに押し込まれるような形になればなるほど、このパターンが持つ力は弱くなるということである。いわば、力をため込む代わりに、ある段階をすぎると今度は逆に効力を失い始めるのである。最も理想的な動き（上下のいずれかのブレイクアウト）は、左端（基点）から頂点までの直線上の中点から4分の3辺りのところで、株価が上限または下限をブレイクすることである。もしも株価が4分の3の地点を超えても小幅な変動を続けて頂点に近づき、さらには頂点を超えてしまうと株価は緩慢な動きになり、チャート分析家は混乱に陥ってしまう。このようなときは、いったんこのチャートから離れてほかの株式チャートを見るべきである。

　三番目の注意点は、三角形が最終的に完成する前に（株価が上限または下限線を決定的にブレイクする前に）、上限または下限線を引き直さなければならないときである。例えば、最初の2つの目先天井が確認されて下向きの上限線を引いたあと、下限の直近の安値から始ま

った三番目の上昇で株価がわずかに上限線を上抜いたが、決定的なブレイクアウトになるほどの出来高にはならず、二番目の高値には届かなかったようなときである。その後に株価が再びこの保ち合い圏のなかに戻るようなときは、元の上限線を消して一番目と三番目の高値を結ぶ新しい線を引き直さなければならない。

対称三角形からのブレイクアウト

株価はいずれ対称三角形の上下のどちらかに放れることになるが、

図46 ジョンズ・マンビルの1942年のメジャートレンド反転は対称三角形からスタートした。この三角形は長い右肩を持つヘッド・アンド・ショルダーズ・ボトムに幾分似ている。これは週足チャートであるが、出来高を株価の動きと関連づけて少し詳しく分析する価値がある。ジョンズ株はそれ以降の4年間に100ドル以上上昇した。

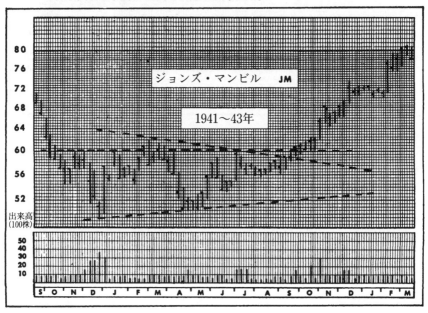

図47　対数目盛りの週足チャートは、低位株のテクニカル的に重要な値動きを
　　　際立たせる。デラウェア株の強気相場は対称三角形の底からスタートし、
　　　1945年には57ドルまで上昇した。株価が三角形の頂点水準まで押すこと
　　　はよくあるが、そこは強い支持線となる。

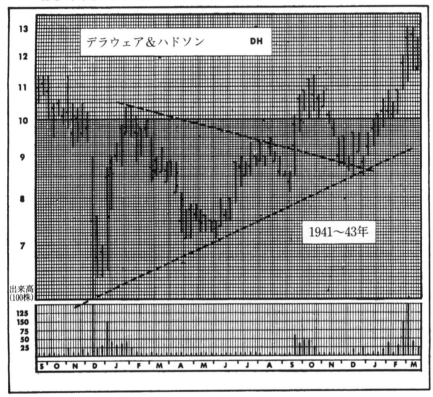

どちらの方向に向かうのかは株価が実際に動くまで、すなわち株価が
三角形の「疑わしい領域」から決定的に放れるまでは分からない。そ
れを予測する一般的な方法としては、ヘッド・アンド・ショルダーズ
からのブレイクアウトの原則をここにも適用することである。例えば、
そのひとつの条件として上限または下限を終値で約３％以上ブレイク
することがある。上放れのときは出来高の著しい増加が必要条件とな

図48　三角形がもっと大きいほかの重要なパターンの一部として形成されることがよくある。このチャートでは対称三角形が円形底の後半を形成している。株価は10月17日に上限から上放れたが、これは早すぎたために再び三角形内に戻り、その後11月8日に決定的に上放れた。

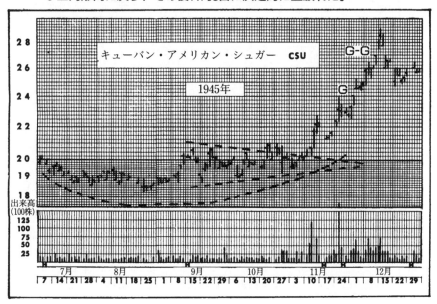

り、出来高の少ない上放れは信用できない。これに対し、下放れのときはヘッド・アンド・ショルダーズと同じように出来高の増加を確認する必要はない。実際には下放れのときも出来高は増加することが多いが、株価が三角形の最安値水準を下抜くまでは大きく増加することはない。この水準は下放れた下限から数ドルのところである。

　不思議なことに、対称三角形から下放れたときに最初から出来高が急増すると、そのあとに真の下降トレンドが続くよりはむしろダマシの動きになることが多い。特に株価が頂点のほうにかなり入り込んでしまってから下放れたときがそうである。そのようなときはその直後に急に出来高が増加し、通常では2〜3日間にわたりふるい落としが

177

図49　この対称三角形では株価が上限と下限をブレイクしないまま、頂点まで押し込まれてしまった。こうした形のブレイクは信頼性が低く、上放れた株価の実際の方向は下落であった。

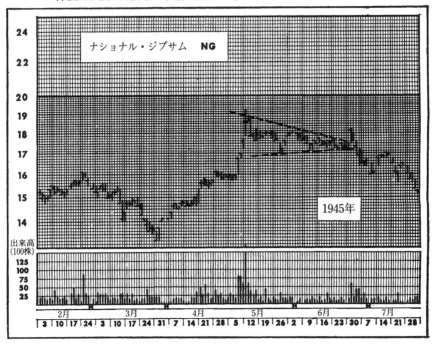

あったあと、すぐに反転して本格的な上昇トレンドに入る。

　読者の皆さんはおそらくかなり当惑されているだろう。対称三角形はかなりきれいなテクニカルパターンではあるが、必ずしも常に信用できるわけではない。残念なことに対称三角形は、ヘッド・アンド・ショルダーズやすでに検討したパターンやこれから検討するほかのどのパターンよりもかなりダマシが多く、悪いことにはそのようなダマシの動きは投資したあとでなければ確認できないことである（そのようなときでもトレード技術が優れていれば、大きな損失は防ぐことができる）。そしてさらに残念なことには、既述したふるい落としでも

図50　パニック的な売りによる安値から急上昇したあとの天井圏ではよく三角
　　　形が形成される。このようなときの株価の方向ははっきりせず、売買の
　　　決断も難しい。その後株価が下落に向かうことで、トレンドの方向が次
　　　第に明らかになった。このチャートでは1937年10月19日のセリングクラ
　　　イマックスからの急上昇による天井圏で、きれいな対称三角形が形成さ
　　　れた。三角形の頂点までの戻りに注目。

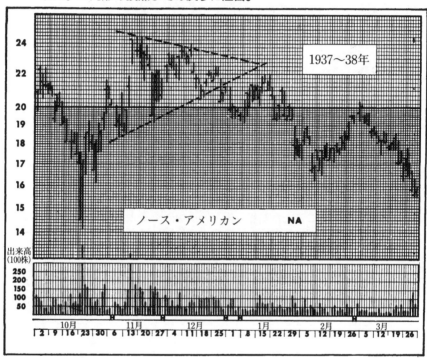

その裏の裏をかかれて、上昇どころか本格的な下降になることもある。
もともとテクニカルなチャートパターンは100％信用できるわけでは
なく、ここに述べた例は最悪のケースである。

　しかし、ほとんどの対称三角形（実際の統計数字はないが、われわ
れの経験では全体の３分の２以上）はこのパターンの習性どおりの動
きとなり、事前に察知できないようなダマシのシグナルを出すような

ことはあまりない。大商いを伴った上放れでは、その後に株価が再び
この保ち合いパターンに戻り、本格的な上昇トレンドに入る前に揉み
合うこともあるという意味で時期尚早というケースもあるが、その上
放れがダマシになることはほとんどない。ダマシのシグナルについて
はもう少し検討を続けよう。投資家がダマシに引っかからないように
なるには、多くの経験を積んでダマシの動きが分かるようになる必要
があるからだ。

**図51　株価は天井圏にできた対称三角形の頂点近くで上放れたが、これはダマ
シのブレイクアウトだった。この株はしばしばダマシのテクニカルシグ
ナルを出すが、この上放れもやはり信用できなかった。**

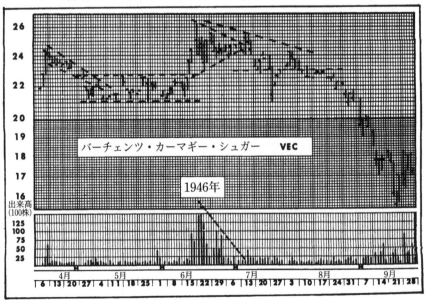

図52 もうひとつのダマシの例。株価はきれいな対称三角形から上放れたが、実際には下落であった。ただし経験を積んだ目ざといテクニカルアナリストであれば、何かおかしいという3〜4月の警告を見逃さなかっただろう。この株は1946年末〜1947年初めに完璧なほどの三角形を形成し、株価は3月末に上限から決定的に上放れた。その後に下落した株価も三角形の上限の支持線のところで下げ止まった。しかし、それに続く再上昇の足取りは弱々しく、その後の株価は三角形の頂点水準で支持を受けることなく下落した。何かおかしいという警告は、特に2〜3月の下落局面で不規則な出来高があったこと（これは有効な三角形の特徴ではない）、もうひとつは4月14日の押しのあとで株価が速やかにかつ力強く上昇しなかったことで——である。

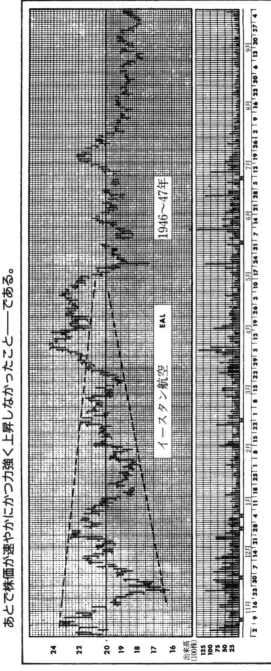

イースタン航空　EAL

1946〜47年

出来高
(100株)

典型的な対称三角形の形成プロセス

　本章に掲載した対称三角形のチャートは、皆さんがさまざまな三角形の現れ方を知るのに役立つだろう。そしてそれらの典型的なパターンがどのようにして形成されるのかを詳しく説明すれば、重要なポイントがいっそうよく理解できるだろう。

　皆さんがある株式のチャートを観察しているとしよう。その株価は普通の浅い押しを入れながら、20ドルから30、32、35ドルと上昇を続けている（皆さんの買値は20ドルとする）。安値のときの出来高はせいぜい300〜600株だったが、株価が30ドルを超えると投資家の注目を集め、出来高はほぼ1000株まで増加する。40ドルに近づくと出来高は2000株に急増し、やがて39〜40ドルで揉み合ったあと下落する。下げるにつれて（特にその株式を保有しているときは）ハラハラしながら株価の行方を見守るが、株価は一直線に元の20ドルに下げることはない。つまり株価とは本来そのような動きをしないものである。その株式がそれまでの上昇トレンドから反転したとしても、株価は天井圏で一定期間にわたって揉み合うなど、何らかの売り抜けを表すパターンを形成するだろう。

　出来高もかなり減少し、この下げ局面は10日間続く。株価が33ドルまで下げる過程で出来高はわずか700株に減っている。33ドルまで下げたところで出来高は再び900株に増え、そこで下げ止まったあと数日後には再び反発するが、出来高はあまり変化しない。8〜9日後には35ドルを抜き、出来高も次第に増加し、39ドルに達したとき出来高は1200株に増える。しかし、40ドルを超えることはなく、株価は再び37ドルまで下落する（グラフ用紙にこのような株価の動きを記入していけば、この流れがよく理解できるだろう）。今や二番天井が39ドルであることが明らかになった。そこで2つの頂点（終値ではない）を結ぶ仮の線（その名称はあとで明らかにする）をチャート上に引くこ

とができるが、この線は下向きである。一方、底はひとつだけしか確認されないので2つの底を結ぶ線を引くことはできないが、次の底の出来高は最初のときよりかなり少ないだろう。出来高は400株まで減少し、株価は34ドルで下げ止まったあと再上昇に転じる。ここの出来高はあまり多くないが、36ドルに達したときから増え始める。

この動きで二番底が確認され、2つの底を結ぶ線が引かれる。これは一番底の33ドルと二番底の34ドルを結ぶ上向きの線となる。この上限と下限線は約4週間後に36 1/2ドルぐらいの水準で交わるだろう。これで対称三角形が形成されることになる。しかし、最終的に株価はそこから下降するのか、または現在の気迷いを振り切って新高値をとりに行くのかはまだ分からない。今後の株価の動きを注視し、何らかのシグナルが出たときにどのような行動も取れるようにしておくことが大切である。

2回目の上昇で取引は少し活発になり、出来高は700株ぐらいに増える。株価は38ドルまで上昇し、ザラバでは38 1/2ドルを付ける。この上昇は先に引いた上限線に近づき、おそらく1/4ドルほど上抜かれるかもしれない（というのは、上下の変動は値幅と期間の両面で次第に狭くなるからだ）。しかし、このときの出来高は直近の39ドルの高値のときよりも少なく、買いは再び減少する。株価が37、36ドルと下げれば、ここで一番天井の40ドルと二番天井の38 1/2ドルを結ぶ新しい上限線を引く。この上限線の傾きが少し上向きになったということは、需給バランスが少し需要サイドに片寄ったという示唆にはなるが、それをあまり重視する必要はない。厳しすぎるような正確さを期待すべきではなく、三角形の解釈には幾分余裕を持たせなければならない。

3回目の下落で出来高は最低水準まで減少する。もしも株価がこれまでのコースをたどるならば、約35ドルのところで上向きの下限線と交わるだろう。株価がその地点まで下げ続けるならば、それは注目に値する。というのは、その逆にその地点まで下げないとすれば（株価

が35ドル以上で下げ止まるとすれば）、その動きは上限線の傾きが少し上向きになったことに重要な意味を与えることになる。しかし、実際にはそのようなことは起こらず、株価はそのまま35ドルまで下げ、出来高は200株となる。これは20ドルから最初に上昇したときの出来高よりも少なく、ここはクリティカルな局面である。株価は一時的に横ばいになったあと、ようやく36 1/2ドルを超えると取引も活発になり、三角形の新しい上限の37 1/2ドルに達する。翌日には1500株の大商いを伴って39 1/8ドルまで上げる。これが上放れであり、ここで気迷いは解消する（ここまで来るとダマシの動きはないだろう）。ここでトレンドは再び上昇に転じる。このシグナルを出すときに株価が先の高値の40ドルを超える必要はなく、このことは対称三角形の興味ある現象のひとつである。

反転型または保ち合い型

これまで反転型の対称三角形を検討してきたが、ここでは保ち合いパターン（継続する上昇トレンド途上の一種の踊り場）としての対称三角形について説明しよう。この三角形の4つのうちの3つは保ち合い型であり、残りのひとつ（その株式を保有していれば）が危険なのである。それでは、この2つのパターンはどのように違うのだろうか。

これまで述べてきた三角形の例では、株価が39ドルをブレイクして決定的な上放れになるまでは保ち合い型ではなく、反転型になったのかもしれない。もしもそれが典型的な反転型の対称三角形であったのならば、最初の変化は35ドルの三番底から最後の上昇がスタートした直後に現れていたはずである。この上昇は約36 1/2ドル辺りで上げ止まり、株価は再びじり安になったあと、出来高も幾分増えて株価は下限を下抜いてしまう。さらに34ドルまで下げると、出来高は600〜700株ぐらいになる。これ以上下げれば下降トレンドのシグナルとなり、

株価が34ドルを割り込めばストップロスオーダー（これについてはあ
とで詳しく検討する）が執行され、出来高はさらに増加して株価の下
降に拍車がかかるだろう。

　このような典型例の説明を終える前に、ブレイクアウトのあとの押
しや戻りについて少し述べよう。ヘッド・アンド・ショルダーズのと
きと同様に、対称三角形から最初に上放れた株価はそのまま一気に上
げてしまうのではなく、普通は２〜３日続伸したあと上げ止まり、上
限近くまでの押しを入れる。先の例で言えば、株価は39 1/8ドルに上
放れ、その翌日には40ドルまで上げるだろうが、それから数日間は出
来高も減少して37 1/2〜38ドルまで押したあと、通常では勢いよく再
上昇する。下放れのときも三角形の下限までの戻りがあり、その後に
大商いを伴って再び急落する。しかし、株価がいったん放れたあとの
押しや戻りの可能性はヘッド・アンド・ショルダーズよりは低い。

　次のパターンの検討に入る前に、対称三角形の理論的な根拠につい
て少し説明しよう。一般にどのような状況のときに対称三角形が形成
されるのかが分かれば、この三角形の特徴をよく理解するのに役立つ
だろう。もちろん、このような説明は極めて単純化したものとなり、
また対称三角形のすべての現れ方には当てはまらないかもしれないが、
チャートパターンの一般的な理論を理解するときにかなり有効である。
ここで再び先の例に戻ると、株価は20ドルから40ドルまで着実に上げ
たあと、40ドルを境に下落したが、そこで何が起こったのかはもう明
らかであろう。40ドルのところで多くの投資家の評価益は買値の２倍
になったので（40、50、75または100ドルなどのきりのよい水準は利
食い目標値となり、利益確定売りが増加する）、一部の投資家が持ち
株を現金化しようとしたので一時的に売りが膨らんだ。しかし、株価
が下がってくると売り物は引っ込んでしまう。この株式に魅力を感じ
ていたが、30ドル以下で買いそびれたほかの投資家は、40ドルまでは
買い上がる気はしなかったのでこの下落を歓迎する。そして株価は33

図53　ナショナル・ジプサムの週足チャート。1944年の7カ月にわたる保ち合い圏で最初ははっきりしなかったが、次第にきれいな対称三角形が形成された。株価は1945年1月に大商いを伴って上放れ、それから2カ月後に三角形の頂点近くまで下落し、それから急上昇した。この三角形から測定される最小限の上値目標値の16ドルはすぐに達成された。

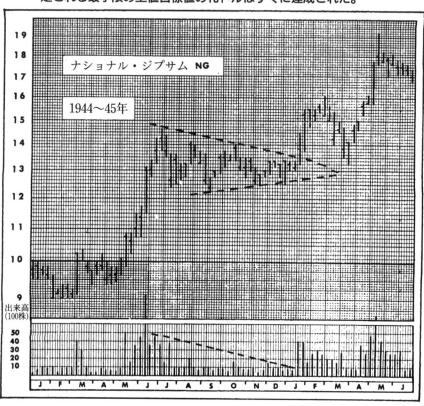

ドルまで下げたので彼らの多くは買い方に回り、需給のバランスは需要サイドに傾いた。

　株価が再び上昇に転じると、今度は先に40ドル近辺で売りそびれた

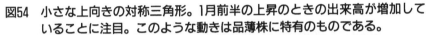

図54 小さな上向きの対称三角形。1月前半の上昇のときの出来高が増加していることに注目。このような動きは品薄株に特有のものである。

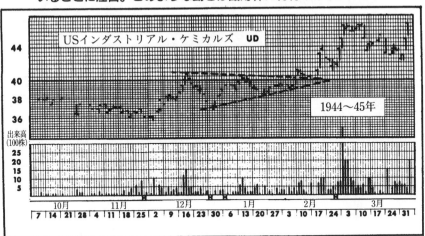

投資家が少しぐらい安くても手仕舞おうと待ちかまえている。株価が37ドル以上になると売り物が増え始め、39ドルでは上昇を抑えるほどに急増する。この局面では新規資金も絶えず流入して、利益を確定しようとする売り方との間で売買が交錯する。売り物がすべて消化されたりまたは売り物が引っ込むと、玄人筋や基調が強いと判断したトレーダーは急いで買い方に回る。

　対称三角形が完成したあとの上昇（または下降）局面は大きく取れるチャンスなので（上値・下値測定方式についてはあとで説明する）、株価が上下のどちらに放れるのかが事前に分かればかなり有利になるだろう。既述したように、株価の新たな方向は三角形が形成される前と同じ方向になる可能性が高い。メジャーな強気相場やメジャーな弱気相場の初期ではこの確率が最も大きく、その反対にメジャートレン

ドが熟していくにつれて今度は反転する公算が大きくなる。また、ほかの株式チャートからその後の株価の方向のヒントを得ることもできる。もしもある株式のチャートで対称三角形が形成されている同じ時期に、ほかの多くの株式チャートでも典型的な強気型のソーサー、ヘッド・アンド・ショルダーズ・ボトム、上向きの対称三角形などが現れていれば、株価がその対称三角形から上放れる確率はかなり高い。このような強気のシグナルは極めて信頼できるので、それに従って買いポジションを取っても十分に報われるだろう。

直角三角形

　前のパラグラフで上向きの対称三角形にちょっとだけ触れたが、上向きと下向きの三角形はそれぞれ強気と弱気を示唆している。直角三角形は多くの点で対称三角形とよく似ているが、極めて便利な相違点もある。それは直角三角形そのものが、株価のその後の方向を示唆していることである。すなわち、上向きの形をしている直角三角形は株価の上昇を、下向きの直角三角形は下降を示唆している。

　既述したように、対称三角形は下向きの上限線と上向きの下限線の間を動く株価の変動幅が次第に狭まる形になっている。これに対し、直角三角形では1本の線がほぼ水平で、もう1本の線は傾斜しているので対称三角形とはっきり区別できる。もしも上限線が水平で、下限線がチャートの右側（頂点の方向）に行くに従って右上がりになっていればこの三角形は上向きである。その反対に下限線が水平で、上限線が右下がりであればそれは下向きの三角形である。

　これらの形は完全に理論的であり、説明も簡単である。例えば、上向きの三角形は増加しつつある買いが大量の売りと出合う水準では、何が起こるのかを最も単純な形で表している。もしも買いが増え続ければ、その水準での売り物はそれ以上高くなると考えている新しい株

図55 10カ月に及ぶ上昇三角形は強気のメジャートレンドの出発点となり、株価は45ドルまで上昇した。1942年8月のように株価が三角形の下限まで下げないような動きは強いパターンであり、三角形の形成途上で上放れるシグナルとなる。

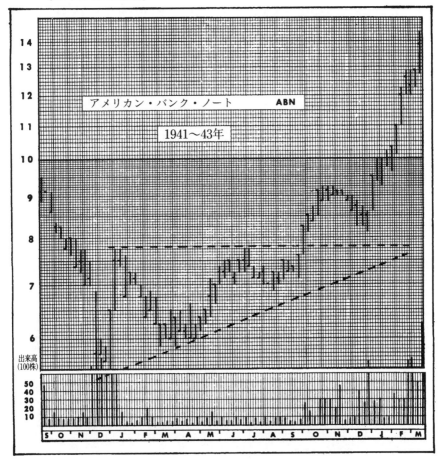

主にすべて吸収されて株価は急上昇する。典型的な上向きの三角形は、理想的な対称三角形と同じような形成プロセスをたどる。すなわち、株価が20ドル〜40ドルに上昇すれば、そこでは買い注文に見合う大量の売り物が出て株価は下落する。一部の株主は目先天井と見てそこで持ち株を売却するかもしれないが、株価が例えば34ドルまで下げれば売り物は引っ込むだろう。そこでは新規の買いが入って株価は再び上昇するが、40ドルに近づくと再び売り物が増える。2回目の押しは36ドルで止まり、株価は再び上昇する。しかし、インサイダーや買い占めグループは40ドルで売り抜けようとまだ株式を保有している。そのため売り物がなくなり上昇トレンドが再開されるまでには、もう一度押して再度40ドルに挑戦することになるので相応の時間がかかる。

図56　1946年3月の直角三角形からの早すぎた上放れは、このシグナルに従って買い出動した投資家を一時的に失望させたが、最終的にはその正しさを証明した。この株は1946年の株式分割までに、このチャートの3月9日と26日に見られるような独特のふるい落としをしばしば行っている。

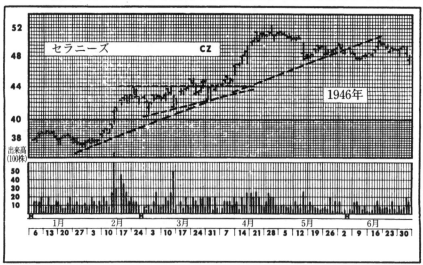

図57 真珠湾パニックによる大底から上昇した株価は、その後の保ち合い圏で
きれいな上昇三角形を形成した。19ドルの水平な供給線（上限）と上向
きの需要線（下限）に注目。9月末の上放れはその後の力強い上昇トレ
ンドのスタートとなり、株価は53ドルまで上げた。

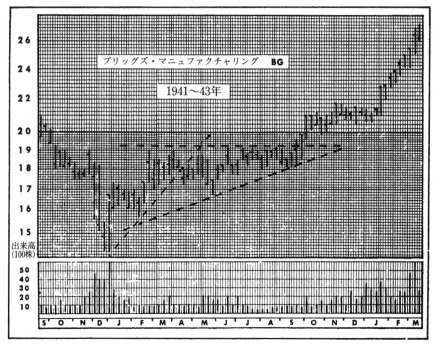

売り抜け

これはかなり大量の株式を所有する者が、一定の価格で持ち株を現
金化しようとする動きを表すパターンである。ここには対称三角形の
大きな特徴として言及した疑わしい要素はまったくない。新しい買い
手が入ってくるかぎり、最後には40ドルで持ち株を売却できるので、
それ以下で手仕舞う必要のないことを売り方はよく知っている。高値

図58　シアーズ株の1936年の大天井は対称三角形となり、それから株価は15ド
ル下落した。その後にもうひとつの上昇三角形が形成され、株価は上の
対称三角形の下限水準まで中期の上昇をみせた。このチャートを図45の
1946年の天井パターンと比較しよう。

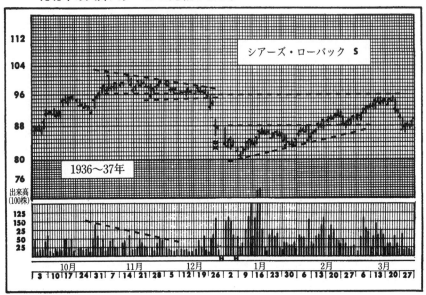

を追った買いが入って40ドルのところの売り物を吸収すれば、その後
に株価が大きく上がるのは明らかである。株価が40ドルを超えると、
その値段で買った人々は自分の判断が正しかったと思い、相当の利益
が出るまでは売ろうとしないだろう。

　ここでは重要なポイントを指摘できる。それはさらなる高値を追う
買い物が常に入ってくることであり、そうでなければ上向きの三角形
ではなくなってしまう。そして株価が最終的に三角形から上放れるた
めには、上限にある売り物をすべて消化しなければならない。供給線
（水平の上限線）がブレイクされる前に買いが少なくなると、株価は
上向きの三角形が崩れてしまうほど下げてしまうので、テクニカルア

図59　中期の底における上昇三角形。これは1936年4〜8月のチャートである。この三角形の形成中に出来高が著しく減少したことは、テクニカル的には極めて強い基調であることを意味する。

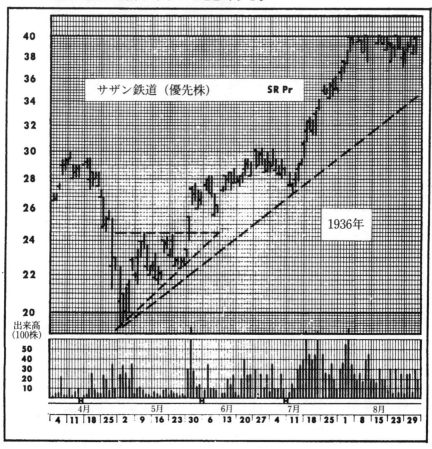

図60　1947年初めの出来事のなかで強気筋を失望させたことのひとつは、アーマー株が長期にわたるこの上昇三角形の上限を上放れるのに失敗したことであった。15ドル水準での売りが買いを圧倒したためである。しかし、このような形は長期的には潜在的に強い基調を表している。一般にこの種の上昇三角形からの上放れに失敗したのとは、三角形のレンジ内（10〜15ドル）で長い長方形が形成される。または以前の安値近辺（10ドル前後）でダブルボトムを作る――のいずれかである。しかし、アーマー株は15ドル水準の大量の売り物を消化しようと何度か試みたが、結局は成功せずに下落した。この水準を決定的に上抜いたのは1955年になってからである。

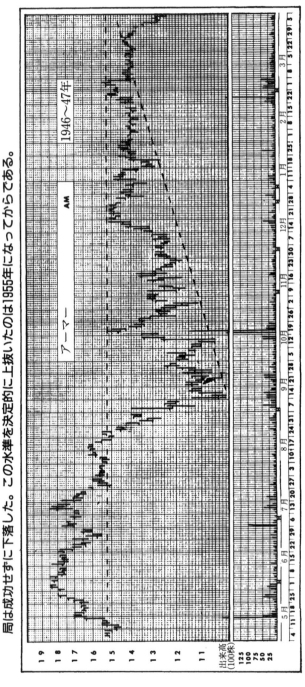

図61　ソコニー株の1942年の大底は珍しいヘッド・アンド・ショルダーズで、そのヘッドは上昇三角形だった。7月の三角形からの上放れ、10月のヘッド・アンド・ショルダーズのネックラインからの上放れのときに、出来高が増加していることに注目。

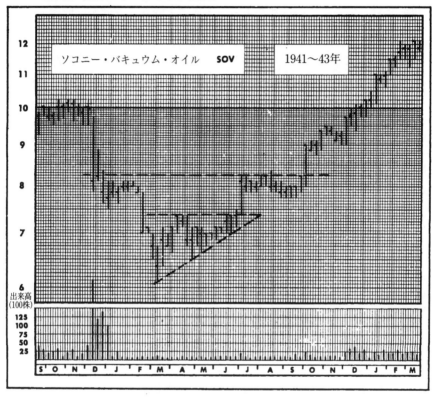

ナリストは新しくチャートを引き直す必要がある。上向き三角形の基本的な形を崩すようなそうした動きはよく起こると思われるかもしれないが、われわれの経験に照らせば実際には驚くほどまれである。驚くほどまれというのは、ほとんどの上向き三角形の形成過程では、上限線（供給線）を作っている売り手はその水準が目先の高値であると信じているからである。

　数週間、ときに数カ月もマーケットに影響を及ぼすほど大量の株式を保有している者の判断は、常に市場で注目されている。しかし、下限線（需要線）が上向きであるということは、ほぼ9対1の確率で圧倒的に買い方のほうが有利である。ときに上向き三角形の形成途上で3〜4回目の下落が上向きの下限線を下抜くこともあるが、そのときでも先の安値水準で下げ止まるだろう。こうしたときに形成されるのは長方形であることが多いが、このパターンについては次の章で検討する（上向きと下向き三角形のトレード戦術は、その形が途中で崩れてしまったときの対策も含めて本書の第2部で取り上げる）。

下降三角形

　下降（下向き）三角形では下限線（需要線）が水平で、上限線（供給線）が下向きとなる。この三角形は上向き三角形が形成される状況とちょうど反対の局面で形成されるのは明らかである。この形の下降の示唆は強力であり、ダマシの動きが現れることはほとんどない。下降三角形は、その企業の株式を一定価格以下で大量に買い集めようとするグループやシンジケート（ときに投資信託）の動きによって形成される。彼らは買い注文が成立するまで、最初の指値を変更しないで出してくる。その水準から何度か上昇しても新たな売りによって次第に株価の頭が抑えられるならば（これによって典型的な下降三角形が形成されていく）、買い注文はすべて売り注文によって吸収され、株価は下限を下抜いて下降することになる。多くの投資家は下限線を支持線と考えているので、株価がこのクリティカルな水準を下抜いたことで、それまで持ち株を売ろうとしなかった投資家も動揺し、その新しい売りが株価の下げにさらに拍車をかけることになる。

図62　3月14日に1ドルの配当落ちとなったので、この下降三角形の下限は33
　　　ドルから1ドル引き下げて32ドルのところに引き直さなければならない。
　　　このような調整を加えても、このパターンの当初の基調に変わりはな
　　　い。株価が三角形の新しい下限に3回戻った（4月4日、4月16日、5月31
　　　日）のは珍しいことだが、これは平均株価が力強い上昇トレンドにあ
　　　ったことを反映している。どのような保ち合いパターンであろうとも、
　　　その形成中に配当落ちがあれば、その上限と下限線は配当額に見合う
　　　分だけ引き下げて新しい基準に調整する必要がある。

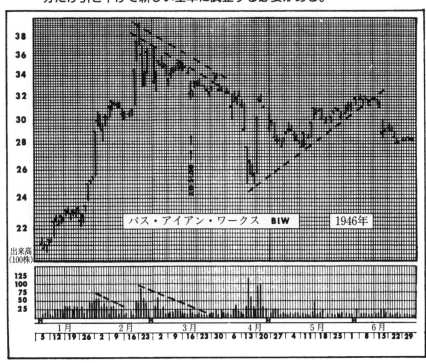

197

図63　1946年のリビア株はそのファンダメンタルズから見ると魅力的な株式だった。そのことが平均株価が6月に本格的な下げに入っても、この株の売却をためらわせた大きな原因であろう。5月半ばから8月末にかけて大きな下降三角形が形成されたが、出来高による弱気シグナルはすでに6月末と7月23日に出ていた。株価は8月27日に大きなブレイクアウエーギャップを伴って下放れた。株価は4日間にわたり下限線にくっついたあと急落した。4～5月に見られる小さなフラッグについては第11章で検討する。

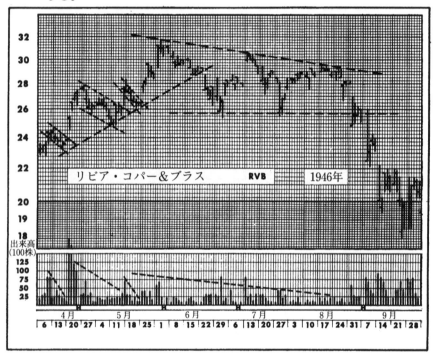

図64　WH株の1937年の大天井は、1月にスタートして2月15日に下放れて完成した下降三角形だった。株価は4日間にわたり三角形の下限近辺で保ち合ったあと少し下げたが、3月4日に再び下限に戻った。そのとき平均株価は強気相場の最終局面にあった。このチャートとそれ以前のチャートが、テクニカルアナリストに示唆している重要なポイントについて説明しよう。多くの株式が大きく上昇したあと、明らかに弱気の反転パターンを形成して株価が下放れたとする。その後の戻りで株価がその下限や抵抗線を上抜かず、その一方でそのときの平均株価が新高値圏に進んでいるようであれば、マーケットは危険な状態にあり、下降メジャートレンドへの転換が近いとみられる。多くの主力株と平均株価のこのような乖離現象は、中期の反転のときにはめったに見られない。WH、デュポン、GMなどの主力株が平均株価の新高値に追随しないときはとりわけ危険である。例えば図12、15、18、20、58などを参照し、それらのチャートを同じ時期の平均株価のトレンドと比較してみよう。この図の10〜1月におけるソーサー型のような反落パターンは複雑なヘッド・アンド・ショルダーズにも見えるが、これらのパターンについては第11章で検討する。このWH株は1937年4月に130ドルまで下げたところで長方形を形成したあと、8月にはこの下降三角形の下限を上抜いて158ドルまで戻したが、11月には再び88ドルまで下げた。この日足チャートを第15章に掲載した1935〜38年の月足チャートと比較しよう。

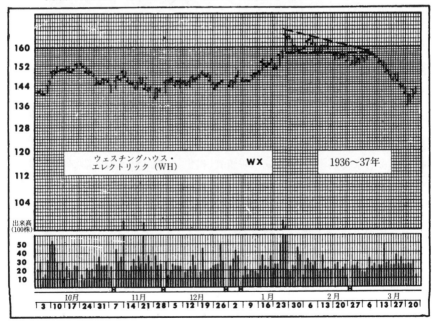

対称三角形と同じ出来高の特徴

　直角三角形の出来高について特別に説明することは何もなく、対称三角形の場合とほとんど同じである。株価が頂点に向かうにつれて出来高は減少傾向になる。一般に上向き三角形ではそのなかで上昇するときは出来高が増加し、下落するときに減少する。下降三角形ではその反対の傾向となるが、それほどはっきりしていない。しかし、このような目先の動きもブレイクアウトが起こるまでは、三角形内の出来高パターンに影響を及ぼすことはない。

　対称三角形のブレイクアウトについて述べたことはすべて、そのまま直角三角形にも当てはまる。（上向き三角形から）上放れるときは著しい大商いを伴うが、それがなければそのブレイクアウトは疑ったほうがよい。（下降三角形から）下放れるときの出来高はそれほど増加しないが、普通はそこから下放れてから2～3日後に出来高が増えてくる。下放れたあとに株価が下限線まで戻ることはよくあることで、そのような戻りが起こるかどうかはそのときの市況次第である。したがって、ほかの多くの株式がしっかりしているときに、ある株式が下降三角形から下放れたときは、大きく下げる前にかなり戻すことは十分に予想される。

　一般に直角三角形の有効かつ信頼できるブレイクアウトは、対称三角形と同じようにその形成途上で起こる。ブレイクアウトが早ければ早いほど、それがダマシである可能性は低い（直角三角形のダマシのブレイクアウトは対称三角形よりもはるかに少ない）。株価がそこから決定的にブレイクアウトしないままに頂点に押し込まれたあと、そこから放れることもまれにあるが、そうしたときの株価の勢いは極めて弱い。

図65　1929〜32年の弱気相場では、一連の対称三角形と下降三角形が形成された。この下降局面では大底を示唆するようなパターンは一度も現れなかったこと、また各三角形の値幅測定方式に基づく下値目標値は、その後の一時的な保ち合いや戻り局面の前に達成されていることに注目。適切な売買タイミングは日足チャートで計らなければならないが、メジャートレンドの方向を見極めるには週足や月足といった長期のチャートに目を向ける必要がある。

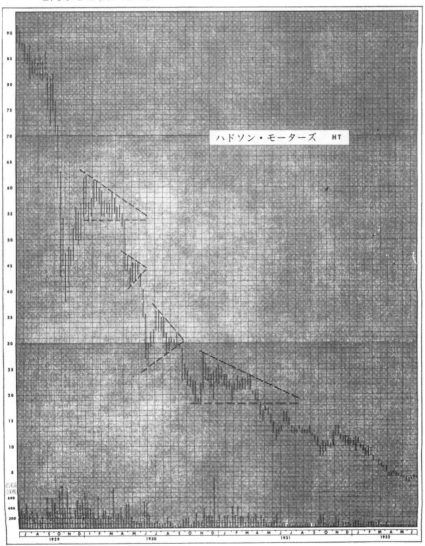

図66　1941～43年の大底パターンだが、奇妙な形なので初期の段階では判断が
難しい。1941年の真珠湾パニックからの上昇で対称三角形を形成したあ
と、1942年4月にそこから下放れた。その下値目標値は値幅測定方式ど
おりになったが、12月の安値以下には下げなかった。6月の上昇と8～9
月の下落でさらに大きな対称三角形が形成され、株価はそこから9月に
上放れた。1942年12月の三角形の頂点水準までの下落とその後の上昇に
よって、15カ月に及ぶ上昇三角形の形成で大底を付けた。株価は最終的
に1946年には42ドルまで上げた。6月と8～9月の下落における薄商い、
10月の上昇局面における出来高の増加、1943年1月の上昇と2月の上放れ
のときの大商いは、明らかに強気のメジャートレンドへの転換を意味し
ていた。強気相場の基礎作りには、このように長い時間がかかるもので
ある。

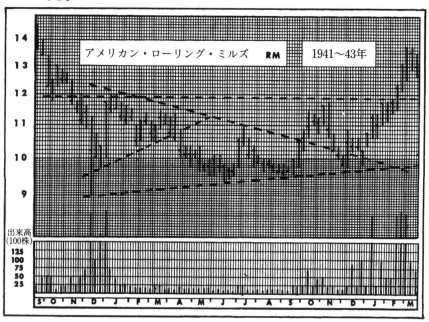

図67　1942年にグッドリッチが弱気のメジャートレンドから強気相場に転換したときのコンパクトできれいな上昇三角形。この週足を見るかぎり、三角形から上放れたとき（4月）に出来高が急増したというシグナルは出ていない（週足チャートで出来高の推移を詳しく調べるのは難しい）。5月末に18 1/4ドルに達した最初の上げ幅は、この三角形の値幅測定方式どおりの結果となった。続いて18〜21ドル水準の売り物を消化する必要があったが（第13章の「支持線と抵抗線」を検討するときにこのチャートを参照しよう）、9月に株価が大商いでそのゾーンを大きく上抜いたことで上昇メジャートレンド入りが確認された。

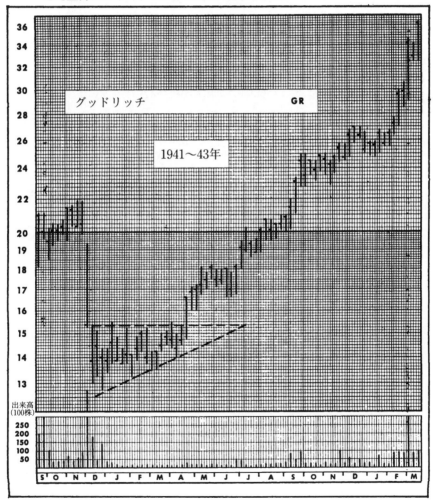

三角形の値幅測定方式

　ヘッド・アンド・ショルダーズからブレイクアウトするときに適用する最小限の値幅測定方式についてはすでに述べた（第6章）。三角形についても幾分似た方式が適用できる。これは対称三角形のほか、直角三角形にも適用することができる。三角形の値幅測定方式について言葉で説明するのは難しいが、この章に掲載したいくつかのチャートを研究すればすぐに理解できるだろう。上放れのときは最初の目先天井から下限線までの距離を測り、ブレイクアウト地点からそれと同じ距離を上方に延長したところが最小限の上値目標値となる。また一般に、ブレイクアウトした株価は三角形が形成される前のトレンドとほぼ同じ角度や同じ率で上昇することが多い。この原則を適用すれば、株価が目標値に達する時期とその水準がだいたい予測できる。このルールは下降三角形にも適用できる。

　この測定方式を使えばその三角形から動く値幅を予測できるが、このルールはヘッド・アンド・ショルダーズの値幅測定方式ほど正確ではないし、またそれと同じほど信頼できるものでもない。さらに株価が頂点に押し込まれるまでブレイクアウトが起こらないときは、その三角形の潜在的な力はすでに失われているという重要な制約条件を忘れてはならない。

週足と月足チャートの三角形

　われわれは前章でヘッド・アンド・ショルダーズが長期（週足や月足）のチャートにどのように現れるのか、そしてそのパターンが大きいほど大きな重要性を持っていることを検討してきた。三角形もそれとまったく同じである。週足チャートに現れた三角形の示唆するものは、明確で信頼に値するものである。しかし、月足チャートに見られ

るきめの荒い、三角形の形成に数年を要するような大きくはっきりと
収斂しないパターンは、あまり有効な重要性を持たないので無視して
もよい。

その他の三角形

　収斂する上限・下限線で囲まれるその他の揉み合い・保ち合いパタ
ーンにも、三角形として分類されるものがある。しかし、それらはひ
とつまたはそれ以上の重要な点でこの章で取り上げた三角形とは明ら
かに異なるので、別のパターン（フラッグ、ペナント、ウエッジな
ど）に分類したほうがよい。そのほかにも上限・下限線が収斂するの
ではなく逆に拡大するものもあり、それらのパターンはしばしば「逆
三角形」と呼ばれている。しかし、それらのパターンが形成される局
面、その特徴、それが示唆するシグナルなどはまったく違うので、そ
れらは拡大型のパターンとしてあとの章で別に検討する。

　われわれはこれまで、「通常は」とは「普通は」といったその意味
を制限するような言葉を頻繁に使用したので、読者の皆さんはやや紛
らわしいと思ったことだろう。しかし、実際に起こったことを正確に
説明しようとすれば、このような言葉の使用は避けることができない。
２つのチャートパターンが正確に同じであることはないし、２つの市
場のトレンドがまったく同じ方向に進むこともない。株式市場の歴史
は繰り返されるとはいっても、まったく同じように繰り返されるわけ
ではない。しかし、マーケットのヒストリカルなパターンとよく見ら
れる動きを熟知し、「今度は違う動きになるだろう」などとは考えな
い投資家のほうが、例外を探してヒストリカルなルールに従わない人
よりははるかに優れている。

　諺にもあるように、ビギナーとは幸運である。彼は自分の描くチャ
ートに三角形、ヘッド・アンド・ショルダーズ、またはその他の重要

なパターンを次々と見つけだし、その形成プロセスを見守り、それが原則どおりの利益をもたらしてくれるという事実をそのまま受け入れることができる。しかし、しばらくして例外的な事態が起こったりすると、目先の動きに気を取られて大きな動きを見落としていたり、間違った行動をしていることに気づく。このようにわれわれはそのパターンが示唆する株価の動きをよく無視してしまう。株式市場のテクニカル分析はけっして精密な科学ではなく、おそらく将来もそうでないがゆえに、このような限定語の使用が避けられないのである。

第9章
重要な反転パターン（続き）
Important Reversal Patterns—Continued

長方形

　前章で検討した三角形は反転型か保ち合い型のどちらかである。直角三角形の場合はその形が確認できる段階になれば、その後の株価がどちらの方向に向かうのか（または向かうはずだ）が予測できる。対称三角形ではそれが形成される以前のトレンドが反転するよりはそのまま継続する可能性が高いが、株価が最終的に上限または下限線をブレイクするまでは、上下のどちらに向かうのかは分からない。この点で（そしてその他の多くの点でも）、これから検討するテクニカルパターンの長方形は対称三角形に似ている。実際に長方形と対称三角形にはかなり多くの類似点があるが、それについてはあとで詳述する。

　長方形は株価の一連の横ばいの動き（ときに「トレーディングレンジ」と呼ばれる）から成り、その上限線と下限線はいずれも水平である。本章に掲載されているチャートを一目見ただけで、このパターンがなぜ長方形と呼ばれているのかはすぐに分かるだろう。上限線と下限線が平行な形のほかに、それらがやや上向きまたは下向きのパターンもあるが、上限線・下限線がほぼ平行であれば長方形として取り扱う。上限線と下限線がほとんど平行であるが、幾分収斂する形もあり、それらは長方形または対称三角形のどちらに分類してもかまわない。

そのどちらのパターンでもその後の株価の方向に関する予測では同じ方法を取るので、名称はそれほど重要な問題ではない。単純なヘッド・アンド・ショルダーズとその複合型、円形底・円形天井などについて少し考えてみると、出来高パターンの違いを除くとそれらのどのパターンも長方形に大別することができる。しかし、長方形が形成される局面やその売りと買いの種類ははっきりと違うので、それらのパターンは適切に分類すべきである。

対称三角形の特徴をその後の株価がどちらに向かうのかを予測できないという点で「迷いの形」と呼ぶならば、長方形の特徴は「衝突の形」と呼ばれるかもしれない。かなりコンパクトな形のパターンはい

図68　1946年の天井は安値を結ぶ下限線がわずかに上向きであるが、明らかに4カ月にわたる売り抜けを表す長方形であった。このように長くやや締まりのない長方形では、出来高は目立ったほど減少しないが、10月半ば〜2月半ばには不規則ながら全体として出来高は減少傾向にあった。

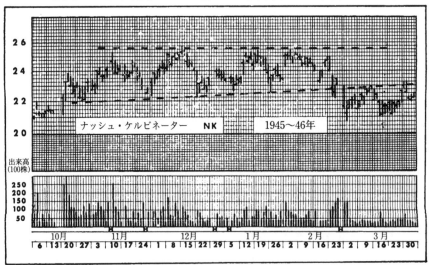

ずれも供給と需要の衝突を表している。例えば、ヘッド・アンド・ショルダーズ・トップは強い売り方と弱い買い方の衝突を表しており、その結果は両者の戦いが終わる前にすでにはっきりしている。しかし、長方形はある価格で持ち株を売却したい売り方と、それよりも安い価格でその株式を購入したい買い方の力関係がほぼ均衡している状態である。両者がボールを（上下に）打ち合い、最終的にそしてまったく突然にどちらか一方が疲れてしまうまで（または戦術を変えるまで）、ボールを打ち続けているようなものである。最後にどちらが勝つのか（株価が上限線または下限線のどちらを決定的にブレイクするのか）

図69　上昇トレンドの途上における保ち合い型の長方形は、1920年代〜1930年代初期に比べると最近ではあまり見られなくなった。大きなギャップはこの保ち合い圏で現れたギャップとしては最後のものである（ギャップについては第12章で検討する）。このように保ち合い圏でギャップが出現したあとに株価がそこからブレイクアウトしたとき、そのギャップはすぐには埋まらない。

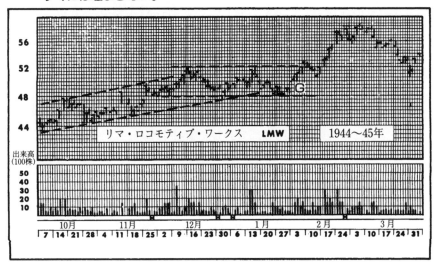

はだれにも分からない（対戦者自身も分からない）。

　われわれは長方形のトレーディングレンジを形成する2つのグループについて話しているが、その時点ではそれらのグループは表面には現れてこない。しかし、それは何らかの悪い意味での株価操作を意味するものではない。投資信託や投資基金、または個人の大株主などが大衆を欺こうという考えからではなく、その最高値（上限の供給線）で売りたいというのは正当でもっともな理由である。そしてその会社に何らかの利害関係を持つ別の投資信託やインサイダーなどが同じように最安値（下限の需要線）でその株式を買いたいというのも、これまた正当で当然の理由であろう。これが、ほとんどの長方形が形成されるときに市場で働いている力である。

　しかし、上限と下限のレンジがかなり広いと（例えば、その株価の8～10％）、その長方形は目ざとい利ザヤ稼ぎのトレーダーや玄人筋の注目を集めることになる。例えば、大量のUSスチール株を保有しているあるシンジケートは76ドルで売却したいが、別のグループは69ドルで大量に買いたいようなときは、その株価はしばらく69～76ドルの間で変動するだろう。それを見たトレーダーは69ドル買いの76ドル売りで一儲けしようとするだろう（あるいは76ドルで空売りし、69ドルで買い戻すだろう）。このようないわば提灯筋の売買が最終的な株価の方向に大きな影響を及ぼすことはないが、長方形の形成期間を長引かせることになる。もっとも、長方形内のそのような売買はストップオーダーをうまく使えば、かなり大きな利益をもたらすのは事実である（これについては第2部で詳しく検討する）。

買い占めグループの株価操作

　SEC（証券取引委員会）が株価操作を禁止するまでは、買い占めグループやシンジケートの組織化された株価操作によって頻繁に長方

形が形成されたものである。このような買い占めグループは価値ある内部情報を素早くキャッチし、その情報が知れ渡ったときの値上がり益を得るためにその株式を大量に買い集める。希望する価格で買い集めるには、ほかのトレーダーやそうした情報を知らない投資家の保有株をまず売らせる必要がある。そこでそうした買い方の意欲を冷やして株価を下落させるために、突然数百株の空売りから始める。そして株価が事前に決めていた水準まで下落すると、そこから注意深く注文を分散しながら、ほかの人々が分からないように買い始める。この買いで株価が上昇すれば、インサイダーが売っている、合併計画が御破算になった、または無配になる――などのうわさを流したり、さらに必要とあればそうしたうわさに色づけするため買ったばかりの株式を売りに出す。このような操作を何度か繰り返しながら目標株数を手に入れてしまうか、またはふるい落とす浮動株がなくなるまでさらに株式を買い集めていく。

1920年代には鋭敏なテクニカルアナリストは、そのような株価操作がまだ行われている最中でも市場で起こっていることがよく分かっていたし、もちろん株価が長方形の上限を上抜いたときの状況も把握していた。しかし、今ではこのような株価操作は許されなくなったし、そのような「仮装売買」は厳しく罰せられる。疑わしいニュースや活動についてはSECが常に監視しているので、以前のような買い占めグループによる見え透いた株価操作は見られなくなった。これが1920年代ほどチャートに長方形が現れなくなった大きな理由である。

長方形と最も近い関係にある対称三角形と次の点を比較すれば、長方形の特徴がよく理解できるだろう。

●**出来高**――三角形と同じ原則が当てはまり、長方形が長くなるほど出来高は減少する。逆に出来高が増加するようなことがあれば、それが一時的なニュースによるものでなければ、長方形である有効性は疑わしい。

●**ブレイクアウト**——これについても三角形と同じ原則が当てはまる。出来高の必要条件やブレイク率などについては、三角形のところで再確認してください。

●**ダマシの動き**——長方形のほうが対称三角形よりもずっとダマシの動きが少ない。実際に明白な長方形はヘッド・アンド・ショルダーズと同じくらい信頼できる。ただし、長方形の示唆するものはヘッド・アンド・ショルダーズほど明確ではない。

●**早すぎるブレイクアウト**——おそらく三角形よりも長方形のほうがその回数は多いだろう。

　（**注意**　ここに述べたダマシの動きや早すぎるブレイクアウトを真のブレイクアウトと区別するのは難しい。そのような動きのあとは株価は再び長方形内に戻るものである。もっとも、ダマシのときは最終的に株価はそれと反対方向に向かうが、早すぎるブレイクアウトではいったん長方形に戻った株価は最終的には同じ方向に放れる）

●**戻りと押し**——最初にブレイクアウトしたあと、株価が長方形内に戻る確率は対称三角形よりも高い。われわれの推定では、戻りまたは押し（戻りは下放れのあとの上昇、押しは上放れのあとの下落）は3日〜3週間以内に全体の約40％で起こる。

●**パターンの種類**——長方形は反転型よりも保ち合い型のほうが多く、その比率は対称三角形とほぼ同じである。反転型の長方形は天井圏よりは目先または中期の底によく現れる。大底に現れる長方形は長く幅の狭い、あまりはっきりしない形が多い。ときに（第7章で検討した）フラットなソーサー型または休止型となる。

●**値幅測定**——長方形の最小限の上値・下値目標値はそのレンジによって決まる。株価は少なくとも上限と下限の距離と同じ幅だけ動くが、もちろんそれ以上動くこともある。一般に取引が活発で形成期間が短く、また変動幅が広くほぼ正方形に近い長方形は、形成期間が長く変動幅の狭い長方形よりもずっとダイナミックな動きをする。

図70　ローズが1932〜37年の強気相場の最終局面近くで形成したきれいな長方
　　　形の保ち合いパターン。インサイダーが大量の株式を64〜65ドルで売り
　　　抜ける一方、それをほかの投資家が62ドル近辺で吸収し、結局ローズ株
　　　は8月に87ドルまで上昇した。1月の上放れのあとの押しに注意。

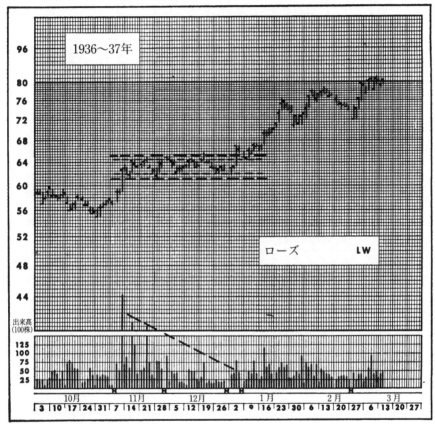

図71　ソコニーの長方形。低位株の長方形はレンジが狭いのが大きな特徴である。株価は1945年12月に18 3/4ドルを付けたあと15 1/4ドルまで下落、その後この図のように1946年半ばにかけて再び上昇した。8月後半には中期の修正トレンドライン（第14章を参照）を下抜き、4日後に長方形から下放れた。初めの天井が高いこのような長方形は、株価がしばらく安値で推移することを示唆している。図72の解説も参照のこと。

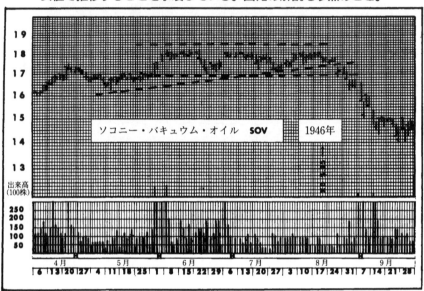

後者の横長の長方形から放れた株価は、最小限の距離まで動いたところで止まったり逆行することが多い。

長方形とダウ・ラインの関係

読者の皆さんは長方形という名称で検討してきた個別株式のこのチャートパターンが、ダウ理論家に「ライン」として知られている平均株価のパターンに似ていると思われただろう。明らかにこの２つのパ

図72　メジャートレンド反転を示唆する長い締まりのない長方形。図68の形と
　　　少し似ている。株価が長方形から下放れる前に、8月には中期とメジャ
　　　ートレンドラインの2つを決定的に下抜いている。図64ではメジャート
　　　レンド反転下降を示唆するひとつのシグナルについて述べたが、それは
　　　個別株式と平均株価のチャートを比較することで読み取れる。ここには
　　　もうひとつのヒントがある。平均株価が大天井を付けて下降局面に入っ
　　　たあとでも、優良な鉄鋼株や石油株（図71を参照）が持ちこたえたり、
　　　またはやや勢いのある中期の上昇を見せることがある。ウォール街では
　　　鉄鋼株の底堅さを利用した売り抜けの話をよく耳にする。

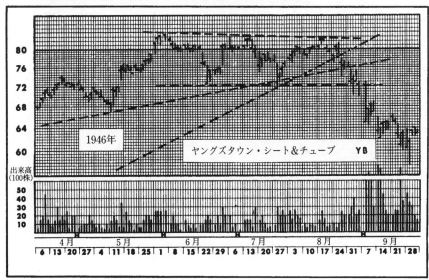

ターンは、その理論的な根拠とシグナルの示唆はほとんど同じもので
ある。しかし、上限線（供給線）と下限線（需要線）がはっきりして
いる真の長方形は、実際には個別株式だけの特徴なのである。平均株
価のラインの場合は、連続する目先の天井や底が一定の水平線に正確
に接するようなことはめったにない。平均株価がラインを形成してい
るときにその構成銘柄のチャートを調べると、ある株式は不規則な上
昇・下降トレンドをたどっていたり、ほかの株式は三角形を形成した

図73　イースタン航空の1945年の長方形は、1942年に約17ドルから上げ始め、1945年12月に125ドルで終わった上昇トレンドに続くほぼ2年間の保ち合い局面の最終段階である。最初のGはブレイクアウエーギャップ、二番目のGはランナウエー（メジャリング）ギャップであり、そこから測定される上値目標値は55ドルである。この目標値を達成すると、そこではもうひとつの保ち合いパターンである対称三角形が形成された。この2つのギャップはその後2年間は埋められなかった。

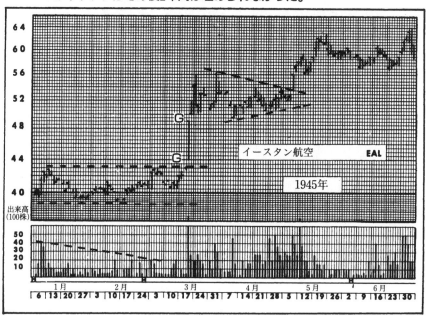

り、そのほか長方形を形成している株式もある。これらのさまざまな個別株式の異なるパターンが、平均株価のラインを作っているのである。頻繁に売買するトレーダーのなかにはこうした個別株式の状況には目を向けず、平均株価が一定水準に達すると株式を売ったり、買ったりする人がいる。しかし、投資顧問が「ダウ工業株平均は500ドル（または5000ドル、1万5000ドル）に達したら、投機的な持ち株はす

べて売りなさい」などと顧客にアドバイスしても、平均株価の水準だ
けを見て売買する投資家などめったにいないのでその影響はほとんど
ない。

直角三角形と長方形

　前章で直角三角形の形としてはやや未完成であるとき、そのような
パターンは長方形に分類したほうがよいと言った。すでに長方形につ
いては詳しく検討したので、そのような場合にはブレイクアウトした
株価はおそらく当初の三角形のシグナルが示唆した方向に向かうだろ
うと述べるにとどめる。しかし、株価が再形成された長方形から反対
の方向にブレイクアウトする可能性も否定することはできない。

ダブルトップ

　ウォール街の古顔のなかには、われわれが昔から有名な反転パター
ンのダブルトップを本書のなかで小さく取り扱ったことを快く思って
いない人もいるだろう。テクニカルな専門用語は中途半端に知ってい
るが、それらの意味について体系的な知識を持っていないトレーダー
なども、ほかのどの反転パターンよりも頻繁にこのダブルトップの名
前を口にする。しかし、真の意味におけるダブルトップとダブルボト
ムが現れるのは極めてまれであり、トリプルトップやトリプルボトム
になるとさらに少ない。そして（間違ってこのような名称で呼ばれて
いるが、実際にはほかの反転パターンとはっきり区別された）本当の
パターンは、株価がそこからずっと離れてしまったあとで初めて分か
るものである。ある形が形成され始めた段階で、このパターンを予測
したり、確認することはできない。

　話を前に進めるために、まず論点を明らかにする必要がある。ダブ

図74　株価が1946年2月にヘッド・アンド・ショルダーズから下放たれたあとで形成された長期にわたるみごとな長方形。株価が7月15日に長方形の下限を下抜いたあと、この株を空売りするもうひとつのチャンスは7月17〜18日の戻りであった。複合型のヘッド・アンド・ショルダーズ・ボトムを作ったあと、株価は9〜11月に11ドルまで戻したが、1947年初めには6ドルまでで下げた。

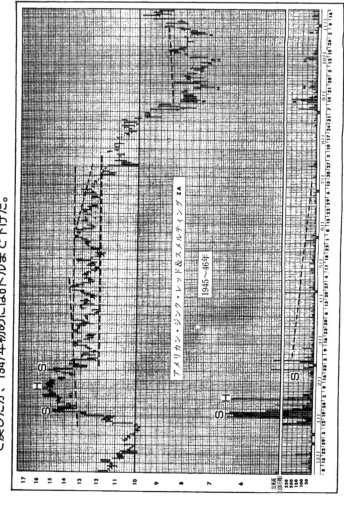

図75　1942年の大底を示すこの週足チャートでは、6〜11月に形成された保ち合い長方形が（2つのヘッドを持つ）左右非対称のヘッド・アンド・ショルダーズの右肩を構成している。

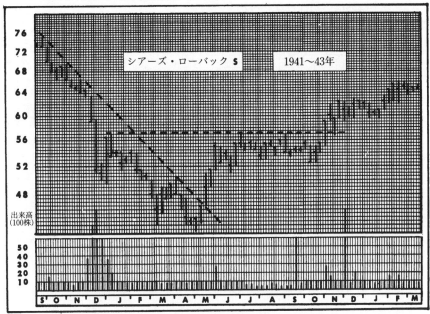

ルトップが形成されるのは次のようなときである。すなわち、株価が大商いを伴って新高値を付けたあと売買高が細って下落したが、再び出来高を伴って先の高値近辺まで再上昇した。しかし、その水準を上抜くことなく再び下落して、目先または中期的な安値まで下げた。ダブルボトムはこの形が逆になったもので、トリプルトップ（またはトリプルボトム）は２つの代わりに３つの天井（または底）で構成されている。数百の月足チャートを見て、２〜３例の大天井でのダブルトップや１〜２例のダブルボトムを見つけだすことはそれほど難しくはない。またある株式が数年の期間を置いて、ほとんど同じ水準で大天井を付けることもある。このような現象はかつてけがをした親指のよ

図76　ベルは1945年1月に16ドルに上昇したあと13ドルまで下落、その後15週間にわたって長方形を形成した。4月30日の下降ギャップは、1ドルの配当落ちによるものである。底値水準から1ドル下のところに引き直された下限線は下抜かれなかった。

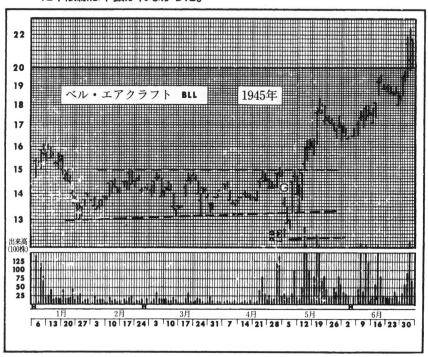

うに目立つもので、経験の浅いテクニカルアナリストなどはこうした現象に畏敬の念を持ってしまう。彼らはほかの多くの株式が同じ動きをしそうに思われたが、実際にはしなかったという事実を考慮していない。そのような株式のいくつかは一時的にダブルトップを形成しようとしたが、実際には先の高値を上抜いてさらに上方に行ってしまったのである。

　それならば、ダブルトップというコンセプトはトレーダーや投資家にとって実際に役立つのだろうか。その答えは「イエス」だが、その

図77　弱気相場における下落で1937年9月には短いがかなり縦長の長方形が形
　　　成された。これに続いて下降三角形と対称三角形の保ち合いパターンが
　　　見られる。

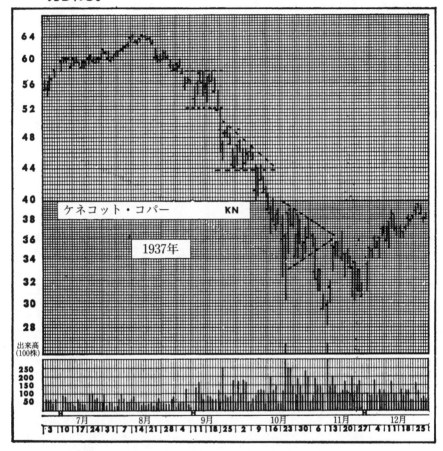

221

前にダブルトップではないパターンについて考えたほうが分かりやす
い。先に検討した上向きの三角形と長方形を連想してみよう。一般に
ダブルトップが形成されるときの最初のプロセスは、中間の谷を挟ん
で2つの天井がほぼ同じ水準に形成される。出来高は一番天井のとき
よりも二番天井のほうが少ない。一般的なケースでは次に三番天井が
現れるが、最終的に株価はその水準を上抜いてさらに高値に進んでし
まう。このような上昇トレンド途上に現れる保ち合いパターンとして
のダブルトップと、反転型の真のダブルトップを区別する必要がある。

**図78 1942年に形成されたこのフォーメーションは、株価が1943年2月に31ド
ルを上抜くまでは完成されず、したがってそれまではダブルボトムと呼
ぶことはできない。**

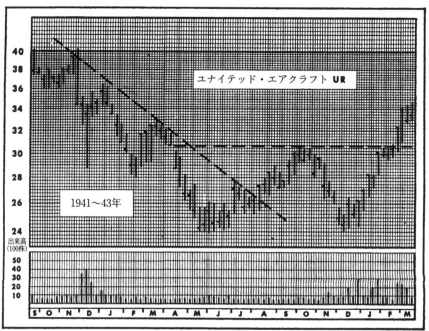

図79　インコは1987年のレーガン・クラッシュから年末までに持ち直し、再び
　　　その年の高値近辺に迫った。1988年４月にはその水準を決定的に上抜い
　　　て７月の天井圏に進んだ。しかし、８月の急反落とそれに続く９月初め
　　　の弱い戻りで大きなヘッド・アンド・ショルダーズ・トップを形成した。
　　　その後の下落でネックラインが下抜かれて反転が確認、そのあとのネッ
　　　クライン（抵抗線）近くまでの戻りは絶好の売り場となった。

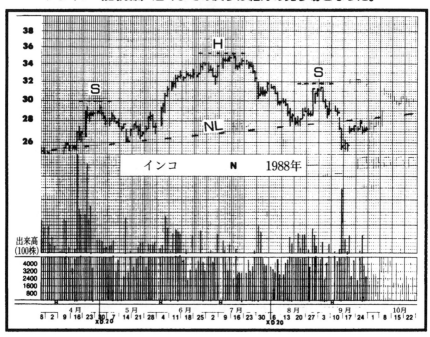

ダブルトップの条件

　株価の水準や習性も違うすべての株式に当てはまる絶対的で無条件
のルールなどは存在しない。しかし、いろいろなチャートパターンを
研究すれば、それらの相対的な区別がすぐにできるようになるだろう。

すなわち、2つの天井がほぼ同じ水準にあり、その期間もそれほど離れておらず、その間の谷も浅ければ、おそらくこのパターンは保ち合い型であろうと予想される。またはその後にトレンドの反転が続くのであれば、この天井圏ではもっといろいろなパターンが形成されるだろう。一方、最初の天井を付けたあとで長くゆっくりした、やや丸みを帯びたような深い押しがあり、それから株価が再び先の高値水準に向かうときの足取りが弱ければ、少なくともダブルトップではないかと察しがつく。

　2つの天井に挟まれた谷の深さはどの程度なのか、2つの天井の期間はどのくらいかなどの点については、残念ではあるが明確に答えることはできない。しかし、それに近い答えは出せるだろう。2つの天井が1カ月以上も離れていれば、おそらく保ち合いや揉み合いパターンではない。さらに2つの天井に挟まれた谷が天井から20％ほど安いところにあれば、ダブルトップの可能性が高い。ただし、この2つの基準は恣意的なもので例外もある。2つの天井が2〜3週間しか離れていない場合もあるし、その間の谷が最高値から15％ほどしか低くないこともある。ほとんどのダブルトップの天井は2〜3カ月以上離れて形成される。一般には2つの天井の期間のほうがその間の谷の深さよりも重要である。2つの天井の期間が長ければ、その間の下落幅はそれほど深くなくてもよい。

　以上の条件（2つの天井が同じ水準で1カ月以上離れて形成され、一番天井よりも二番天井の出来高がやや少なく、2つの天井に挟まれた谷が幾分ゆっくりしていて不規則に丸みを帯びていること）が満たされるならば、反転型のダブルトップであると考えてもよい。よく見られるケースに二番天井で小さなヘッド・アンド・ショルダーズや下降三角形が形成され始めることもあるが、そのようなときはすぐに現在の株価近辺にストップを入れるか、またはもっと有望な株式に乗り換えるなどして買いポジションを守るべきである。

　これらの条件をすべて考慮しても最終的で決定的な条件とはならないが、このパターンにはまだ救いようがある。この形が形成されているときに、その裏で何が起こっているのかを推測してみよう。一番天井が形成されるときは出来高が増加するが、これはその水準でそれ以上の上昇を抑えて株価を下落させようとする多くの売り物が控えていることを意味する。もちろん、そのなかには利益確定の売りも数多く含まれている。そこでは少し下げただけで株価は再上昇に向かうことになる。しかし、株価が一番天井から15％以上安くなるまでじりじりと下げたあと、力強い上昇もなく横ばいをするようなときは買い方の力が尽きてしまったか、または売り物が当面の利益確定によるものでないのは明らかである。そこで問題になるのは、最初の天井が売り抜けの形跡を示していないかどうか、そして同じ水準にさらに多くの売り物が控えていないかということである。

　しかし、結果的には買いが浮動株を吸収して株価は反転した。再上昇した株価が一番天井の水準に近づくと、心理的な理由からも再び売り物が増えるので、目先筋の多くは当然その水準では利食いに出るだろう。そして株価がその水準を上抜いて、さらに新高値を追う展開になれば再出動するだろう。このような理由から、その水準では少しためらいが見られるのは当然である。これに対し、そこで大量の売り物が出て再び大きく下落すれば、状況はまったく別の展開となる。2つの天井圏の供給（抵抗圏）とその間の谷の需要（支持圏）はこのように定義される。そして最終的で決定的な問題は、谷の支持線が機能して2回目の下げを食い止められるかどうかということである。

　ダブルトップはこの問題に対して「ノー」と言うことで明確に定義される。株価が二番天井から下落して谷の水準を割り込めば、上昇から反転下降トレンド入りのシグナルとなり、通常ではかなり重要な示唆である。はっきりと確認できるダブルトップは中期トレンドの反転のときにはめったに現れず、それはメジャートレンド反転に特有のパ

図80　真の反転型のダブルトップとなるには、2つの天井を挟む長い期間という条件を満たさなければならず、日足チャートではそうしたパターンはめったに見られない。しかし、1946年のこの株のパターンはその数少ない好例である。2つの天井の間の5カ月という期間と20%の下落幅に注目。このチャートはテクニカルパターンとしてはきれいな形ではないが、ここには多くの興味深い示唆が含まれている。二番目のトップを構成している6〜7月の拡大型の逆三角形（第10章を参照）と8月の円形天井は、この相場が極めて弱い基調であることを示している。

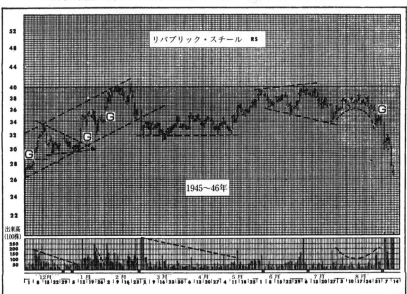

図81　90ドル前後で取引されていたアメリカン航空株は、1946年4月に5対1
　　　の株式分割を実施したあと新高値圏に進んだ。しかし、1945年12月の高
　　　値を最初の天井とするダブルトップの形が次第に明らかになり、それは
　　　株価が1946年8月28日に谷のネックラインを下抜いたことで確認された。
　　　一般に株式分割に伴う買い人気はあまり長続きしないもので、それが全
　　　体の形を一時的に不明確なものにした。

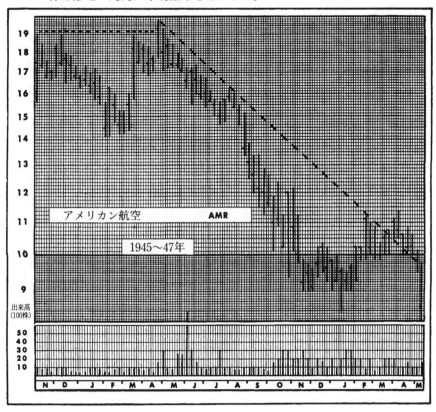

ターンである。したがって、それがダブルトップであると確認された
ときは絶対に軽視してはならない。たとえ株価が一番天井から20％以
上下げていても、底値に達するまでにはさらに続落するだろう。

　ダブルトップの値幅測定に関してはヘッド・アンド・ショルダーズ
や三角形に匹敵するような方式はなく、株価は少なくとも天井から谷
までと同じ距離だけ谷の水準から下落すると考えられる。もちろん一
本調子の下げとはならず、一連の値動きで下値目標値に届くにはかな
りの時間がかかるだろう。株価が最初に下放れたあとで、谷の水準ま
で戻すのはよくあることである。一般に反転型のダブルトップでは、
それまでの上昇幅と同じ距離だけ下げる可能性がある。

　もうひとつのポイントは、2つの天井が同じ水準である必要はない
ということである。既述した3％のルールをここでも適用する。例え
ば、一番天井が50ドルで二番天井が51 1/2ドルであれば、ダブルトッ
プの条件は十分に満たしている。二番天井が一番天井よりも少し高い
ことはよくあることで、重要なポイントは、①買い方が一番天井を決
定的な値幅で上回わらせることができない、②谷の支持線が下抜かれ
る——ことである。

ダブルボトム

　ダブルボトムを確認するにはダブルトップのすべての条件をそのま
ま適用すればよいが、もちろんその形は逆になる。この2つのパター
ンの違いは、ちょうどヘッド・アンド・ショルダーズ・トップと同ボ
トムのようなものだと考えればよい。すなわち、一般にヘッド・アン
ド・ショルダーズ・トップの二番目の下落では出来高が少なく、谷の
形はやや丸みを帯びているが、ダブルトップの二番天井では出来高も
相応にあり、その形は一番天井と同じく鋭くとがっている。

　ダブルボトムの二番底からの上昇では出来高が増加し、2つの底に

図82　上昇メジャートレンドの出発点となった反転パターンで、その後株価は
54ドルまで上昇した。上昇三角形がどのようにダブルボトムになったの
かに注目。

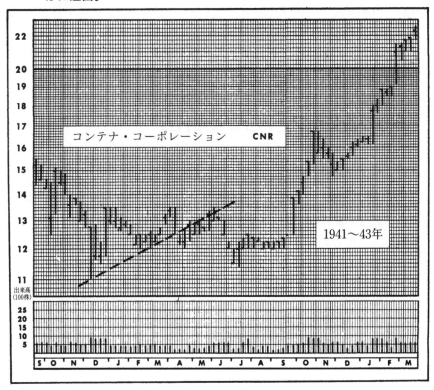

コンテナ・コーポレーション　　　CNR

1941〜43年

挟まれた山の水準を上抜くときに急増する。ダブルボトムはメジャー
トレンドの反転局面ではダブルトップと同じ頻度で現れるほか、上昇
メジャートレンド途上の調整局面の最後にもときどき見られる。もし
も皆さんがウォール街の用語に詳しければ、ダブルボトムの二番底は
よく「試し（テスト）」と呼ばれていることはご存じであろう。ある
意味ではまったくそのとおりであり、そこは一番底とほぼ同じ水準で
株価の下げを食い止めるための試し、または支持（買い）の強さを確

認するところである。この試しが成功するかどうかは重要なポイント
である。株価が大商いを伴って山の水準（2つの底に挟まれた直近の
高値）を上抜くまでは分からない。真の上放れが起こるまで2回目の
試し（三番底）、または3回目の試しが必要になるかもしれず、また
これらの試しが失敗して株価が谷の水準を割り込んでさらに下落する
可能性もある。

トリプルトップとトリプルボトム

　ダブルトップがあれば、それと幾分似た形のトリプルトップがある
と考えるのは理論上からは当然であろう。トリプルトップとしてしか
分類されない反転パターンが現れることもあるが、その可能性はかな
り低い。もちろん、3つの天井を持つフォーメーションで上昇から下
降に転換する重要な局面で形成されるパターンはたくさんあるが、そ
れらの多くは長方形の範疇に分類されてしまう。例えば、特にヘッド
がフラットで両肩の水準からあまり飛び出していないヘッド・アンド
・ショルダーズ・トップは、一種のトリプルトップと呼ぶこともでき
るだろう。

　（3つの天井を持つその他のパターンと区別された）真のトリプル
トップは、ダブルトップとかなり似ている。3つの天井は広がってい
て、天井に挟まれた谷はやや深く、その形は丸みを帯びている。出来
高は一番天井よりも二番天井のときに少なく、三番天井ではさらに細
って上げ足も弱まる。3つの天井はダブルトップほど離れていたり、
また同じ間隔である必要はない。二番天井は一番天井の約3週間後に
現れ、三番天井は二番天井から6週間以上たってから出現するかもし
れない。天井に挟まれた谷も同じ水準である必要はなく、一番底が二
番底よりも浅くても深くてもよい。3つの天井の高さについては、こ
こでも3％の許容範囲のルールが適用できる。しかし、これらのさま

ざまな許容条件を認めたとしても、全体の形を見ると疑わしいがかなり似かよっているパターン、すなわち経験豊富なチャーチストが見るとすぐにトリプルトップと分かるようなパターンも存在する。

その決定的な試しは、三番天井からの下げが谷の水準（2つの谷が異なる水準であれば、低いほうのところ）を下抜くことである。これが起こるまではトリプルトップの確認とはならず、谷の水準に多くの買いが控えているかぎり、株価がさらに上に向かう可能性もある。三番天井で出来高が著しく細り、その後の下げに拍車がかかって弱気の基調がはっきりしたときに初めてトリプルトップの完成が確認される。

トリプルボトムはダブルボトムと同じ特徴を持ち、トリプルトップの条件を逆にしたものである。すなわち、三番底では出来高が少なく、大商いを伴ったそこからの上昇は山の水準を決定的に上抜かなければならない。ほかの多くの株式チャートが明らかに強気基調を示しているときでなければ、トリプルボトムを想定してそれが完成しないうちに買い出動するようなことは避けるべきだ。「トリプルボトムは常に崩れる」という諺もあるように、このパターンを見越した早まった買いは危険である。しかし、この諺は実際には真実ではない。いったん真のトリプルボトムが形成され、必要条件である上放れが確認されれば、めったに逆行するような動きはなく、その後の株価はかなり大きく上昇するものである。ただし、未完成の可能性が高いトリプルボトムは危険であり、上記のような上放れの条件を順守することが大切である。

トリプルトップはときにW型パターンとも呼ばれる。これはトリプルトップが大文字の「W」に似ているからである。このほかダブルトップとトリプルトップのハイブリッド型のようなパターンもあり、これは真ん中の天井が一番天井と三番天井の水準に達しないもので、いっそう「W」に似ている。同じ理由からダブルトップもときにM型パターンと呼ばれることもある。ダブルトップやトリプルトップの天井

図83　特有のパターンとしてははっきりしない形であるが、この年の3回目の
　　　安値試しとなった9月には大商いを伴った1日の反転パターンが出現し
　　　た。テクニカル的には紛らわしい形ながら、基本的には反転上昇のスタ
　　　ートとなった1日の反転によるトリプルボトムである。

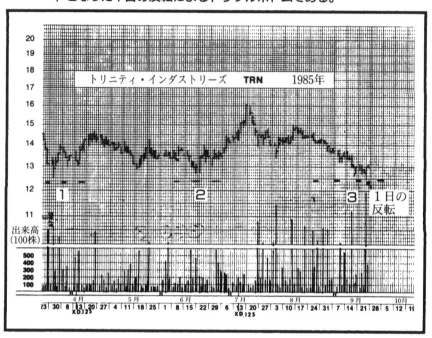

は通常では時間的にかなり離れて形成されるので、日足チャートより
も週足チャートのほうが見つけやすい。月足チャートには大きく広が
ったダブルトップやトリプルボトムがよく現れるが、その形は荒すぎ
てあまりはっきりしない。

　トリプルトップに関する以上の検討をしているとき、われわれはあ
る種の直観というものを念頭に置いた。直観とは経験を通して身につ
くものであり、これによってテクニカルアナリストはある反転パター
ンの可能性をときにそれが完成するずっと前に見分けることができる。

図84　パブリッカー株はNYSEに上場後、わずか数週間で大天井を付けた。その後下降三角形を形成し始めたが、下限から急上昇し、結局1946年8月に株価がネックラインを下抜いてトリプルトップが完成した（図60と図82を参照）。

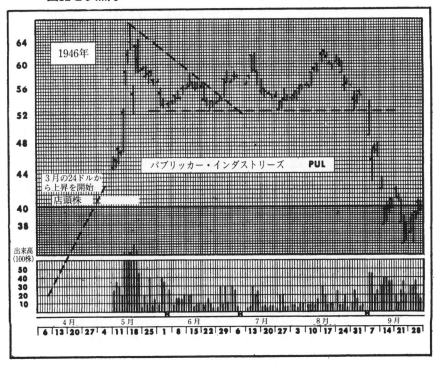

これは特殊な才能ではないが、緻密な研究を長い経験（それには高価な授業料も含まれる）がなければ習得できない才能である。読者の皆さんは「チャートセンス」を磨くのに高い授業料を支払ったり、または絶望を味わったりする必要はない。ただしチャートの研究に専念し、そこに現れたさまざまなパターンの形成プロセスを何度もチェックしながら、自分で多くのチャートを引かなければならない。

　チャートパターンを読み取ることは、科学ではなく芸術であるとい

図85 底のパターンでよく見られるように、このときも10カ月の長期にわたってわずか1ドル幅でしか株価が変動しなかったことから、多くのトレーダーはこれに注意を向けなかった。確かにここでは短期間に大きな利益を上げられるようなチャンスは存在しないだろう。普通目盛りのチャートでは、このようなパターンの値動きを詳しくフォローすることはできない。しかし、対数目盛りのグラフを使えば、極めて低位の株式の変動率も読み取れるという大きなメリットがある。底と底の期間、その間の上昇率、出来高などに関する細かい点もトリプルボトムの条件を満たしているのがよく分かる。もちろん、1942年10月にこのパターンが完成したとき、このチャートからこの株が最終的に33ドルまで上昇するとは予測できなかった。しかし、ほかの多くの株式もこの時期にもっと高い水準で完全な大底型を形成していたという事実は、ナショナル・ジプサムもこれから上昇に向かうことを予想させるものであり、5ドルは安い買い物であるという結論を裏付けている。

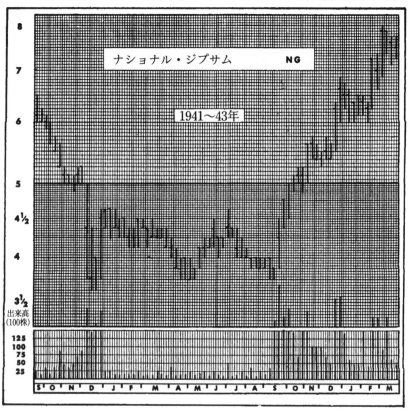

われる。確かにチャートパターンには例外のないルールはないので厳密な科学ではない。しかし、そこにはルールや原則では表すことができない素晴らしいメリットがある。多くの要因を評価するには判断力が必要であり、それらのあるものはほかの要因と大きく矛盾しているものもある。もっとも、チャートパターンを読み取るそのような判断力を芸術と呼ぶのは適切ではない。芸術には天賦の才、または少なくとも高度な才能が求められる。ここで必要なものはむしろ技能であり、このような技能は普通の知性があればだれでも身につけられるものである。

第10章
その他の反転パターン
Other Reversal Phenomena

　われわれはこれまで、株価のトレンドが反転する重要な局面で現れる次のようなチャートパターンについて検討してきた。

１．ヘッド・アンド・ショルダーズ

２．複合型と複雑な形のヘッド・アンド・ショルダーズ

３．円形反転パターン

４．対称三角形

５．直角三角形

６．長方形

７．ダブルトップ（ボトム）とトリプルトップ（ボトム）

８．１日の反転

　このうち１、２、３、７は主にメジャートレンドの反転局面、４、５、６は修正トレンド局面によく現れる。また１、２、３、５はそのパターンが完成する前にその後の株価の方向を示唆し、４と６はそのようなシグナルは出さず、反転型というよりは保ち合いまたは継続パターンである。しかし、これらのパターンが大天井や大底で現れることもある（**注**　８のパターンは主に上昇や下降の行きすぎた局面のあとに現れる）。このほかにも検討しなければならないいくつかのテクニカルパターンがある。これらのパターンは、その効果が限定的であ

る、たまにしか現れない、長期投資家にとってあまり利用価値がない
かもしれない――などの理由で、検討順序を最後にしたのである。

拡大型パターン

　第8章で三角形を検討したとき、「逆三角形」と呼ばれる揉み合い
パターンまたはトレーディングレンジについて言及した。このパター
ンは極めて幅の狭い動きから始まり、上限線と下限線が収斂するので
はなく、逆に次第に拡大していくものである。われわれはこの形を別
個に「拡大型パターン」として分類した。このフォーメーションは一
見したところ単に三角形を逆にしただけの形であるが、その性質もそ
れが示唆するシグナルもまったく違うので、ここで別個に拡大型パタ
ーンとして検討する。

　対称三角形がシグナル待ちの「迷い」の形、長方形が一定レンジで
の買い方と売り方の「衝突」を表しているとすれば、この拡大型パタ
ーンははっきりした買い方と売り方が存在しない不確実な局面を表し
ているともいえる。これは大衆が熱狂のなかで飛び交ううわさに踊ら
されているような状態である。拡大型パターンが形成される状況が明
らかなときもあれば、その形成理由がはっきりしないこともある。そ
れにもかかわらず、一般にこのパターンが長期の強気相場の終わりや
最終局面だけに現れるという事実は、このパターンの大きな特徴であ
る。

　約20年間にわたってさまざまなチャートパターンを研究し、この拡
大型パターンが形成されたあとに何が起こるのかを詳細に調べた結果、
この形は明らかに弱気相場の始まりを意味するという結論に達した。
このあとで株価がさらに上昇するようなことがあっても、この局面は
危険な段階にさしかかっていることを意味している。この形がチャー
トに現れたときは、その株式に対する新規投資は避けるべきであり、

図86　メジャーな強気相場の後半の熱狂的な局面で形成された拡大型の逆対称
　　　三角形。このパターンは1945年12月に10％の押しがあったあとで形成さ
　　　れ始めた（これが上昇後の天井圏で形成されたとすれば、拡大型の天井
　　　になったかもしれない）。この株は全体として弱い基調にあったが、6
　　　月には49 1/2ドルの高値を付けた。

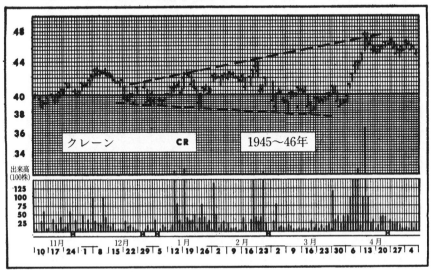

持ち株があれば別の株式に乗り換えたり、またはその後に値上がりし
たところで現金化すべきである。

　拡大型パターンは対称三角形、上昇（上向き）三角形、下降（下向
き）三角形のいずれかを逆にしたような形となる。例えば、対称三角
形の拡大型は真ん中の水平軸を上下する一連の動きで形成され、それ
ぞれの目先天井は直近の天井よりも高く、目先底は直近の底よりも低
い。このようにこのパターンはチャートの左から右に進むにつれて、
次第に上向きになっている上限線と下向きになっている下限線の2本
の線で大ざっぱに区分される。本来の対称三角形は規則的でコンパク
トな形をしているが、この拡大型パターンは不規則で締まりのない形

になっている。また対称三角形の収斂する上限線と下限線ははっきりしており、そのパターン内の目先天井と底はかなり正確に上限線・下限線上に位置している。これに対し、拡大型パターンでは上昇・下降する株価が上限線・下限線のあたりで止まるわけではない。

拡大型パターンの出来高

　三角形と拡大型パターンのもうひとつの相違点は出来高パターンである。すでに検討したように、真の三角形が形成されているときの出来高は漸減する。三角形の出発点となる最初の反転ポイントでは出来高は増加するが、株価が頂点に近づくにつれて値動きは狭くなり、また出来高も減少傾向をたどる。そして株価が三角形を上放れるときに再び急増する。一方、拡大型パターンでは形成期間の全体を通して出来高は高水準であるが、その傾向は不規則である。拡大型パターンが株価の上昇後に形成されるときは、その出発点となる最初の反転ポイントだけでなく、その後の上昇のときも出来高は増加するし、どの目先底でも大商いである。拡大型パターンの全体の形は、値動きも出来高の傾向も荒く不規則である。

　このような状況であるため、拡大型パターンから真のブレイクアウトの時期を予測することはまったく不可能ではないにしても、かなり困難であるのはすぐに分かるだろう。出来高パターンからも何の手掛かりも得られず、また株価のパターンも不明確で一貫性がないので、「株価はこれ以上上昇（または下降）しないだろう」といえるような上限線や下限線を引くこともできない（ここでは上下対称の拡大型パターンだけについて検討している）。もちろん、このパターンから株価が上下のいずれかに大きく放れたら、それがブレイクアウトであることははっきりと分かるが、株価がすでに遠くに行ってしまったときに出動したのでは遅すぎる。それならば、このような拡大型パターン

についてはどのように対処すべきだろうか。この形が弱気相場を意味することはすでに指摘した。このパターンは上昇トレンドの大天井やその近辺で形成されることが多いので、株価が最終的にそこからブレイクアウトするときは当然のことながら下放れになるだろうし、仮に上放れてたとしてもすぐに反転下降するだろう。これが拡大型パターンに対してどのように対処すべきかという問いのひとつの答えである。

さらに拡大型パターン内の株価の動きは、上下のどちらにブレイクアウトするのかを事前に示唆してくれる。株価がそこから下放れるときは、このパターン内の最後の上昇は直近の高値に達することができず、それまで続いてきた一連の高値更新がなくなる。一方、株価がそこから上放れるときは最後の下落は直近の安値までは下げない。こうした「その前の水準に届かない株価の動き」はほとんどの拡大型パターンで見られる。しかし、このような重要な動きも株価が実際にそこから放れるまでは、もっと正確に言えば株価がその方向のクリティカルな地点から決定的な値幅（ここでも3％ルールが適用される）で放れないかぎりシグナルの確認とはならない。

典型的な実例

これまでの説明は少し分かりにくかったかもしれない。拡大型パターンの「その前の水準に届かない株価の動き」を視覚的に理解するには、実際の数字で説明したほうがよいだろう。特に読者が自分でチャート用紙に次の数字を記入していけばいっそうよく理解できるだろう。仮にXYZという株式があるとする。この株式は徐々に出来高を増やしながら約30ドル上昇して62ドルを付けたが、そこでは大量の売りが出て58ドルに下落した。しかし、この株の人気は高いので58ドルで下げ止まり、その後に急反発して63ドルの新高値を付けた。そこで1〜2日揉み合ったあと再び下落したが、またも多くの買いが入って56

1/2ドルで止まった。3回目の上昇で株価は62ドルに上昇したが、そこで気迷ったあと59ドルに下げた。それから再上昇して65ドルに達したが（もちろん、このときまでに拡大型パターンが形成されていることははっきりしていた）、そこでの大商いで株価はすぐに60ドルまで下落、その水準でしばらく支持されて3～4日間は60～62ドルで揉み合う。その後再び下げて56ドルで引けたが、この間の出来高は高水準に達した。4回目の上昇が始まったが、その前の下げ局面で60ドルで買った投資家が収支トントンで売ろうと待ちかまえていたので、株価は60ドルで上げ止まった。そこから再び下げ始め、拡大型パターンの直近の安値を下回る55ドルまで下げた。これによって先の上昇が「その前の水準に届かない株価の動き」であることが確認された。すなわち、株価は65ドルを上抜いて新高値を付けることができず、これ以上拡大の動きを続けることができなくなった。56ドルまでの下げはその前の水準に届かない動きであり、これは下放れであるとみなされる。

　この経緯をさらに詳しく分析すると、このパターンのなかに最終的な結果には影響を及ぼさなかった小さな動きがあることに気づいたであろう。例えば、56 1/2ドルから65ドルまでの上昇は実際には3つの動きから構成されていた。最初は56 1/2ドルから62ドルまでの上昇、次に62ドルから59ドルまでの下落、そして59ドル～65ドルまでの再上昇である。62ドルからの下落は56 1/2ドルより高いところで下げ止まり、先の高値である63ドルを上抜いて新高値を付けたので何の意味も持たなくなった。

　このような例は普通に見られるもので、株価が上昇してもその前の水準に届かずに最終的に下放れた。しかし、最後の下げが60ドルで止まり、その後2～3日にわたり60～62ドルで揉み合ったあと下放れる代わりに、逆に上昇して65ドルを上抜いたら反対の形になっていただろう。このような動きはその前の安値水準まで下げない上放れとなる（しかし、拡大型パターンから上放れたあとの最終的な天井は、そこ

からそれほど離れたところではない)。

オーソドックスな拡大型の天井

これまで拡大型パターンの一般的な特徴について検討してきたが、このパターンにはもうひとつの特殊な形がある。このようなパターンは1929年の大天井で人気を集め、大商いの株式に現れた。しかし、それ以降の強気相場の高値で現れることは少なくなり、1933〜34年の長期の修正下降トレンド局面に先立つ天井圏ではほとんど見られなくなった。この形はテクニカルアナリストの間で「拡大型の天井」という特別な名前で知られている。これは逆対称三角形と同じ特徴を持つが、かなり明確に定義できるうえ、テクニカル分析に関する文書にもよく引用されるので、もう少し詳しく検討してみよう。

オーソドックスな拡大型の天井は、直近の高値を上回る連続した3つの天井と、その間に直近の安値を下回る2つの底を持つ。三番天井からの下落が二番底の水準を下抜けば直ちに拡大型パターンの完成となり、重要な反転シグナルが確認されたことになる。このパターンが具体的にどのようなものであるのかは、1929年に形成されたいくつかの典型例を見るとよく理解できるだろう。**図87**は1929年7月1日〜12月31日のエア・リダクションの日足チャート（株価と出来高）である。この拡大型の天井の重要な転換点には1〜5の番号が付してある。この拡大型パターンは10月に終わったが、もちろん株価が二番底（図の4）から上昇し始めるまではこれが拡大型パターンであることは分からなかった（このときまで3は1より上方に、4は2より下方に位置していた）。新高値5（aとb）に続くB（4を約6％下回る）が明確な下放れとなってこのパターンは完成し、メジャートレンドの反転下落のシグナルとなった。チャートを見ると、エア・リダクションの株価は10月18日の220ドル以上から約4週間後の11月14日には80ドル

図87 35年前に形成されたこの独特なメジャートレンドの反転パターンは、きれいに形成されたこととそのスケールの大きさで、拡大型天井の典型例としてわれわれの基本的なモデルになっている。7～8月の対称三角形、ランナウエーギャップ（RG）、ブレイクアウエーギャップ（BG）、エグゾースチョンギャップ（EG）などに注目（これらのギャップについては第12章で検討する）。

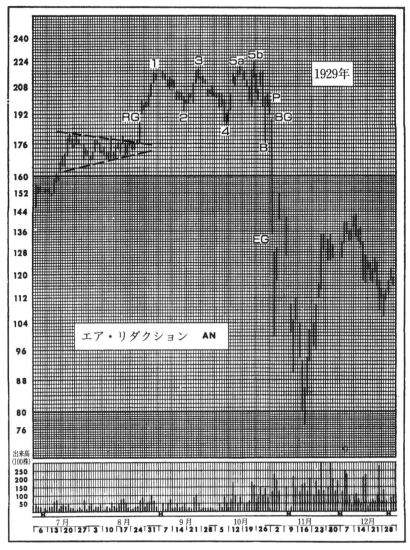

図88　小さいながら完璧な形の拡大型天井。全体として拡大パターン（弱気基調）をたどった３カ月間の最終局面で形成された。５つの重要な反転ポイントはチャート上に番号が付けてある。８月27日の下放れに続いて大きな戻りがあったが、その上昇幅は通常の範囲内にとどまった。もうひとつの興味ある1946年の拡大型天井の好例は図217に見られる。

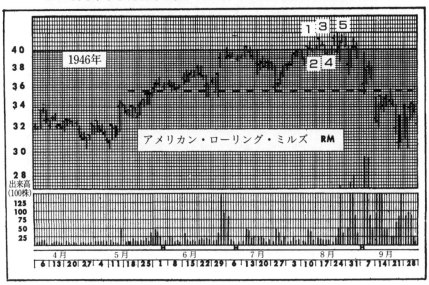

以下に急落し、３年後の1932年に大底を付けるまで下げ続けた。

　この古典的な実例にはいくつかの注目すべきポイントがある。まず最初に新高値（三番天井の５ａ）を付けたあと下落したが、４よりずっと高い水準の195ドルで下げ止まって再上昇した。この動きは既述した上放れの前兆（その前の水準に届かない株価の動き）のように見えた。しかし、株価が先の天井を決定的に上抜くまではそのような示唆を信用してはならない。株価はザラバで５ａより２ドル（３％弱）高い223ドル（５ｂ）を付けたが、その日の終値では５ａを下回った。10月24日の（Ｂまでの）下放れは４の水準よりも３％以上の下げ幅と

図89　週足チャートに現れた拡大型の天井。この図のようにはっきりしたコン
　　　パクトな形を形成したときは、極めて強力な反転を示唆している。5の
　　　天井は日足チャートのヘッド・アンド・ショルダーズの一部になってい
　　　る（図16を参照）。点線はトレンドライン（第14章で検討）を表す。

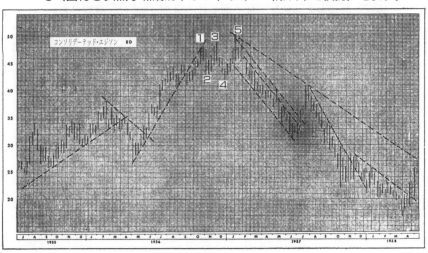

　なり、ここで典型的な拡大型の天井が完成した。Pまでの戻りは、パ
ターン内の最後の高値（5b）と最初の下放れの終値（B）までの下
げ幅の半値戻しとなった。われわれの経験によれば、拡大型の天井で
は5例のうち少なくとも4例まではこのような戻りがあり、その場合
は通常では半値戻しまたはそれ以下、ときに3分の2の戻りもある。
　前にも言ったがこれは古典的な例であり、その当時はほかにもまだ
たくさんの例があった。拡大型の天井は歴史上で最も悲惨な損失をも
たらした1929年のピークで数多く形成されたので、テクニカルアナリ
ストはこのパターンが超弱気相場を示唆するものと考えている。しか
し、このパターンから測定される下値目標値は大商いを伴った大きな
ヘッド・アンド・ショルダーズ・トップほど大きくはない。とはいっ

図90　月足チャートに現れた拡大パターンがまるで週足チャートで見るように、あまりにも広がった形（2つの天井の期間が5〜6カ月にも及ぶ）をしているときは、テクニカルパターンとしてはあまり重要性を持たない。拡大型天井が反転を示唆するときは、図89のように、天井と天井が2カ月以上離れてはならない。

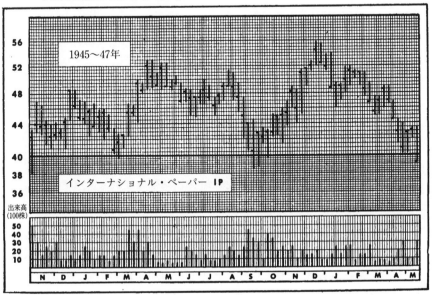

ても、このパターンが上昇メジャートレンドの最終段階に現れる特有のパターンであることに変わりはない。

　三番天井（5）からの押しが二番底（4）の水準を下抜いたときにこの反転パターンが完成するといえば、これまでの経験に照らせば厳格すぎる条件だと思われるかもしれない。こうした条件を設けるのは、このパターンではときに株価がそのまま上昇して四番天井の新高値を付けることがあるからである。しかし、このパターンの全体的な示唆は明らかに弱気であり、持ち株があれば直ちに手仕舞うべきである。

　3つの目先天井があるという条件は、それまでのトレンドの方向に少

なくとも3回株価を押し上げようとする試みが終わらないうちは、メジャートレンド反転の完成とはならないというのがその理由である。初期のテクニカルアナリストの多くもこのパターンの形成プロセスを「5つの反転ポイントを持つ」と定義していた。確かに拡大型の天井には5つの反転ポイントがあり、ヘッド・アンド・ショルダーズ・トップもそのような形になっている。その意味ではこの拡大型パターンは右肩が高く、ネックラインが下向きのヘッド・アンド・ショルダーズ・トップと呼ぶこともできる。

なぜ拡大型の底はないのか

　これまで検討してきたその他の反転パターンはいずれも天井と底のどちらにも現れ、メジャートレンドが下降から上昇、または上昇から下降に転換するときに形成される。しかし、こうしたことは拡大型パターンには当てはまらない。拡大型の底も存在するはずだと考えられていたが、われわれが長年にわたって数千の個別株式のチャートを調べたところ、これだというものを見つけることはできなかった。ただ平均株価のチャートにそれらしきものを1つか2つ見つけただけである。以上のことから、拡大型パターンを形成する環境は株価の長い低迷のあとには存在しない。このことは、大衆が熱狂的に株式の売買を行うことによってこのパターンが形成されると先に述べたことを裏付けるものである。このような局面は当然のことながら強気相場の最終段階である。

拡大型の直角三角形

　水平な上限または下限を持つ「逆三角形」は対称三角形と同じくらいの頻度で現れるが、真の三角形や長方形ほど頻繁には出現しない。

このパターンは20世紀半ばのこのごろではほとんど見られなくなった。上限線が水平で下限線が上向きの直角三角形は上昇三角形、下限線が水平で上限線が下向きの三角形は下降三角形と呼ばれる。しかし、逆三角形や拡大型パターンにはこのような言い方は適用できない。一般に拡大型の直角三角形は上限線・下限線のどちらかが水平であるかどうかなどは重要ではなく、逆対称三角形とほぼ同じ程度に弱気の基調を示唆している。

しかし、逆対称三角形と基本的に異なっているのは、水平サイドで

図91　1945年2～3月の3回にわたる押しでは次々と安値を更新した。しかし、その間に株価は同じ水準の高値（約21 1/4ドル）まで戻し、このように上限（供給線）が水平な拡大型の直角三角形を形成した。4月16日の上限からの上放れは、テクニカル的に重要な強気のシグナルである。水平の上限線は必ずしも弱気の基調を意味するわけではない。

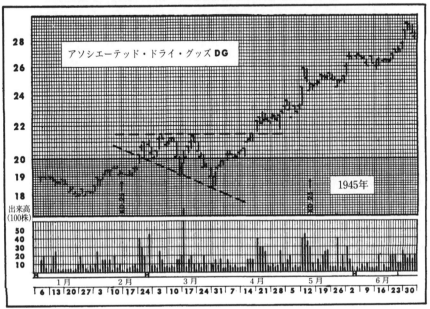

図92　パラマウントの1946年の天井で、下限線が水平な拡大型の直角三角形を
　　　形成した。6月初めに下限を下抜いたあと一時的に戻したが、6月20日に
　　　は決定的に下限を突破し、1年後には46ドルまで下落した（その後に2対
　　　1の株式分割が実施された）。

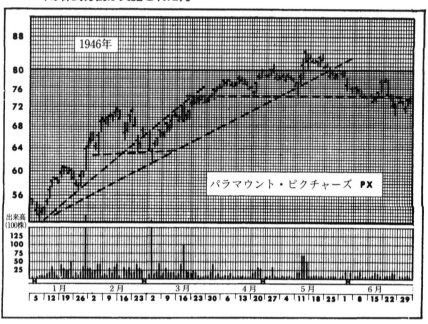

はその価格で株の買い集めまたは売り抜けが行われていると考えられ
ることである。このため水平サイドが決定的にブレイクされると、そ
れは理論的に極めて重要な意味を持つことになる。例えば、株価がか
なり上昇したあとに上限の水平な逆直角三角形が形成され、最終的に
大商いを伴って株価が上限を決定的な値幅（約3％）で上抜いて引け
れば、それまでの上昇トレンドが再開してそこからかなり大きく上げ
るだろう。もっとも、こうしたことが起こることはほとんどなく、そ
の逆になるケースが多い。すなわち、水平な上限線を形成した売り抜
けの勢力が勝って、株価は下放れたあとに大きく続落することになる。

図93　上限線が水平な拡大型直角三角形のもうひとつの例で、1945年末近くで
　　　形成された。株価はブレイクアウエーギャップを伴って上放れ、もうひ
　　　とつの同ギャップは12月3日に出現した。G-Gはアイランド（島）を表
　　　す。この株は1946年に63ドルの高値を付けた。

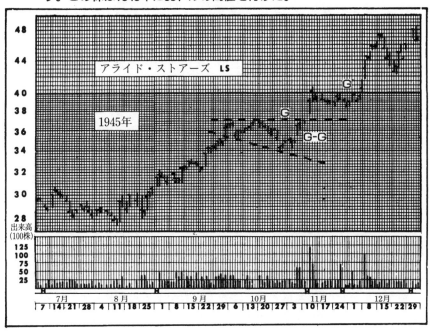

　もしも、上限線が水平な逆直角三角形から株価がさらに上昇してい
くとすれば、不規則な大商いが続くという拡大型パターンの特徴が表
れる代わりに、三番底では出来高が急減し、三番底や四番底は次第に
切り上がっていくだろう。これは第11章で検討する保ち合い型のヘッ
ド・アンド・ショルダーズ、すなわちトレンドの継続パターンである。
このような拡大型パターンが持ち株のチャートに形成され始めたら、
三番底は要注意である。もしも三番底が二番底を下回り、出来高がそ
れほど減少しなければ、次の戻り局面で手仕舞うべきである（株価が
最終的に上限線を上抜いて上昇していけば、いつでも同じ株式を買う

ことができる）。

　下限線が水平な逆直角三角形では、株価はほとんど下放れる。下放れてから数日または数週間後に株価が下限水準まで戻すこともあるが、これはヘッド・アンド・ショルダーズ・トップからの下放れのあとの戻りによく似ている。最初は下限線が水平な拡大型パターンであっても、三番天井と四番天井が切り上がっていかないときはヘッド・アンド・ショルダーズとして分類する。言い換えれば、すべてのヘッド・アンド・ショルダーズは拡大型パターンとして始まるのである。次の反転パターンを検討するときに、この関係を理論的に説明しよう。

ダイヤモンド

　ダイヤモンドの反転パターンはＶ字型のネックラインを持つやや複雑なヘッド・アンド・ショルダーズ、または数回株価が振れたあとでほぼ対称三角形に近い三角形に転換した拡大型パターンとして説明される。出来高に関するかぎり、後者の説明がよく当てはまる。この名称はこのパターンがダイヤモンドの形に似ているからであるのは言うまでもない。この形がチャートに現れたときは簡単に分かるが、それほど頻繁には出現しない。ダイヤモンドが形成されるのはかなり活発な相場局面であるため、大底の反転時期にはめったに現れない。この形が自然に形成されるのは大天井と長期の修正下落トレンド局面に先立つ取引が活発な高値圏である。複合型のヘッド・アンド・ショルダーズの多くは上限線・下限線がダイヤモンド型になっており、少し曲がったネックラインが引かれる。しかし、ヘッド・アンド・ショルダーズを無理にダイヤモンドと解釈しないほうがよい。Ｖ字型のネックラインは真っすぐなネックラインよりも早くブレイクアウトのシグナルを出す（したがって利益のチャンスも大きい）ので、ついついヘッド・アンド・ショルダーズをダイヤモンドと解釈したくなる。しかし、

図94　USスチールは1946年の大天井で3カ月にわたるダイヤモンドを形成した。この形はヘッド・アンド・ショルダーズにも見える。

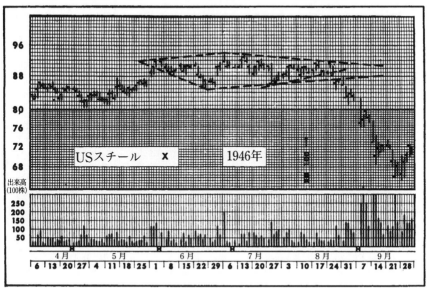

後半のV字型が収斂する上限線・下限線で短期の動きをきっちりとまとめた形にならないと、また三角形が形成されるときのようにその期間中の出来高が減少傾向にならないと、ダイヤモンドに似たパターンでもヘッド・アンド・ショルダーズと考えたほうが安全である。

　ダイヤモンドについてはこれ以上詳しく検討する必要はない。掲載したチャートを見れば、その典型的な形は分かるだろう。またヘッド・アンド・ショルダーズや三角形の値幅測定方式についてもすでに説明したので、ダイヤモンドの最小限の値幅目標値も自分で推計できるだろう。ブレイクアウトした株価は、少なくともダイヤモンドの天井（ヘッド）から底（V字型ネックラインの底）までの距離は動く。これは最小限の値幅測定のルールであり、全体としては反転パターンは反転するだけの何かがあるという一般原則に従う。しかし、通常では

253

図95 株価は11月に形成されたダイヤモンドの上限を上放れた。これは反転型
というよりは保ち合い型である。

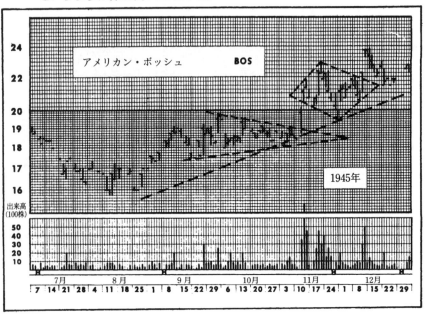

新しいトレンドの株価は最終的にはこの最小限の目標値よりもかなり
大きく動くものである。

ウエッジ

これまで検討してきたチャートパターンはメジャートレンドの転換
局面で形成されるもので、それらのいくつかはメジャートレンド反転
の局面以外ではほとんど現れない。ここでは通常の短期トレンド、長
くても修正トレンド局面で形成されるパターンについて検討しよう。
それらは株式の売買に当たってもかなり有効に利用できる。そのひと

図96 反転型のダイヤモンドは日足チャートよりも週足チャートのほうが見つけやすい。1946年5〜6月に形成されたダイヤモンドにおける株価の動きと出来高に注目。また1946年9月〜1947年2月に形成されたきれいな下降三角形と3月の頂点までの戻りにも注意。この戻りは絶好の空売りチャンスであった。

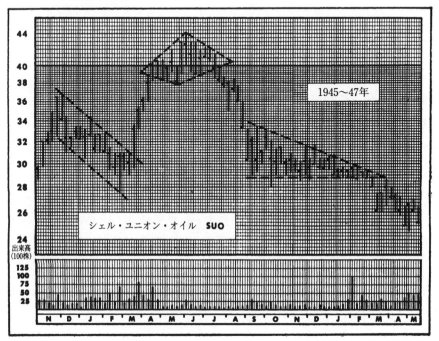

つは第8章で三角形にかなり似ているパターンとして取り上げた「ウエッジ（くさび形）」である。

ウエッジは収斂する2本の直線（ほとんどが直線である）に挟まれたチャートパターンである。しかし、上限線と下限線の両方が上向きまたは下向きになっているという点で三角形とは異なる。対称三角形では上限線は下向き、下限線は上向きである。直角三角形は1本の線が上向きか下向きで、もう1本の線は水平である。上昇ウエッジでは上限線と下限線の両方が上向きになっている。しかし、この2本の線

図97 ハドソンの1946年の強気相場は大きなダイヤモンドで終わった。もっと
も、これは複雑なヘッド・アンド・ショルダーズとも解釈できる。この
フォーメーションは週足チャートでははっきりと分かるが、日足チャー
トではあまり明確ではない。このダイヤモンドがヘッド・アンド・ショ
ルダーズよりも約2ドル高いところで売りシグナルを出したことに注目。
一方、1946年後半の14 1/2〜17 1/2ドルのところで弱い形の長方形が形
成され、その上値目標値は1947年2月にかろうじて達成された。

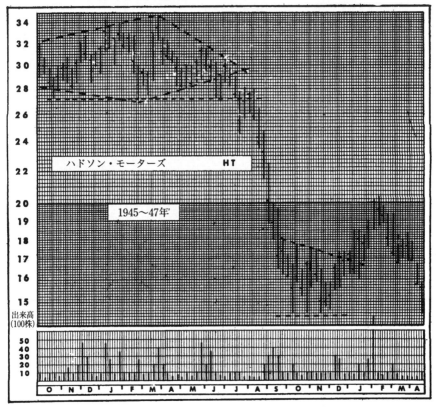

は交差するので、下限線は上限線よりも急勾配でなければならない（下降ウエッジはこの反対である）。

　上限線が水平で下限線が上向きである上昇三角形が強気を示唆するパターンであれば、両方の線が上向きである上昇ウエッジはさらに強力な強気のパターンであると考えられるが、実際にはその逆である。上昇三角形の上限線が水平であるということは、その水準で売り抜けようとする多くの株式が控えていることを意味する。この売り物が消化されると（上向きの下限線はそうした売り物が消化されていることを示す）、売り圧迫がなくなって株価は上昇する。一方、上昇ウエッジでは上抜くべきはっきりした売りの壁がなく、むしろ次第に買い意欲が弱まっていく形である。株価は上昇するが次第に上げ幅は小さくなり、最後には買いが尽きてトレンドは反転する。このように上昇ウエッジはテクニカル的には、次第に株価の動きが弱くなっていく状態を表している。

　もちろん、チャート上ではどんな形をしていようとも、株価が上昇していけばテクニカル的には相場の基調は弱くなっていく。株式を買いたい人はなるべく安く買おうとするし、売り方はできるだけ高値で売ろうとする。つまり、株価が上昇すれば供給が増加して需要は減少する（これは理論的には正しいが、実際には株価が上昇していけば、大衆の買いは減少する代わりに逆に増えていく）。ウエッジと通常の上昇トレンドチャネル（これについてはあとで詳しく検討する）の大きな違いは、上昇ウエッジにはすぐに限界点が来ることで、この上限線と下限線は株価が上げ止まったあとで下落する地点のすぐ近くで交差する。

　ウエッジについての基本的な条件はわずか数行で述べることができる。ウエッジは継続してきた上昇トレンドの短期的な天井、またはそれまでの下降トレンドの短期的な底で形成され、普通は完成するまでに３週間以上かかる。ウエッジの短いものは（次章で検討する）ペナ

図98　1937年8月の2回目の天井に近づくにつれて変動幅は次第に狭まり、上向きの2本のラインは収斂して出来高も次第に減少した。このパターン（ウエッジ）は明らかに弱気を示唆している。7～8月末の全体的な動きは基本的に円形の天井であった。3つのGはブレイクアウエーギャップを表す。最後のギャップ（9月7日）は株価が支持線を下抜くときに出現した。

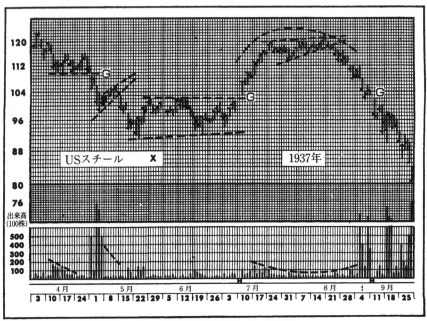

ントとして分類したほうがよい。ウエッジの場合、株価が大きく動くのは基点（ウエッジが最初に形成され始めた点）から頂点までの少なくとも3分の2の領域である。多くの上昇ウエッジの株価は頂点まで上昇するが、ときに反転下降する前の最後の上昇が頂点水準を少し超えることもある。株価がウエッジの下限線を下放れると、すぐに本格的な下げに入る。下限線を下抜いた株価はそのウエッジの上げ幅か、それ以上の値幅だけ普通は下落する。上昇ウエッジの出来高パターンは三角形と同じ傾向となり、株価が頂点に近づくにつれて出来高は漸

減する。

下降ウエッジ

　下向きであるという点を除くと、下降ウエッジはこれまで述べてき
た上昇ウエッジとすべての点でよく似ているが、ウエッジが完成した
あとの株価の動きは異なる。上昇ウエッジでは株価が下限線を下抜く
と急速に下落するが、下降ウエッジの場合は株価が上限線を上抜いて
も本格的に上昇し始める前に横ばいまたはソーサーのような動きとな
る。このため上昇ウエッジでは利益を上げるためには迅速な行動が求
められるが、下降ウエッジでは時間をかけて次の上げを取ることがで
きる。

　一方、次のような2つのパターンをチャート上ではっきりと区別す
る必要がある。株価の動きがコンパクトではっきりと一点に収斂する
形ではなく、上向き（または下向き）の傾斜が明確ではないパターン
はウエッジとしては疑わしい。どちらか1本の線がほぼ水平に近く、
直角三角形と見られるようなはっきりしない形もある。もちろん、直
角三角形であればその後のトレンドはウエッジとはまったく反対を示
唆する。この2つのパターンを正確に素早く区別するルールを決める
のは難しい。1本の線がほとんど水平であったり、日々の終値がほぼ
同じ水準にあれば、そのパターンは三角形として解釈したほうが安全
である。これについてはそれほど心配する必要はなく、チャートを少
し研究すれば次第に分かるようになる。そしてこの2つの異なるパタ
ーンの特徴が区別できれば、ほぼ直観的に正しい判断を下すことがで
きるだろう。

図99　ローズが1936年に形成した理想的な下降ウエッジ。出来高トレンドは不規則であるが、全体として減少傾向を示している。7月に小さなフラッグ（第11章を参照）、年末にかけては長方形を形成した。その後株価は長方形から上放れて75ドルに上昇した。

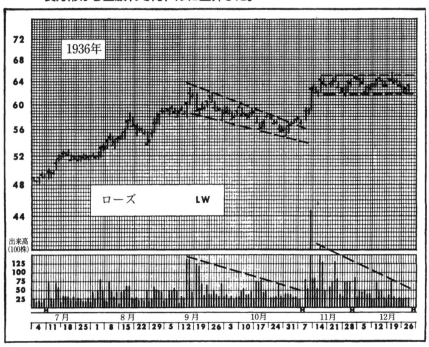

週足チャートと月足チャートのウエッジ

　真のウエッジはかなり短期間で形成されるので（3カ月以上かかることはめったにない）、月足チャートにはほとんど現れないが、週足チャートではときどき見ることができる。長く連続した下向きのトレンドは、普通目盛りのグラフに記入すると下降ウエッジのように見える。普通目盛りに記入した月足チャートの弱気相場も大きな下降ウエ

ッジにように見えるだろう。というのは、メジャートレンドを構成する上下の動きは比率ではほぼ同じであるが、金額で見ると高値から安値に下げるにつれて小さくなるためである。もちろん、このような大きなチャートパターンはここで検討している本来のウエッジではない。対数目盛りのグラフに記入すれば、このような同じ動きも一点に収斂するチャネルのような形ではなく、普通は平行または少し開き気味の形となる。

弱気パターンの上昇ウエッジ

最後に上昇ウエッジは反転下降局面でよく形成されることを付け加えておく。かなり大幅な下げのあと強気トレンドに転換したのかどうかが分からないとき、もしも上昇ウエッジがまだいくつか出現していたら、メジャートレンドはまだ下げ基調であると判断したほうがよい。下降メジャートレンドがヘッド・アンド・ショルダーズ・ボトムで終了し、株価が左肩からネックラインまで上昇したあと再びヘッド（最安値）まで下落する前に、よく上昇ウエッジが現れることがある。しかし、普通目盛りの週足チャートに出現する上昇ウエッジはほとんどが弱気パターンであり、それは相場の活力が次第に失われて目先の上昇トレンドがまもなく反転することを示唆している。

1日の反転

第6章で「1日の反転」として知られているパターンに言及した。この特殊なテクニカル反転シグナルは、それだけを単独で取り上げると単なる一時的なまたは強力な目先のトレンドと解釈される。事実、このパターンは長期の上昇トレンドのピークに現れ、それから長い下降相場が続くヘッド・アンド・ショルダーズ・トップのヘッドの最高

図100　ウエッジはメジャートレンドの反転型としてはめったに現れないが、シェンリーの1946年の大天井では8カ月に及ぶ上昇ウエッジを形成し、この週足チャートでもはっきりと確認できる。60ドルの水準に引かれた点線は支持線を表すが、これは9週間にわたって株価の下落を食い止めた。

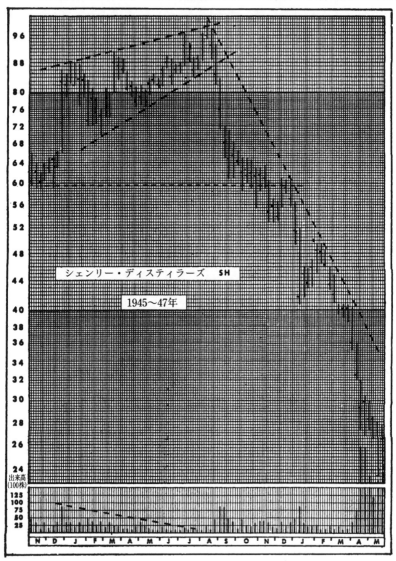

値の日に形成される。しかし、このパターンだけでその後の長期の下降を予測することはできず、それが実際に示唆するのはヘッドにおけるトレンドの転換だけである。この１日の反転は対称三角形の初期（一番天井）にも形成されるが、これはそれまでのトレンドの反転を意味するのではなく、単なる揉み合いのひとつの局面にすぎない。しかしそうであっても、このパターンは少なくとも強気筋の勢いが一時的に尽きたという警告を表すものである。１日の反転は下降相場のときはパニック売りの最終段階でよく現れるが、そのような局面は一般に「クライマックスデイ」または「セリングクライマックス」などと呼ばれる。こうした局面には特別な意味があるが、それについてはあとで検討する。それではこの１日の反転とはどのようなものなのか。

　まず最初に、１日の反転が形成されるのは著しい大商いができて、過去数カ月における１日の出来高をはるかに上回る日である。これは次第に増加する出来高を伴って長期の株価の上昇（または下降）のあとに現れる。その日の株価は何ものにも止められないような勢いで寄り付きから急騰する。その日の始値の出来高は前日終値の水準を大きく上回るとともに、チャート上に大きなギャップを形成する（ギャップについてはあとで詳しく検討する）。株価を知らせるチッカーテープは遅れ、株価の上昇（または下落）が止まるまでに、通常だと３～４日はかかる株価の動きが１～２時間で変動する。株価の上昇が最終的にストップするのは１時間後かもしれないし、その日の午後遅くかもしれない。それから株価は上下に小動きを繰り返して揉み合い、株価を知らせるチッカーテープの流れは依然として速いが、急騰によってときどき遅れる。その後に株価が突然反転し、それまでとは反対方向に向かう。その日の立ち会いは活況のうちに終わるが、終値は始値近くまで下げる。大商いのうちに１日の変動幅は２～３％にも達したが、前日終値を比べた値幅はほんのわずかである。

　大天井での１日の反転は品薄株のチャートによく現れる。こうした

図101　この12カ月に及ぶTWAの日足チャートからは、興味深くかつテクニカル的にも重要ないくつかのポイントが読み取れる。大天井を付けた1945年12月3日には1日の反転が出現し、それ以降の4週間には不完全な形の下降三角形が形成されたが、この1日の反転パターンは明らかな売りシグナルである。また11月に形成されたペナントにも注目。長い中期の下降トレンドは1946年8月に一時的に破られたが、反転を裏付けるほどの出来高が確認されなかった（第14章を参照）。この下降局面中には一度も買いパターンが現れていない。

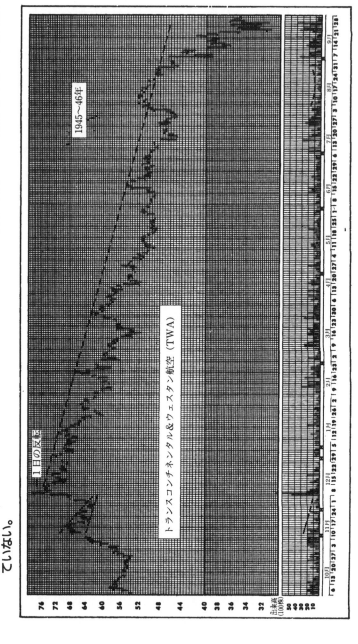

1945〜46年

1日の反転

トランスコンチネンタル＆ウェスタン航空（TWA）

浮動株の少ない株式は上昇ピッチが急激であり、大衆はその魅力に引き付けられる。１日の反転は平均株価のチャートにはめったに現れない。一方、セリングクライマックス（大底での１日の反転）は大量のパニック売りによる暴落の最終局面で、平均株価のチャートにもはっきりと形成される。既述したように、この１日の反転はメジャートレンドの動きを示唆するものではないが、抜け目のないトレーダーはこのパターンを利用して一儲けすることができる。相応の資金があり、うまく相場に飛び乗れば数ドルは取れるだろう。しかし、新しいトレンド（その日の終値で反転したトレンド）はすぐには大きく動かないものである。一般に株価は修正トレンドに入る前に、しばらく揉み合ってトレーディングレンジを形成する。しかし、１日の反転は将来の方向を示唆するテクニカルなパターンの途上またはその始まりの局面でよく見られるもので、これは今後のトレンドの方向について重要なヒントを与えてくれる。１日の反転が現れたらその後の株価がどのような動きをするのかに注視し、それに対して有効な行動が取れるようにしておくことが大切である。第８章で言及した頂点のダマシの動きやふるい落としもときに１日の反転となるが、それらには特に大きな意味はない。

セリングクライマックス

「古き悪き時代」には株価のわずか10％の保証金を積めば信用で株式を買うことができたし、空売りに対する規制もほとんどなかった。空売りしていた相場師たちは信用買いしている小口投資家をふるい落とすために、組織的に売り崩すようなこともよくやった。彼らは大衆が信用でかなり多くの株を買っていたとき、大量に空売りして株価を下げることができた。ブローカーが買い方に追証の支払いを要求すると、支払いができなかったり、または株式の保有に耐えられない投資

※クライマックスパターンについては『魔術師リンダ・ラリーの短期売買入門』（パンローリング）を参照。

図102　1946年の大天井における強力な1日の反転パターン。そのときの大商いに
　　　注目。8月26日にもそれほど明確ではないが1日の反転が見られる。ここ
　　　までのすべての掲載チャートをもう一度見直すとその重要性は大小さま
　　　ざまであるが、多くの1日の反転パターンが見つけられるだろう。Gのギ
　　　ャップはその後の上値目標値を示唆するランナウエー（メジャリング）
　　　ギャップである。

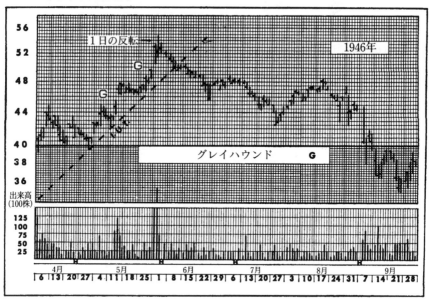

家は、持ち株を投げるので株価の下落にはさらに拍車がかかる。相場
師たちはそれに付け込んで空売りポジションを買い戻して利益を上げ、
今度はその後の上昇を見越して買い方に回る。こうした売り崩し行為
はSEC（証券取引委員会）の規制で効果的に防止されたが、追証や
投げは信用買いが存在するかぎり株式市場からなくなることはないだ
ろう。大衆が熱狂的に買いすぎたあと、株価が大きく下落するときは
常にこのようなことが起こる。

　ほとんどのセリングクライマックスは大衆のこのような投げによっ
て形成される。このパターンは多くの投資家の証拠金がなくなって持

図102.1　1987年10月のレーガン・クラッシュは突然に起きたのだろうか。そんなことはけっしてなく、実際には多くの前兆が出ていた。メジャートレンドラインのブレイク、暴落に先立つ天井圏での短期的なモメンタムの低下――などである。それに続く暴落とセリングクライマックスは絶好の空売りのチャンスであり、それ以降も株価は伸び悩んだ。

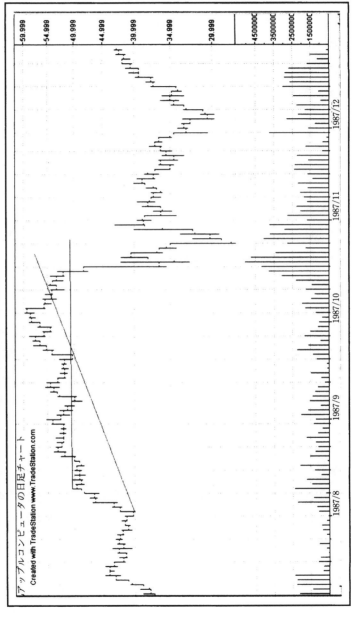

アップルコンピュータの日足チャート
Created with TradeStation www.TradeStation.com

ち株の投げに追い込まれ、株価が広範に急落する最終局面で見られる。そのプロセスはいわば自分自身の体を食っているような形で進行する。多くの証拠金勘定が危険にさらされて持ち株を処分し続ければ、最後には数百万株がいやおうなしに投げられる。これがセリングクライマックス(「クリーンアウトデイ」とも呼ばれる)であり、そのときはそれまでの上昇局面のどの1日の出来高よりも多い出来高を記録する。しかし、これは天井で強気にならず、パニック売りが出る大底で株を買おうと資金を準備していたトレーダーにとっては絶好のチャンスである。

　投げが出尽くすセリングクライマックスで、株式市場のテクニカルな環境は急速に逆転する。このプロセスを通じて多くの株式が極めて安い価格で弱者から強者の手に渡ったからである。今や市場を脅かしていた潜在的な売り圧力は一掃された。そしてパニック売り(それは常に一時的なものである)はその株式をその時点の控え目な企業価値よりもはるかに割安な水準に押し下げた。セリングクライマックスの完成といったものはなく、トレンドの反転はこの1日で決定する。われわれはセリングクライマックスを1日の反転パターンの一種として分類したが、実際には2日にわたって形成されることもある。そのようなとき暴落は徐々に弱まり、第1日目の終値近くで下げ止まるが、大きく上昇するには時間がない。続く翌日はもう投げはないことが分かっているので、株価は寄り付きから大きく上昇する。

　これまでに最も大きかったセリングクライマックスは1929年10月29日に起こった。その日のダウ工業株平均は前日終値よりも8ドル安の252.38ドルで始まったが、これがその日の最高値だった。市場では寄り付きからパニック売りが殺到し、ザラバでは40.05ドルも暴落した。立ち会い最後の2時間で最安値の212.33ドルから約18ドル戻して230.07ドルで引け、翌日には28ドル高となった。1929年のこのセリングクライマックスでは1日の出来高は史上最高を記録し、立ち会い5

図103 1937年10月19日のパニック的な売りで、多くの主力株も平均株価と同じようにはっきりした「クライマックスの反転日」を形成した。このチャートではセリングクライマックスのほかに、7〜8月のヘッド・アンド・ショルダーズ・トップ、最終的には三角形になった9〜10月の長方形などが見られる。この株は翌年の3月に10 1/2ドルの大底を付けた。対数目盛りのチャートでは、8月からの下降トレンドラインは1938年6月まで破られていない。

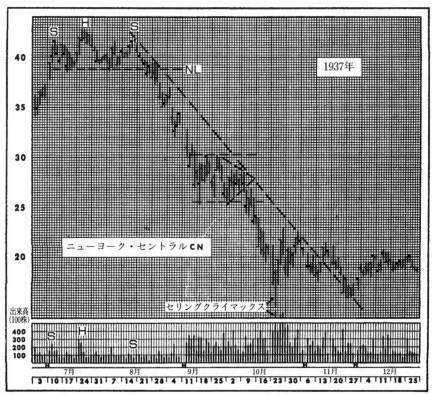

図103.1　レーガン大統領のアルツハイマー病のうさなどを嫌気した1987年10月のレーガン・クラッシュ。専門家の間でも悪評の高いポートフォリオ・インシュアランスによる大量の売りが玄人筋のパニック的な売りを誘った。（75日にわたる）下側のメジャートレンドラインはすでに9月初めに、（マネーの売り基準である）2%以上下抜かれている。（25日にわたる）上のトレンドラインのブレイクも、目ざといトレーダーの売りの引き金となった。先見性のある投資家はすでに9月にはヘッジ売りや持ち株を手仕舞い、10月に入るとファンドマネジャーのパニック的な売りが相次いだ。ブレイディ報告によれば、バル・トレーディング社による10月20日の大底での買いがアメリカ資本主義を救ったという。

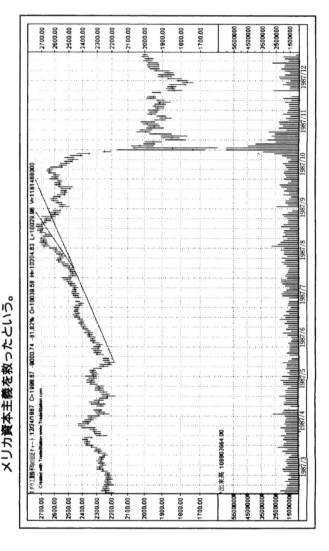

時間で1641万株が取引され、それ以前の強気相場の出来高の２倍以上に達した。しかし、10月29日の安値は１週間後に更新され、その最安値は1929～32年の弱気相場を通じて上抜かれず、1932年11月13日になって初めてブレイクされた（注　以下に示した1987年10月のレーガン・クラッシュの解説を参照）。

　1937年の恐慌相場も10月19日の典型的なセリングクライマックスで終わった。これは株式市場の歴史におけるもうひとつの「暗黒の火曜日」である。前日のダウ工業株平均の終値は125.73ドルで、株価は８月半ばの高値190ドルから大きな戻りもなく下げ続け、多くの投資家の信用取引口座はかなり危険な状態にあった。前日の立ち会い時間が過ぎてもブローカーの電話による追証の催促は続いたが、ほとんどの投資家は支払い不能の状態だった。19日の立ち会いが開始されるや、大量の売りが殺到して株価は暴落、午前11時30分までにダウ平均は115ドル近くまで下げたが、そこで売り物が出尽くしてセリングクライマックスは終わった。１時間後には１ドル上げ、結局その日の終値は126.85ドルでこの日の下げ分をすべて埋めた。この日の出来高は729万株で、それ以前の強気相場の大天井の出来高の２倍に達した。10日後にはザラバで141.22ドルの戻り高値を付けたが、11月20日には再び安値更新となり、この弱気相場はダウ平均が終値で98.95ドルの大底を付けた1938年３月31日まで続いた。

　（注　1937年と同じ日の1987年10月19日には、再びパニック売りによる暴落が起こった。ダウ平均は８月25日の2746.65ドルから10月20日には1616.21ドルに暴落した。実際の全面安の展開は10月14日の高値である2485.15ドルから始まり、株価は19～20日の２日間で547.95ドル、約25％も下げた。この２日間の最高値から最安値までの変動幅は1130ドル、約41％に達した。これについてフランスの小説家・政治家であるアンドレ・マルローは「状況が大きく変化すればするほど、その結末は似通ってくる」と語ったといわれる。もっとも、このよう

なクラッシュは将来には再来しないだろう)

　以上述べてきたことは、一般的なセリングクライマックスの状況である。もちろんマーケットのこのような状況は、活発に取引されているすべての個別株式でも同じような売りを誘う（むしろ、個別株式の売りが平均株価のこうしたパニックを引き起こすのかもしれない）。個別株式のセリングクライマックスによる大底は、市場全体の売りが一掃されるときにそれに付随してチャートに表れるようだ。もっとも、ときにはまったく予想外の悪いニュースがある企業に影響を及ぼし、その株式だけがろうばい売りを浴びて1日の反転となることもある。これに対し、天井圏での1日の反転は平均株価というよりは個別株式の反転によって形成される。

　このような2つの典型的なセリングクライマックス、またはパニック売りによるその他の暴落局面は、抜け目のない（ラッキーな）トレーダーに素早く儲けられる絶好のチャンスを与えている。このようなときはわずか数日で大きな利益を上げられるので、相場師などはこのようなチャンスを見逃すことはけっしてない。問題はセリングクライマックスであることを素早く判断してそのチャンスを生かせるかどうかだが、実際にはここで説明しているほど簡単なことではない。例えば、1929年10月24日には約1300万株の出来高があり、1日に30ドル下げたが、その日のうちにそのすべてを戻した。しかし、48時間以内に利食いしなかった投資家にはトントンで逃げる二度目のチャンスはなかった（これは平均株価についてである）。

　しかし、ウォール街に証拠金の残高や売られそうな株式を教えてくれる友人がいれば、セリングクライマックスであることを知るのはけっして不可能ではない（**注　現在ではさまざまな情報サービスを通じ**てこうした情報を入手するのは簡単である）。これはパニック局面の暴落のあとに現れる。その日は大きな下降ギャップで始まり（始値が前日終値よりもかなり低い水準）、売り物は消化できないほど殺到し、

図104　これまでのチャートで見たセリングクライマックスは典型的な1日の現象
　　　で、平均株価が弱気のメジャートレンドの終了を示唆するセリングクラ
　　　イマックスを出現したのは、これまでの歴史上では1939年4月だけである
　　　（多くの個別株式は1938年3月にセリングクライマックスを形成している）。
　　　週足チャートではときに「1週の反転」とでも呼べるようなパターンが見
　　　られるが、このチャートはその好例である。この株のその後の動きは、
　　　テクニカルな需給バランスの大きな変化が1941年12月に起こったことを
　　　裏付けている。不思議なことに、この週足チャートにはこれ以外にメジ
　　　ャートレンドの転換を示唆するシグナルは何も現れていない（日足チャ
　　　ートには上昇三角形が出ている）。しかし、このような「1週の反転」は
　　　必ずしもテクニカル的に重要な反転のシグナルになるわけではない。む
　　　しろ多くの1週間の反転のあとには、極めて失望すべき動きが続くもので
　　　ある。

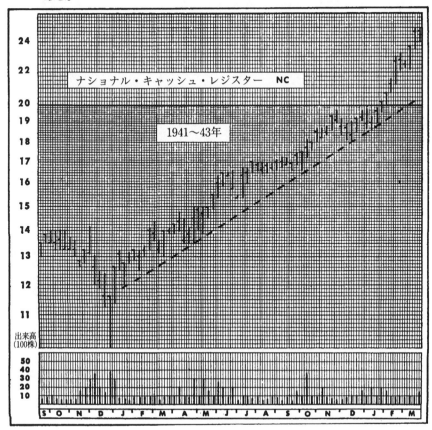

株価の暴落を伝えるチッカーテープは遅れる。ほぼすべての株式が売られて、出来高は高水準に上る。午前11時を少しすぎると売り物はひとまず出尽くしたように見え、戻し始める株式もあるが、まだ続落している株式も多い。そのうち突然株価が跳ね上がるが、そこが行動を起こすときである。完全に底を打った先導株（USスチールなど）を買うことだが、あまり長くそれを保有してはならない。ある程度上昇したら利益を確定し、株価が再び下落する気配が見えたら即座に売ることである。

　もっとも、1日の反転パターンはメジャートレンドのシグナルとしてはあまり当てにならないことを忘れてはならない。セリングクライマックスは通常では弱気相場の最終的な底値では起こらない。株式保有者の多くは大底に達する前にすでにふるい落とされているからである。これまでの記録のなかで、下降メジャートレンドが最初のパニック的な売り局面で終わったただひとつの例は、1938〜39年の5カ月にわたる弱気相場のときであり、そのあとに同じような短期の強気相場が続いた。

　もうひとつの反転パターンはアイランド（島）である。これはまだ検討していないギャップの一種である。ギャップについては第12章で詳しく取り上げるので、「アイランドリバーサル」についてもそのときに説明する。

潜在的な重要性を持つ短期パターン
Short-Term Phenomena of Potential Importance

　１日または数日間の極めて短期のパターンは、ときにその後の短期のトレンドばかりでなく、長期の方向も示唆することがある。ギャップ（第12章で検討する）や１日の反転（第10章で検討）などはこのパターンに分類される。注目すべきその他の短期パターンには、スパイク、キーリバーサルデイ（単に「リバーサルデイ」とも呼ばれる）、ランナウエーデイ（「ワイドレンジングデイ」とも呼ばれる）などがある。

スパイク

　天井圏に現れるスパイクとは前後する日の高値よりも突出して高い日、底値圏のスパイクは前後する安値よりも突出して安い日であると定義されるため、スパイクが起こった日にそれであると判断することはできない。スパイクの日をランナウエーデイと区別するには、異常なレンジで変動した日に続く数日間の推移を見なければならない。この２つのパターンはいずれも強気筋と弱気筋の全面戦争を表しており、その日の終値が最終的な勝者を暗示している。スパイクのポイントは次のようなものである。

A. スパイクに先立つ一定期間の相場の基調はかなり強い（弱い）。

B. 株価はその日の値幅の上限または下限の近辺で引ける。

C. 前後する数日間よりも突出して高い（安い）。

　長期の強気相場の最終局面で極めて大きな値幅で変動した日に、突出高したあとにその日に安値近くで引けたときは1日の反転シグナルと解釈できる。このパターンをトレードできるかどうかは、その投資家のトレーディングスタイル（長期保有、サヤ取りなど）や好みなどによって決まる。事実、スパイクは1日の反転にもなり（ギャップを付けて寄り付いたあと、大量の買いが入って急騰するが、その後に株価は崩れて始値より安く、またはその日の最安値近くで引ける）、このような値動きは撤退するかに見せかけた敵軍の反撃に遭って逆に敗走する軍隊の動きに似ている。このような状況を想起すれば、スパイクの特徴がよく分かるだろう。スパイクのあとに株価はそれまでとは反対方向に大きく動くのが普通である。**図104.1**は最近のスパイクの好例であり、また**図1**や**図35**にもスパイクのパターンが見られる。

ランナウエーデイ

　ランナウエーデイとはその日の安値で寄り付き、その日の高値で引ける（またはその逆）など、異常な値幅で変動した日である。このパターンも敗走するかに見せた敵軍がこちらの軍隊をワナに陥れようとする動きに似ている。売り方は買い方からの買い注文を吸収しきれず、株価は2～3回もその日の高安値を行ったり来たりする。抜け目のない投機家はこの動いている電車に飛び乗って利ザヤを稼ごうとするが、最終的な損益が確定するのは数日後である。大きな揉み合いと高水準の出来高が続けばランナウエーデイの確認となるが、取引が細って値動きも小さくなればその有効性は疑わしい。この数日間に一時的に買いシグナルが出ても、株価がランナウエーデイの最安値に下落したと

図104.1 クオルコムの教会のようなスパイクトップ。12月のギャップはラ
ンナウエーデイに見えるダマシの買いシグナルで、むしろその日
の安値から1/8ドル下のところにはプログレッシブストップを入れ
てポジションを閉じるべきであった。またそれから2日後のキーリ
バーサルデイも買いポジションを手仕舞う場所である。ここが最
終局面の噴き上げで利乗せの場ではないと判断するには、相場の
年齢や期間、マーケットの全体的な状況、トレンドラインの傾き
などすべての要因を考慮しなければならない。特に株価がほぼ垂
直に急騰するようなときは、来るべき事態に備えた対策が必要と
なる。株価が最初のランナウエーデイの水準に戻るような動きは
強気の落とし穴である。二番目の強気の落とし穴は、3月の三角形
からの上放れである。こうした多くの世紀末の教訓を含む典型的
なチャートである。

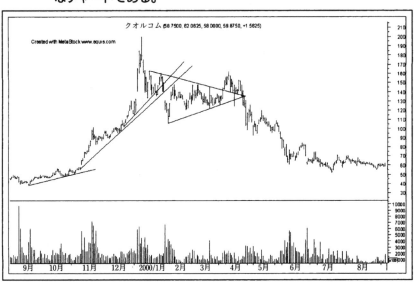

きはダマシのシグナルと見られるのでドテンすべきである。**図39**はギャップを伴ったランナウエーデイの一例。2000年のマイクロソフト株の値動きを示した**図104.2**も、強気の落とし穴のあとに株価が50％も急落したランナウエーデイの好例である。

キーリバーサルデイ

このパターンは上昇局面で新高値を付けたあと、前日の終値を下回って引けた日である。短期のトレーディングシグナルとして利用できるが、その他のテクニカルパターンと同様に、そこから利益を上げるには判断力とベストのタイミングが必要である。強気相場ではこのパターンの一時的な高値をうまく利用すれば、いくらかの利益は上げられるだろう。大天井のキーリバーサルデイではこの日の高値近辺に空売りのストップを入れ、終値で買い戻せば効果的である。このようなリバーサルデイでは反対側に利益目標値を設けて素早く手仕舞う。もっとリスクを取れるならば、まず最初にその後の下落を見越したポジションを建て、予想どおりのパターンが現れたときに、そして株価が支持線を下抜いたときに増し玉してもよい。

このパターンは2000年以降のインターネット関連株のように保ち合い相場でも有効であり、キーリバーサルデイをうまく利用したトレーダーは2000年初めのナスダックのミニクラッシュを無傷で乗り切ることができた（**図104.3〜図104.4**を参照）。忘れてならないのは、これ以外のすべての短期パターン（ギャップ、1日の反転、スパイク、ランナウエーデイ）のシグナルについても、その後の株価がパターン形成の最初の水準に戻ればそれはダマシのシグナルであり、そのようなときはドテンして利益を狙うべきである。こうした手法は利ザヤ稼ぎのトレーダーや投機家のトレード戦術であるが、長期投資家がこのような方法を知っておいてもけっして損はないだろう。

図104.2　3月のキーリバーサルデイ、（マイクロソフトの反トラスト法違反訴訟に対する司法省の勝訴判決に伴う）ブレイクアウェーギャップ、ランナウエーギャップ、エグソースチョンギャップ、セリングクライマックスなどに注目。その後の株価の動きをチャーティストの予想どおりとなった。

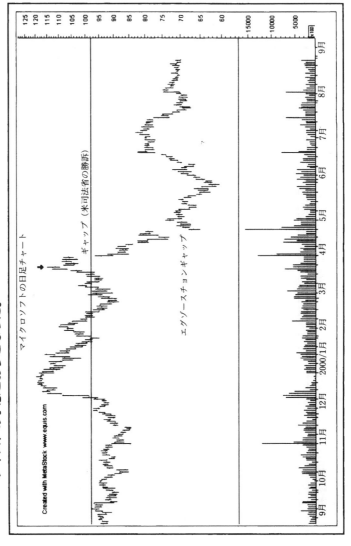

図104.3　トレンドラインのブレイクと揉み合いを繰り返すeベイには、キーリバーサルデイによるトレードチャンスが頻繁に出現している。

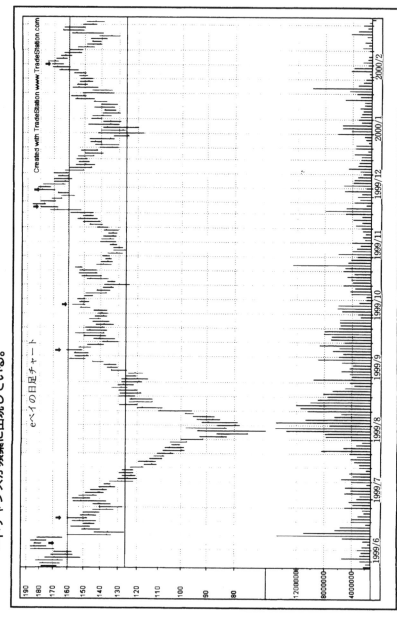

図104.4 20世紀末から21世紀にかけての分裂した株価の動き。ランナウェーディやや大きなブレイクアウ
エーギャップが頻繁に出現している。トレーダーにとっては魅力的に映るかもしれないが、一
般投資家はこうした株にはうっかり手を出すべきではない。このような正気でない相場では、リ
バーサルデイによるトレードや短期の売買しかできない。分別のある投資家であれば、このよ
うな株は売買しないだろう。

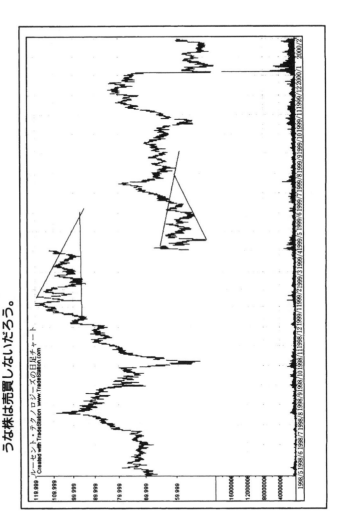

第11章

保ち合いパターン
Consolidation Formations

　軍隊があまりに急いで前進して敵地に奥深く入り込むと、死傷者が増えて糧道が絶たれるのでそれ以上は前進できなくなる。そこで防御しやすい地点まで退却して塹壕を掘り、再度攻撃をかけるための強力な基地を築く。われわれが少し知っている軍隊用語を使えば、これが敵に勝利するための足固めのプロセスである。こうした類似点を特別に強調しなくても、株式市場の動きと軍隊の戦闘には多くの共通点がある。株価があまりにも速く上昇（または下降）しすぎると、ある地点まで来るともう前進する力が尽きてしまう。そしてメジャートレンドや修正トレンドは反転し、強力な支持線のところまで逆戻りするか、または目先の値動きから成る保ち合い圏で値固めし、再び前進の準備をする。

　われわれが先に対称三角形と長方形を検討したとき、このような保ち合いパターンに言及した。そしてこの2つの形がトレンドの反転パターンなのか、それともトレンドの再開に先立つ保ち合いパターンであるのかを見てきた。対称三角形の4つのうちの3つは反転型ではなく保ち合い型であり、このことは長方形についても当てはまる。中期的な天井圏に現れる上限線の水平な拡大型パターンも一般には弱気を示唆しているが、株価が水平な上限線から決定的に上放れると保ち合いまたは継続型となる。

　平均株価のチャートに現れるダウ・ラインは保ち合いまたは反転型のいずれかであるが、どちらかと言えば反転型よりは保ち合い型になることが多い。ダウ・ラインは少し崩れた長方形の一種である。実際には多くの横ばいパターンは揉み合い、またはトレーディングレンジと呼ばれるが、その形成期間中の出来高が減少すれば（そしてその形がはっきりした拡大型にならなければ）、ほとんどが保ち合いパターンとなる。そしてそうしたトレンド途上の保ち合いパターンははっきりと区別できるものである。

フラッグ

　三角形と長方形についてはこれ以上時間を充てる必要はなく、この2つの反転型と保ち合い型については前章で十分に検討した。ここでは保ち合いパターンとしてしか現れないフラッグとペナントについて検討しよう。この2つのパターンは三角形、長方形、ウエッジなどとある点で興味ある関連性がある。

　フラッグとはその名のとおり、チャート上に旗の形となって現れる。上昇と下降トレンドの途上に現れるフラッグはそれぞれ逆の形になっている。このパターンは変動幅が小さいコンパクトな平行四辺形、または主要なトレンドに対して少し反対向きに傾斜した長方形として形成される。まず最初に上昇フラッグは株価が急ピッチで大きく上昇したあとに形成され、その上昇トレンドをチャートで見るとほとんど垂直に近く、または少なくともかなり急勾配である。このような急騰場面では出来高は次第に増加して大商いとなる。これは各取引では活発な買いと売りが交錯している状態であり、多くの買い方にはかなりの利が乗っている。

　しかし、まもなく利食いの圧力が上げ足を引っ張り、そこでは出来高も減少しながら2〜3ドル押すなど株価は保ち合うことになる。と

図105　1945年5月12日〜6月2日に形成された典型的なフラッグ。株価が11ドルから16 1/2ドルまで上昇したあと、ちょうど3週間にわたって揉み合ったが、このときの出来高は急減している。しかし、その後株価が上限の15ドルから21ドルに棒上げしたときの出来高は急増した。あとで検討する値幅測定方式をここにも当てはめてみよう。12ドルのところに引いた点線は以前の抵抗圏の上限を示す。

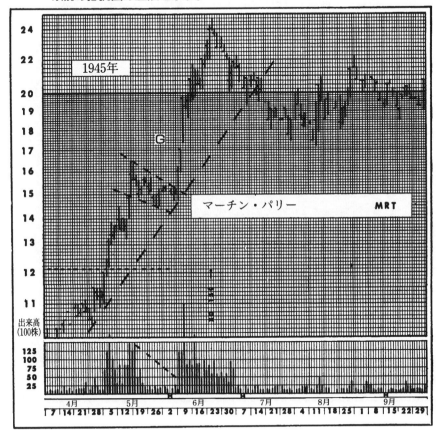

図106　8月30日〜9月18日の3週間にわたって形成されたもうひとつの典型的なフラッグ。このチャートは、5〜6月に形成された対称三角形の頂点でのダマシの動きを示した図49と重複している。株価が8月23日に、大商いを伴ってこの三角形の頂点水準を上抜いたときに買いシグナルが出た。面白いのは、10〜11月に形成された二番目の対称三角形が最初の対称三角形とほぼ同じ形になっているが、その頂点でやはりダマシの下放れが見られることである。11月27日に出来高が急増したことから、この三角形は明らかに反転型ではなく保ち合い型であることが確認された。この株は33ドルまで上昇した。

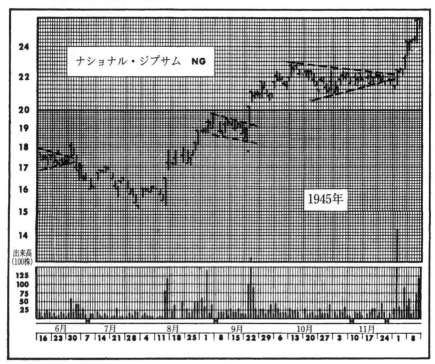

図107 マストのほぼ真ん中に現れるフラッグは、上昇メジャートレンドの後半
　　　の最も熱狂的な局面で形成されることが多い。1月のこのフラッグは、
　　　1937年の大天井直前の最後の保ち合い圏である。2〜3月に反転型の長方
　　　形が形成されたあと、株価は一段ずつ下降している。

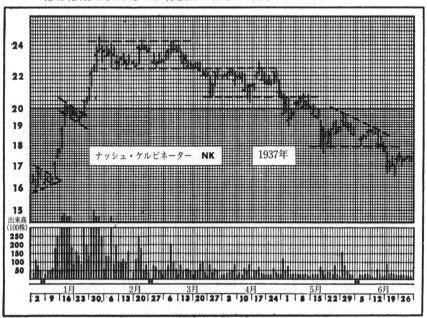

きに小戻しすることもあるが、株価は直近の高値まで達することはで
きず、出来高も以前ほど増加しない。次の押しでは先の安値をわずか
に下回り、出来高もさらに減少するなど、一連の同じような小動きが
続く。目先の高値と安値は次第に切り下がり、このパターンの形成が
進むにつれて出来高は著しく減少していく。これをチャートで見ると、
それ以前の急勾配な急騰局面に続いて、コンパクトに横ばい、そして
やや下向きの保ち合いパターンとなっている。このパターンの上限と
下限には大ざっぱに平行線を引くことができるので、まるで1本のマ
ストのてっぺんに旗が翻っているように見える。ここからフラッグと

図108 上昇トレンドの途上で長期にわたって、小さな保ち合いパターンが連続
して形成されることがある。一方の投資家が先に買った株式を利食いす
ると、別の投資家グループがそれを吸収することで保ち合いパターンが
次々と出現する。バナディアムはこの上昇局面の途上で1937年1月にフラ
ッグを形成したが、2月4日に出来高が急増したことから、この上昇トレ
ンドはまだ続くと考えられる。大天井は3月の39 1/2ドルだった。12月14
日には強い買いシグナルが出ている。第13章の「支持線と抵抗線」を検
討するときに、もう一度このチャートを参照しよう。

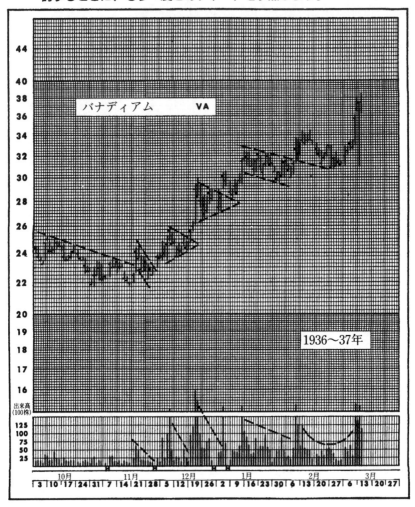

図109　ブリッグズは2月に上昇フラッグ、4月に下降フラッグを形成した。この2
　　　　つのフラッグの間の天井圏で形成されたのは対称三角形だった。4月30日
　　　　に反転した株価はその後に持ち直して11月には64 1/2ドルまで上昇し、3
　　　　月の天井を最初のトップとする長期にわたる大きなダブルトップを形成
　　　　した。破線で示した51〜53ドルの支持圏・抵抗圏は何と1946年まで機能
　　　　していた。

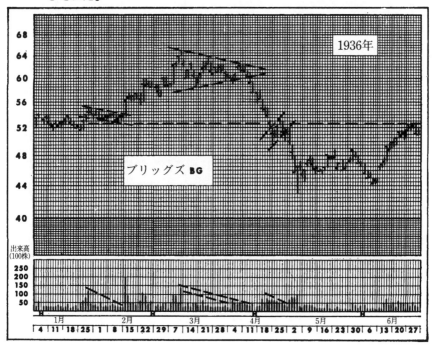

いう名前が付けられたのである。

　このフラッグ内ではときにそれぞれの戻りや押しが3〜4日または
それ以上続くこともある。また株価が1〜2日でその上限と下限を行
ったり来たりすることもあり、そのようなときの形は上限線と下限線
を結ぶ丈夫なブロックで作られているように見える。そのレンジが広
いほどこのパターンが完成するには多くの時間がかかる。この小動き
のプロセスはフラッグの幅が狭いときは5日から1週間ぐらいで終了

するが、ときに3週間も続くことがある。この間の出来高は次第に減
少傾向となる。そしてフラッグが終わりに近づくと株価は突然大商い
を伴って急上昇し、次の上昇トレンドに向けて棒上げする。この新し
い上昇トレンドでは最初のマストに加えて、もう1本のマストが形成
されることが多い。

　フラッグは緩やかな下向きの斜線で形成されると述べたが、かなり
短く凝縮された形のフラッグは水平に形成されることもあり、それは
小さな正方形のように見える（まれに上昇トレンドに形成されるフラ
ッグがやや上向きになっていることもある）。株価の急激な下落局面
で形成される下降フラッグも上昇フラッグとほとんど同じ形であり、
そのシグナルも類似している。もちろん下降フラッグは緩やかな上向
きであり、これは上昇フラッグを単に逆にした形にすぎない。下降フ
ラッグ形成中の出来高も減少傾向をたどり、株価が下放れたときに再
び増加する。

ペナント――先のとがったフラッグ

　ペナントがフラッグとただひとつ違っているのは、ペナントの上限
線と下限線は平行ではなく一点で交わることである。通常のペナント
は小さくコンパクトに傾斜した三角形である。上昇ペナントは下向き、
下降ペナントは上向きである。このパターンも急激な株価の上昇（ま
たは下降）のあとに形成され、そのときの出来高は著しく減少する。
フラッグよりもペナントのほうが出来高の減少傾向は大きい（このこ
とは、ペナントの次第に狭まっていく株価の動きを見れば当然予想さ
れることである）。上昇ペナントが完成する直前の出来高はわずかで、
株価はそこから新しい上昇トレンドに上放れる。

　ペナントは出来高がかなり少なく、小さくコンパクトなウエッジと
もいえる。ウエッジの場合はその後の株価は先端が向いている方向と

図110　1936年11月4日～12月9日の下向きに収斂したパターンは、短いウエッジ
　　　　やペナントとも呼べる。10月に形成された小さなフラッグ、11月4日～2
　　　　月19日のランナウエーギャップ、12月10日のブレイクアウエーギャップ
　　　　に注目。

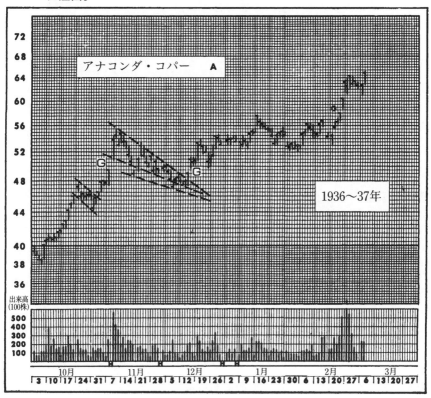

は逆の方向に放れるが、ペナントもその傾斜とは反対の方向にブレイ

クアウトする。ペナントはフラッグよりもバリエーションは少なく、

小さな値動きが一定レンジに収まって（対称三角形のように）水平に

なっていたり、またはその傾斜が主要トレンドと同じ方向にわずかに

傾いているものもある。株価がペナントから上放れるときは普通は一

直線に急騰するのではなく、徐々に速度を増したカーブ型に上昇する。

そのときの出来高も急増するのではなく、次第に増加していく。ペナントの全体の形は角（つの）のように、長く細く先端がとがっている。このようなペナントの変形も普通の形と極めて類似しているので、紛らわしい形にだまされるようなことはないだろう。

値幅測定方式

　ペナントにはフラッグとほとんど同じ値幅測定方式が適用される。この2つのパターンはほぼ一直線の急激な動きのあと、トレンド全体のほぼ真ん中に形成される。目標値を測定するには株価が最初に動き始めた地点、すなわちフラッグやペナントが形成される前の保ち合い圏から株価が放れたところ（またはあとの章で検討する重要なトレンドラインや抵抗圏を突破したところ）が基点となる。そこは一般に出来高が急増したところであり、その地点からフラッグやペナントが形成され始めた目先の反転水準までの距離を測定する。次に株価がこれらのパターンから上放れた地点と同じ方向にそれと同じ距離だけ延長する。そこが最小限の上値目標値となる。実際には上昇トレンドにおけるフラッグやペナントの上昇幅は、それ以前の上げ幅を上回ることが多いが、下降トレンドのときの下げ幅はそれほど大きくはない。この測定方式を適用するときは金額で測るよりは、対数目盛りのチャートで実際の距離を測ったほうがよい。以下に掲載したチャート図を見るとその具体的な方法が分かるだろう。

フラッグとペナントの信頼度

　この2つの小さくきれいな保ち合いパターンは、その後の株価が向かう方向や距離の点で最も信頼できるものである。ときにはその原則が外れることもあるが、そのようなときはパターンが完成される前に

図111　6月のフォーメーションは極めて短いコンパクトな揉み合いパターンで、これはフラッグに分類できるだろう。この上昇局面は13カ月にわたる対称三角形の5ドルからスタートしたが、この図には三角形の最後の部分しか示されていない。この小さなフラッグが示唆する上値目標値は7月に保ち合い三角形ができたときに達成された。

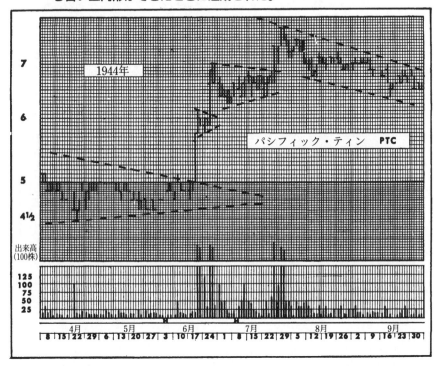

図112　強気相場の第三段階に当たる急激な上昇局面で形成された一連のフラッグ。株価は1936年に6カ月かかって15ドルから39ドルまで上昇したあと、31ドルに反落した。1937年3月には再び以前の高値まで上昇し、そこで大きなダブルトップを形成した（1937年に2対1の株式分割を実施）。7〜8月に形成されたフラッグは5週間という長期にわたっているため、ほかのテクニカルな証拠がなければ、正確にはこれをフラッグと呼ぶのは難しい。このようにフラッグの形成が長引いたときは、株価がそこから上放れても途中で止まってしまうか、しばらく保ち合ったあとに下げるのいずれかである。8月25日にフラッグから上放れたあとの動きはこのどちらかになると予想されたが、実際には8月27日に大商いを伴って直近の高値を上抜いたことで買いシグナルとなった。

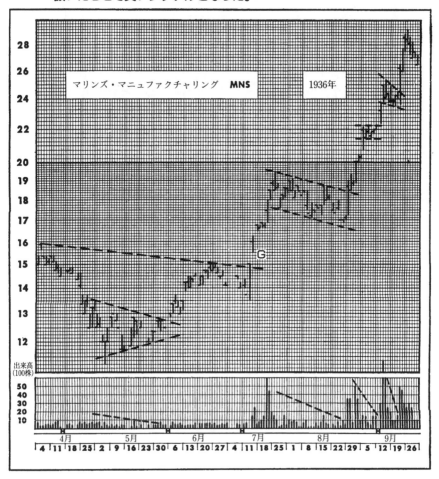

図113　目標値の測定方式をどのようにフラッグに適用するのかを示したのが、M印を付けた垂直線である。まず先の保ち合い圏を上放れたときの出発点からフラッグの天井までの距離を測定し、これを同じ長さをフラッグの上放れ地点から上に延長する。この株の上値目標値もこの値幅測定方式どおりとなったが、一般にそのようなときは株価が36ドルを超えたところでいったん手仕舞っておく。その後に円形底が完成し（出来高に注目）、新たな上昇局面に入った4月2日に改めて買い直すべきである。

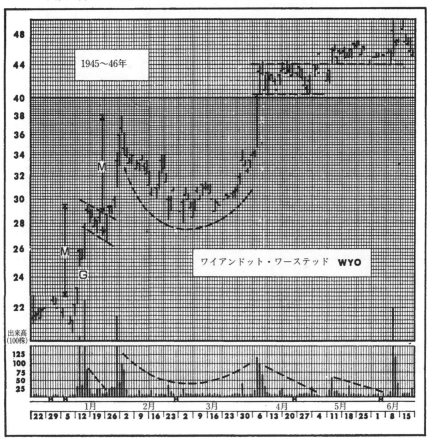

図114　このチャートはテクニカルアナリストをかなり喜ばせた。上下にランナ
　　　　ウエー（メジャリング）ギャップ（G、G）を伴ったマストの真ん中の
　　　　完璧なペナントが1月に形成されたからである。2月初めには下降フラッ
　　　　グ（値幅測定方式を適用してみよう）ができ、その後の安値を結んでき
　　　　れいな上昇三角形が形成された。4月の三角形の上限までの押しは理想
　　　　的な買い場となった。

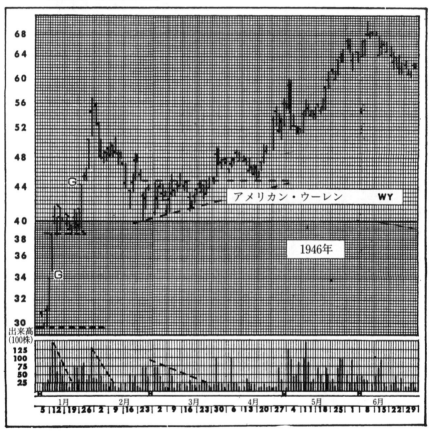

図115 数週間は完全にダマシであると思われた11月末のフラッグ。しかし、株価は12月23日の安値から36 1/4ドルまで上昇したので、最終的には値幅測定方式どおりの上値目標値が達成された。この上昇局面のスタート地点となった上限の水平な拡大型のパターンに注目。

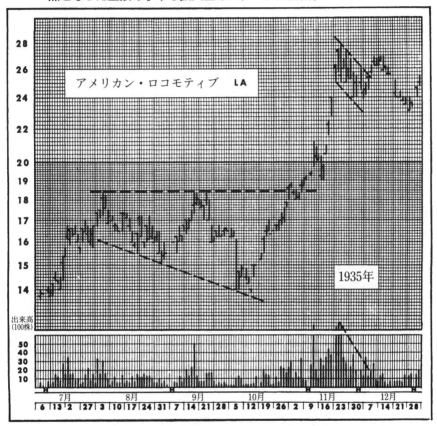

必ず警告を発する。そのようなダマシの動きから身を守るには、それらのパターンの信頼度を確認するため、以下のテスト基準を厳しく適用すべきである。

１．フラッグやペナントなどの保ち合いパターンは、株価がほぼ一直線に動いたあとに形成される。

２．これらのパターンが形成されているとき出来高は漸減するが、こうした傾向は株価がこの保ち合い圏から放れるときまで続く。

３．株価は４週間以内にそこから（予想される方向に）放れる。これらのパターンの形成に３週間以上かかるときは、そのパターンの有効性は疑わしい。

　フラッグやペナントを実際の売買でどのように利用するのかについては、第２部のトレード戦術で取り上げる。ここでは上記２の基準について少しコメントするにとどめる。一見したところフラッグやペナントに見えても、出来高が依然として高水準に上り、また出来高のパターンも明らかに不規則であるときは、それまでのトレンドが継続するよりは反転することが多い。換言すれば、そのような出来高の多い不規則な形は、その特徴からすれば保ち合い型ではなく小さな反転パターンである。そのためにも、チャートのもうひとつのポイントである出来高にも常に注目する必要がある。

フラッグとペナントが形成されやすい場所

　フラッグやペナントの特徴は株価の動きが速いことである。したがって、これらのパターンは最初の買い集めとその後の規則的な動きが終了したあと、強気相場のダイナミックな局面で形成されることが多い。逆に見れば、これらのパターンが形成されたということは、株価の急騰が一段落したというシグナルとも考えられる。一方、ろうばい

売りによるほぼ垂直的な暴落で特徴づけられる弱気のメジャートレンドの第二段階でも株価の動きは速く、そのような局面で形成されるフラッグやペナントは数週間もかからず３～４日で完成する。弱気相場の最後の数カ月間に形成されるパターンはフラッグやペナントとよく似ているが、それらの形成期間は長く（４週間以上）、株価も出来高を伴って上昇したあと浅く押す。

　一般にフラッグとペナントは上昇トレンドの途上で形成されることが多い（そしてそうしたパターンが最も信頼できる）。一方、下降メジャートレンド局面のあとに下向きのフラッグやペナントがチャート上に現れたときは要注意である。こうしたパターンが出現しても、先の信頼性に関する厳格な基準を満たさないときは出動してはならない。

週足チャートや月足チャートのフラッグ

　信頼できるフラッグ（またはペナント）の条件のひとつは、４週間以内で完成したあと、株価がそこから放れて新しい動きを始めることである。こうした理由から真のフラッグは月足チャートにはまったく見られないし、週足チャートに現れることも極めてまれである。皆さんは、フラッグに似た形の株価の動きが長期間にわたってチャート上で続いているのを見たことがあるだろう。しかし、完成するのに８～10週間、ときに１～２年も要するかもしれないこうしたパターンから、フラッグが形成されると考えてはならない。日足チャートを詳しく調べると、この長期間に実際にはまったく別の意味を持つパターンが形成されていることも少なくない。日々の株価の動きを月足チャートに圧縮すると、長期の急速な上昇に続くメジャートレンドの反転がフラッグのように見えることがよくあるので、長い時間枠のチャートに現れるこの種のパターンには注意すべきである。こうしたパターンは新たな上昇トレンドにつながる保ち合いフォーメーションであるとも考

えられないので、そのような場合は同じ時期の日足チャートもよくチェックする必要がある。

トレンド形成の初期に現れる長方形の保ち合いパターン

フラッグやペナントが典型的な強気相場の最終局面に現れるのと対照的に、長方形の保ち合いパターンは強気相場の初期に形成されることが多い。弱気相場における長方形はパニック売りによる暴落直前の第一段階、または最終的な見切り売りが出尽くす直前の最終局面で形成される。このような長方形が形成されたということは、おそらく株価はすでに目標水準まで十分に下げたと判断した投資家などがその株式の買い集めにかかっていることを意味する（もちろん、弱気相場の残りの期間を持ちこたえ、次の強気相場で株価が再び利益の出る水準まで戻すまでは、この時点での買いが成功であったかどうかは分からない）。

保ち合い型のヘッド・アンド・ショルダーズ

先にトレンド反転型としてのヘッド・アンド・ショルダーズとその後の株価の動きについて検討した（第6～7章）。しかし、ときに株価はヘッド・アンド・ショルダーズから反転することなく、以前のトレンドの方向に向かうこともある。もっとも、こうした継続型（保ち合い型）と一般的な反転型のヘッド・アンド・ショルダーズを混同することはあまりないだろう。というのはすでに指摘したように、その形状はそれまでのトレンドの方向に対して逆の形、または変則的な形になるからである。換言すれば、上昇トレンドで形成される保ち合いパターンはヘッド・アンド・ショルダーズ・ボトム、その反対に下降トレンドの保ち合いパターンはヘッド・アンド・ショルダーズ・トッ

図116　値動きと出来高のいずれに照らしても保ち合い型のヘッド・アンド・ショルダーズとなった好例。10月末の小さなフラッグの値幅測定方式は、ヘッド・アンド・ショルダーズのネックラインを上抜いたところから適用すべきである。

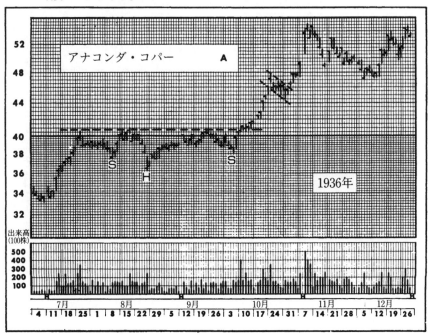

プとなる。この保ち合い型のヘッド・アンド・ショルダーズが完成したときは（左肩、ヘッド、右肩ははっきりしている）、その後の株価のシグナルがダマシになることはあまりない。問題は右肩が形成される前のヘッドのときであり、その時点で実際に株価がどちらの方向に向かうのかを予測するのはかなり難しい。

　この保ち合い型のヘッド・アンド・ショルダーズの出来高パターンは、反転型のそれとは一致しない。例えば、下降トレンド局面の保ち合い型の形はヘッド・アンド・ショルダーズ・トップに似ているが、その出来高は左肩やヘッドでも右肩と同じように増加する代わりに逆

301

図117　1945年に形成された保ち合い型のヘッド・アンド・ショルダーズで、両
　　　肩とヘッドがともにソーサー型になっている。株価と出来高のトレンド
　　　を比較しよう。株価は7月に31 1/2ドルに上昇したが、8月には25 1/2ド
　　　ルに下げ、その後11月には再び40ドルに上昇した。

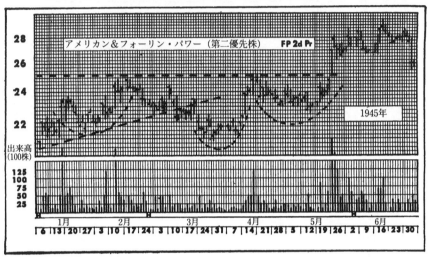

に減少する。一方、上昇トレンドの保ち合い型はヘッド・アンド・シ
ョルダーズ・ボトムのような形となるが、そこからのブレイクアウト
はすべての点で反転型のパターンと類似している。複合型または複雑
な形のヘッド・アンド・ショルダーズの保ち合いパターンは、チャー
ト上にはめったに現れない。しかし、テクニカルアナリストにとって
理論的には単純な保ち合い型のヘッド・アンド・ショルダーズと同じ
ように、そのような変形パターンについても簡単に対処できるだろう。
　反転型のヘッド・アンド・ショルダーズにおける（ネックラインか
らの）最小限の値幅測定方式についてはすでに第6章で検討した。気

まぐれな株価の動きとチャート上に現れる多様なパターンをよく知っている人にとって、ヘッド・アンド・ショルダーズからブレイクアウトした株価がこの測定方式で予想される地点までかなり正確に動くことは本当に驚くばかりである（ときにはそこを少し超えることもあるが）。しかし、こうした測定方式も保ち合い型のヘッド・アンド・ショルダーズに適用すると、驚くほどまったくその効力を発揮しない。一般にそれらはかなり平らな形をしていて、そこから放れる株価は測定方式で予測した地点をはるかに超えたり、またはそこまで達しないことがある。このように反転型のヘッド・アンド・ショルダーズの値幅測定方式を、信頼できる明確な基準として保ち合い型のヘッド・アンド・ショルダーズに適用することはできない。つまり、保ち合い型のヘッド・アンド・ショルダーズからブレイクアウトした株価の動きを測定するには、ほかのいろいろなチャートのシグナルも参考にしなければならない。

スカロップ──連続するソーサー

次に検討するチャートパターンはこれまで見てきた保ち合いパターンとは異なり、保ち合い圏や小幅な値動きの領域で1本またはそれ以上の重要な線で区分されるような形ではない。われわれはこうしたパターンをこれ以降の章で、通常のトレンドの動きという一般的な表現で取り上げる予定である。それにもかかわらず、ここでこのパターンについて検討するのは、この形がある種の株価の形状をはっきりと特徴づけており、それまでのトレンドの継続を示唆する保ち合いパターンの原則と深く関連しているからである。

発行済み株式数が多く、常に活発に取引されている株式が長期の底値圏から上昇するときは、一連のソーサーを伴いながら上昇メジャートレンドを形成することがある（ラジオ・コーポレーションやソコニ

ー・バキュウムなど）。そこで連続して形成されるやや上向きのパターンは、株価の動きと出来高パターンの両方で第7章で検討した円形底による反転パターンとよく似ている。各ソーサーの終点は常に前のソーサーの高値よりも少し上にある。それぞれのソーサーの正味の上昇幅は個別の株式によってまちまちだが、だいたいその株価の10〜15％であることが多い。一方、ソーサーの左端からその底までの下げ幅は20〜30％である。ソーサーの形成期間は通常では5〜7週間であり、まれには3週間以下ということもある。このように全体的な上昇ペースはゆっくりしているが、株価は常にじりじりと上げている。この状態はちょうど深い井戸に落ちた人が3歩よじ登っては2歩滑り落ちるのとよく似ている。

　このようなプロセスを表したチャートはほぼ左右対称の上向きのスカロップ型となり、ひとつ出来上がるとほとんど休みなしで次のスカロップの形成が始まる。出来高はスカロップの先の高値に近づき、まもなくその水準を上抜くときに最高となり、それから株価が下がり始めると減少する。そして次のソーサーの底で横ばいとなり、株価が次の上昇で上向きのカーブを描いたときに再び増加する。

　このようなソーサー型を頻繁に形成する株式について、どのように売買したらよいのかについてはここでは言及しない（第2部のトレード戦術で詳しく説明する）。それぞれのスカロップの底値圏は、株価のトレンドと出来高をフォローしていれば簡単に分かるだろう。しかし、不思議なことに株価の動きを注視している多くの人が、このような株式の売買方法を間違ってしまう。すなわち、出来高が増加し始める（出来高の記録を塗り替える）とこうした株式に注目するが、トレンドが鈍く丸みを帯びるとまったく興味を失ってしまう（テープリーダーの多くはチャートを無視して、結局は損をするという不幸な結果になっている。真のプロのテープリーダー、すなわち株式売買で常にかなりの利益を上げている人は極めてまれである。最近ではこのよう

なテープリーダーはデイトレーダーに取って代わったが、その99％は
株式投資で成功していない。皆さんがそうした数少ない成功者に会え
ば、彼らは自分の頭のなかでチャートを描いているか、または値動き
の記録を注意深く読んでから株式の売買を行っていることが分かるだ
ろう）。

　スカロップを形成しやすい株式が15ドルぐらいまで上昇すると、そ
のパターンは徐々に不規則になってくる。すなわち、底値圏の滑らか
な狭いソーサー形のカーブから離れ始める。株価が20ドルを超えると
スカロップ型から完全に離れて、一直線の上昇に入り、ときに深い押
しを入れながら通常の保ち合い圏を形成する。これは中位株やそれ以
上の株式によく見られる特徴である（これには例外もある。一部の値
がさ優良株のトレンドは徐々に変化する金利水準と投資資金の増減に
大きく左右される。このような株式は上昇メジャートレンドの途上で
連続してスカロップを形成することが多い）。

　われわれはスカロップのパターンから株価が離脱するひとつの例と
して特定の株価水準（15ドルと20ドル）を挙げたが、もちろん株価だ
けがその決定条件ではない。しかし、ただひとつだけはっきりと言え
ることは、その株式にこのようなスカロップを形成する習性があるこ
とが分かれば、株価がこの形から決定的に離脱するまではスカロップ
が連続して形成されると考えられる。一方、スカロップからの離脱が
始まれば、その後の上昇幅はソーサーの終点までの値幅よりも大きく
なるので、（スカロップの底値近くの）有利なところを事前に買って
おけば、たとえ株価が最終的にどのように変化しても損失を被ること
はないだろう。かなり低位の株式は上昇トレンドの天井圏で最高値を
付けたあとでもまだソーサーを形成しようとする。しかし、前よりも
高い位置で連続的にソーサーを作ることはできないので、これまでの
パターンが変化してきたのを確認してから投資すれば、それほど大き
な損失を被ることはないだろう。

図118　きれいなスカロップ型の上昇トレンドの一部。10月のソーサーの形成期
間が短いこと、その下げ幅が相対的に小さいことを除けば、典型的なス
カロップのパターンである。12月からスタートした次のスカロップでは、
1月に株価は12 1/2ドルに下げたあと、2月には18 1/2ドルまで上昇した。
このチャートには出ていないが、1945年2～6月にも4カ月にわたってソ
ーサーが形成されている。大商いだった6月に9ドルで買ったポジション
トレーダーもやっと利が乗ってきた。

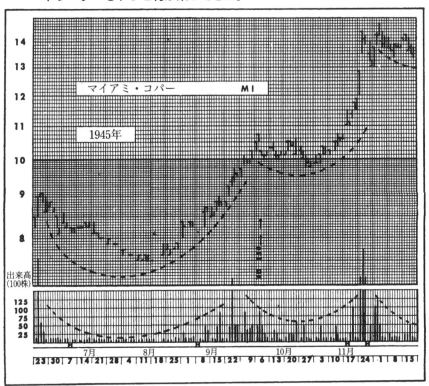

図119 スカロップパターンは低位株によく現れる特徴であるが、この株のように多くの投資家が保有する中位株にもときどき見られる。

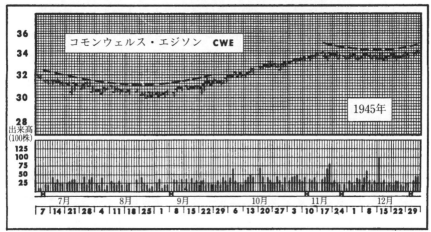

株式市場の昔と今

先に検討した反転パターンを見ると、1960年代のチャートにはそれ以前のパターンがあまり見られなくなったものもある一方で、逆に以前よりも頻繁に現れるパターンもある。このことは保ち合いパターンについても同じである。長方形や直角三角形のように、コンパクトではっきりとそれと分かるような形は最近ではあまり見られなくなった。対称三角形も1920～30年代のパターンに比べるとやや崩れた形が多く、チャート上にはっきりと目立った形では現れなくなった。一儲けできる典型的なパターンであるフラッグやペナントは昔と同じように出現するほか、通常のトレンド途上で形成されるパターン（例えば、ヘッド・アンド・ショルダーズや円形反転パターンなど）は以前よりも頻繁に現れるようになった。

307

　このようにチャートパターンが変化してきた理由は明らかである。
SEC（証券取引委員会）の規制が厳しくなったこと、証拠金率の引
き上げ、株式投資に対する一般大衆の目が肥えてきたこと、株式投資
や売買に対して控え目な（悲観的と言ったほうが適切かもしれない）
見方が広がってきたことなどを反映している。さらにSECや証券取
引所の監視が厳しく、以前によく見られた「素人投資家」をうまく利
用した目に余るような株価操作などの行為もなくなった。最近では大
がかりな株式の買い集めや売り逃げを狙ったシンジケートによる合法
的な動きなどもほとんど見られない。

　しかし、もちろんインサイダーが自らの個人的な目的を達成するた
めに、その企業の業績に関するニュースを一定期間にわたって隠して
おいたり、または早めに発表したりすることは今でも可能である。し
かし、最近では役員、取締役、大株主などによる株式売買では大々的
な不正行為ができないように厳しく監視されている（それでも個人投
資家は、良い企業業績のニュースのあとにその株式が大きく上昇する
可能性については少し疑いの目を向けたほうがよい）。投資顧問業者
と共同投資グループの緊密な結び付きも、法律で効果的に規制されて
いる（これについては1920年代でも多くの投資家が考えているほどひ
どいものではなかった）。SECは証券取引所の全面的な協力の下に、
投資顧問業者を徹底的に監視してきた。しかし、基盤がしっかりして
いる投資顧問会社は投資家を欺いたり、投資グループとの馴れ合い行
為をするようなことはない。そうした投資顧問会社の多くはそれが悪
意のないか、便宜上のものを問わず、投資グループとの誤解を招くよ
うな接触は極力避けてきたのである。

　とはいっても、昔ながらの相場師がまったくいなくなったわけでは
ない。しかし、高い証拠金率と厳しい規制が売り崩し行為を難しくし
ているなど、これらの相場師にとって今の株式市場は昔よりも利益を
上げにくくなってしまった。もっとも、証拠金率が高いのでかなり不

自由はしているが、依然として根っからのギャンブラーも立会場には出入りしている。最近ではグループを組んで強気相場の最終局面だけに登場するギャンブラーもいる。もちろん、彼らの売買は出来高を増やすだけで、その株式のチャートにそれほど大きな影響を及ぼすことはない（注　しかし、頻繁に売買を繰り返すデイトレーダーが、日々の株価の値動きを荒っぽくしている事実は見逃せない。1990年代の後半にはこうした熱狂的なデイトレードが株式市場をかく乱していた）。

　一方、小口投資家にとっても高い税金と厳しい規制の影響で、最近の株式市場は安全で親しみやすく、かつ安定した市場ではなくなってきた。もっとも、証拠金率を引き上げてもパニック売りによる暴落を防ぐことはできなかった。むしろ最近の株式市場は規制がそれほど厳しくなかったころに比べて、急激な下げに対してもろくなったように思われる。一方、強気と弱気相場の状況やトレンド形成のプロセスは50年前とほとんど変わりはない。なかでも特に驚くべきことは、規制がなかったころに形成されていたチャートパターンが少なくなったことではなく、テクニカルなパターンの多くが50年たった今でもほとんど何の影響も受けていないことである。1907年のチャーチストが1966年のチャートを見ても何の違和感も感じないだろう（注　同じようにロバート・エドワーズの昔からのテクニカル分析も、ほとんど変更を加えなくても21世紀でも十分に通用する）。

図120　このチャートはITTが1943年後半〜1944年前半にかけて、3ドルから16
　　　　ドルまで上昇したときに形成した13カ月にわたる広いソーサーのような
　　　　形をした保ち合い圏の最後の5カ月間の動きを示している。ITTはかな
　　　　り不規則な動きをするし、また出来高パターンにも一貫性は見られない。
　　　　しかし、このときの長期的な株価パターンは信頼できるものである。
　　　　（売り抜けと買い集めによって形成された）この長い保ち合い圏の最後
　　　　の段階では、最初に（早すぎる上放れを伴った）長方形が続いて上昇三
　　　　角形が現れた。1945〜46年の大天井では、大きなヘッド・アンド・ショ
　　　　ルダーズ・トップが形成された。

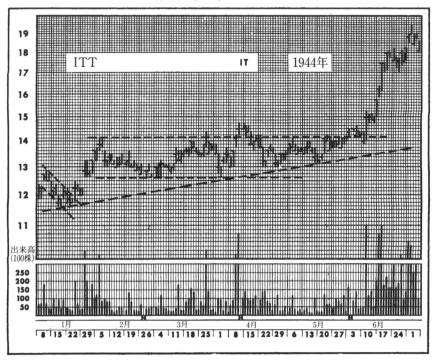

図121　保ち合いパターンがその株式のメジャートレンド転換を示唆するただひとつの有効なテクニカルシグナルになることもある。特に大底圏でのメジャートレンド反転ではチャートに何らかのはっきりした反転シグナルが現れるものだが、ときにはそうしたシグナルがまったく出現しないこともある。この株の週足チャートはその数少ないケースのひとつである。株価は1941年12月の大底8 5/8ドルから、1946年には47ドルまで上昇した。日足と週足チャートにも目立った反転パターンは出現しなかったが、最初の上昇では1942年4月に11 7/8ドルを付け、そこから6カ月にわたる対称三角形を形成した。その後株価は対称三角形の4分の3のところで大商いを伴って上限から上放れた。さらにその直後には極めて重要な抵抗水準の12ドルも突破したことから、この動きが完全な上昇トレンドではなくても、少なくとも力強い中期的なトレンドであることが確認された。このチャートのように、テクニカルなパターンの組み合わせが見られたとき（すなわち、強い抵抗線のすぐ下に大きな保ち合い圏が形成され、株価がその両方を上抜いたとき）には、弱気から強気トレンドへの転換が強く示唆される。こうした抵抗圏については第13章で検討する。

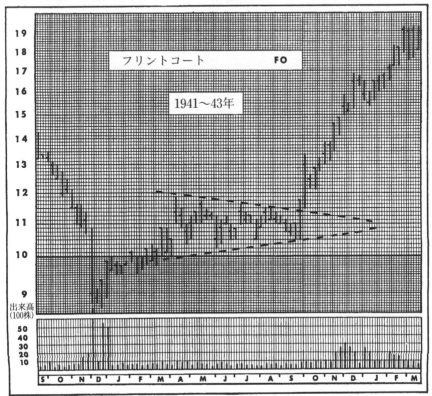

311

第12章

ギャップ
Gaps

　テクニカルアナリストの言葉で言う「ギャップ（窓）」とは、まったく取引のない価格帯を指す。ギャップのテクニカルな重要度は極めて高いので、けっして軽視してはならないパターンである。

　日足チャートのギャップは、その日の最安値が前日の最高値よりも高いときにできる。もちろん、その日の最高値が前日の最安値よりも安いときも現れる。このような２日間の株価をチャートに描くと、同じ水準ではこの２つの株価は重複も接触もしない。この２つの株価の間隔がギャップである。週足チャートにギャップができるには、その週に記録された最安値が前週の最高値よりも高くなる必要がある。週足チャートでもギャップは現れるが、日足チャートよりははるかに少ない。月足チャートのギャップが出来高の多い株式に現れることはめったにない。月足チャートのギャップは、月末にパニック売りによる暴落が始まり、翌月初めにもそのような基調が続くような極めてまれなケースに限られる。

どのギャップが重要か

　株式チャートの研究が始まった初期のころから、ギャップは常に注目されてきた。株式グラフのなかでこのような「窓」はひときわ目立

つ。チャート研究家がギャップを重視し、ギャップが現れるたびに特別な意味を持たせようとしたのは極めて当然のことであったが、そうした試みはうまくいかなかった。ギャップを説明するさまざまな「ルール」が続出したからである。そうしたルールのいくつかはほとんど熱狂的に、ギャップがなぜ、いつ現れるのかをよく理解していない浅薄なチャートリーダーに利用されている（それは迷信と同じで、そうしたルールが適用できないケースはまったく無視されている）。このような不幸な状況を引き合いに出したのは、ギャップのルールが間違っているからではなく、ギャップに関する一面的なルールを妄信的に受け入れた結果、ギャップが示唆する意味を本当に理解し、ギャップを株式取引に利用するうえでその理論的な基礎の確立が妨げられているからである。

　ギャップに関する最も一般的な迷信は、「ギャップは埋められなければならない」という考えである。ときにはさらに用心深く、「３日間で埋められないギャップは３週間以内に埋められる。３週間で埋められないギャップでも３カ月以内には埋められる」とも言われる。その言い方はさまざまであるが、それらはすべてギャップは埋められなければならないし、ギャップが埋められないかぎりそのトレンドは信用できないという考え方に集約される。しかし、こうした前提そのものが間違った考え方を生む元凶になっている。

ギャップを埋める

　まず最初に、ギャップを「埋める」というのはどのようなことなのか。上昇トレンドにある株式が毎日コンスタントに20ドルから21、22、23、24ドルと上昇を続け、ある日の終値がその日の高値の25ドルであったとする。翌朝には26ドルで寄り付き、そのまま上値を追った。この動きでチャートには25ドルと26ドルの間に１ドルのギャップが作ら

れた。その後株価は28ドルまで上げたが、そこで押しが入って27、26ドル下げ、最後に25ドルで下げ止まったとする。この下落で25ドルと26ドルの間のギャップを通って株価は下げた。これでギャップは埋められたのである。要するにトレンドが反転してギャップの価格帯を通過すれば、ギャップが埋められることになる。

　株価がギャップの位置から遠く離れる前に、ギャップは埋められなければならないのだろうか。そんなことは絶対にない。それでは最終的にギャップは埋められるのか。おそらく埋められるだろう。次の短期的な下落で埋められなければ、次の中期的な下落で埋められるかもしれない。それでも埋められなければ、次のメジャートレンドの反転ではほぼ確実に埋められるだろう。しかし、それは数年先になるかもしれず、そうなるともはや普通の投資家は何の関心も示さないだろう。1929年10月21日にチェサピーク＆オハイオ株を260ドルで買った投資家は、前週の金曜日に作られた266ドルと264ドルの間にできた2ドルのギャップを埋めるのに約7年間も待たなければならなかった。チェサピーク株は次のメジャーな強気相場の天井近くに達するまで、以前と同じ市場価値の65ドル（1930年に1株を4株に分割した）を取り戻すことができなかった。この株は1932年には買値の6分の1まで下落した。1929〜30年には個別株式のチャートには何百というギャップが作られたが、それから18年間もそれらのギャップは埋められていないし、これからもその多くはけっして埋められることはないだろう。こうした状況を見ると、ギャップが埋められる確率はギャップが形成されるか否かにかかわらず、株価が元の水準に戻る確率とほぼ同じであることが分かるだろう。

　さらに付け加えるならば、株式の売買では数千というギャップができていることである。それにはかなり大きなギャップも含まれるが、それらは通常の日足チャートにはまったく現れない。というのは、それらは日中のザラバで形成されたもので、その日の終値と翌日の始値

315

の間で作られたものではないからである。このようなザラバでできる
ギャップは普通はまったく無視される。本当はこのようなギャップの
ほうが日をまたいだギャップよりも重要なものが多いのだが、ギャッ
プの理論家たちはそのことにまったく気づいていない。実際にきれい
な長方形や直角三角形から株価が勢いよく放れるときは常にギャップ
ができるが、チャート上にはその日の寄り付きに形成されたわずかな
ギャップしか現れない。

　この問題についてかなりくどく述べてきたのは、読者の皆さんがギ
ャップに対して抱いている何か神秘的な先入観を捨てて、もっと自由
な観点からギャップを考えてほしいと願っているからである。ここで
ギャップに関するもうひとつの問題、すなわちテクニカルな重要性を
持つギャップについて検討していこう。このほか、チャート分析家が
将来のトレンドの方向を占うときに極めて役立つギャップもある。以
下ではこうしたさまざまなギャップに焦点を当てていく。

配当落ちのギャップ

　まず最初に、ギャップには何の意味もないという考えを捨てる必要
がある。しかし、1/8ドルのギャップなどは最小限の値幅を示してい
るだけでテクニカル的には何の意味もない。同じように（株式分割前
の）ノーフォーク＆ウェスタンのような値がさ株では、1/4ドルはも
ちろん、1/2ドルのギャップでさえも連続した株価の通常の間隔にす
ぎない。要するに、テクニカルアナリストが興味を示すようなギャッ
プは、通常の変動幅よりも広いものでなければならない。将来の株価
の方向を示唆しないようなどうでもいいようなギャップは、中位や値
がさの品薄株によく現れる。無数のギャップが頻繁にチャートに現れ
るような株式は、その多くが特別な意味を持つギャップではない。

　配当落ち（現金、株式、新株引受権またはワラントなどを問わず）

図122　4～6月のチャートに現れた長方形のなかには、いくつかの重要なギャッ
プが含まれている。G印を付けた2つの大きなギャップはコンティニュ
エーションまたはランナウエーギャップである。ギャップが形成された
いずれの日も、株価はその日の高値または高値近くで引けている。どち
らのギャップもその後2年間は埋められなかった。このチャートでもう
ひとつ興味深いのは、3月に形成され始めたが、結局は完成しなかった
下降三角形である。4月7日にギャップが現れるまでははっきりしないダ
マシのような形をしている。4月半ばのフラッグは9 1/2ドルから14ドル
に至る株価の動きを見るかぎり、値幅測定方式どおりの位置にある。2
つのギャップに挟まれたフラッグからの上下の距離がほぼ等しいことに
注目。

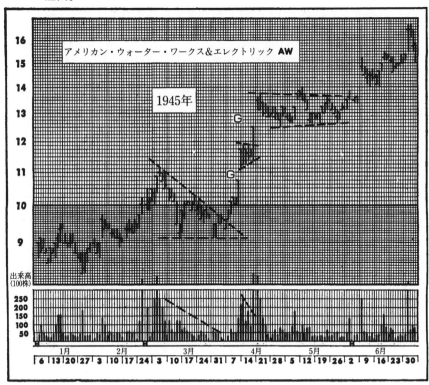

に伴って現れるギャップも、その後のトレンドの方向を示唆するような特別の意味はない。この種のギャップはトレンドの方向を左右する需給関係の変化を反映したものではなく、実際の純資産の水準に戻るために突然起きた変化にすぎない。このようにテクニカル的には何の意味のないギャップは別として、「信頼できる」チャートを形成する出来高の多い株式に現れる珍しいギャップもある（配当落ちに伴う価値の変化で生じたギャップではない）。例えば、ニューヨーク・セントラル株のチャートに現れた1ドルのギャップなどがそうであり、こうしたギャップはおそらく今後の株価を予測するうえで大きな重要性を持っているので十分に注意を払う必要がある。以下ではこのようなテクニカル的に重要性を持つギャップを研究の目的上から4つの種類に分類し、それぞれについて詳しく検討していく。それらはコモンギャップまたはエリアギャップ、ブレイクアウエーギャップ、コンティニュエーションギャップまたはランナウエーギャップ、エグゾースチョンギャップの4つである。

コモンギャップまたはエリアギャップ

　この種のギャップはその名のとおり、トレーディングレンジまたは保ち合い圏によく現れるものである。これまで検討してきたすべての保ち合いパターン（転換点および中段保ち合いパターンのいずれも）では出来高は減少するが、はっきりした形の長方形と三角形ではこうした特徴が最も顕著に表れる。さらにこれらのパターンでは、供給線と需要線である上限線と下限線が交わるところで出来高が集中する傾向があり、そのレンジの領域はまるで「人のいない土地」のようである。それゆえに、その領域内でなぜギャップが頻繁に出現するのかはすぐに分かるだろう。第8〜9章に掲載したチャートには、こうしたエリアギャップが数多く見られる。このようなギャップはその保ち合

いパターンが完成し、株価がそこから放れる前の数日間で埋められるが、その理由は明らかであろう。しかし、ときにはそうでないケースもある。株価が保ち合いパターンから放れる直前に、その領域を最後に縦断するときに形成されるギャップがそうである。そのようなギャップはかなり長期にわたって埋められないし、また埋められるべき理由もない。

コモンギャップまたはエリアギャップから、その後の株価の動きを予測することはほとんど不可能である。テクニカルアナリストにとって、この種のギャップは単に何らかのパターンの形成を予想するのに役立つだけである。つまり、このようなギャップが現れたということは、何らかの保ち合いパターンが形成されることを意味する。例えば、ある株式が10ドルから20ドルまで上昇したあと17ドルに下落し、その後に再び20ドルまで上昇したが、この上昇の過程でギャップができたとする。そうするとこの17ドルと20ドルの間で何らかのパターンが形成されると予想できる。こうした株価の習性を知っているとかなり有利であり、ときに短期トレードで一儲けすることができる。一方、エリアギャップは転換点よりも中段の保ち合い圏で形成されることが多い。長方形や対称三角形の形成過程で多くのギャップが現れたが、それがどちらの保ち合いパターンであるのかが分からないときは、反転型よりは中段保ち合いパターンではないかと察しがつく。

ブレイクアウエーギャップ

この種のギャップは保ち合い圏でも現れるが、エリアギャップなどとは異なり、そのパターンが完成したあと株価がそこから放れるときに形成される。保ち合いパターンの水平な線、例えば上昇三角形の場合はその上限線を株価が上放れるときによくギャップができる。実際、そうしたときはほとんどギャップが形成されるといってもよい。そし

て上限線が水平な保ち合いパターンが形成されるときに何が起きているのかを考えれば、株価がそこから上放れるときになぜブレイクアウェーギャップができるのかはすぐに理解できるだろう。例えば、上昇三角形はその株式に対する根強い需要と、それを一定の価格で売却しようとする大量の供給がぶつかることによって形成される。

　仮にその株式が40ドルになると売られるとしよう。40 1/2～41ドルでその株式を売却しようと考えている人々が多くなると、株価は40ドルまで上昇してはそこで上げ止まり、その後に下落するという動きを繰り返すだろう。これらの人々は最後には40ドルで売ってくる人々に加わるか、または株価が40ドルを上抜けばかなりの高値まで上昇すると考えるに違いない。その結果、これまでよりも売値を引き上げるだろう。こうなると、その保ち合い圏のすぐ上のところでは売り物がなくなり、真空地帯が生じる。この上昇三角形の例では40ドルで売り物がすべて吸収されてしまうと、新規の買い手にとっては40 1/8～40 1/4ドルでは売り物がまったくなくなり、その株式を買うには40ドルから1ドルかそれ以上に指値を引き上げなければならない。このようにしてブレイクアウェーギャップが形成されるのである。

　既述したように、この種のギャップはすべて水平な保ち合い圏から株価が決定的にブレイクアウトするときにできる。しかし、こうしたギャップの多くはザラバで形成され、日をまたいだ終値と始値で形成されることは少ないのでチャート上にはそれほど現れない。この種のギャップは、転換点または中段保ち合いのその他のパターンから株価が放れるときもときどき見られる。例えば、ヘッド・アンド・ショルダーズから株価が放れるとき、（あとで検討する）トレンドラインをブレイクするときにも現れる。

　それではこのブレイクアウェーギャップに、どのような株価の予測シグナルを見いだすことができるのだろうか。まず最初に、このギャップはわれわれの注意を引き、株価が保ち合い圏からブレイクアウト

するという事実を知らせてくれる。はっきりしたギャップを伴って株価が保ち合い圏から飛び出せば、そのブレイクアウトが本物であることは疑問の余地がない。ギャップを伴ったダマシのブレイクアウトという動きはほとんどない。二番目にギャップを作るような買いの需要（または売りの圧力）は、ギャップを伴わないブレイクアウトよりもそのシグナルははるかに強力である。そうであれば、このギャップが現れたあとの株価はかなり遠くまで速く動くと予想される。しかし、この点についてはあまり強調しないほうがよいだろう。というのは、これはあくまでも推論であり、多くの場合についてそうであることは立証されてはいるが、例外的なケースもあって失望することもあるからだ。それにもかかわらず、ほかの条件が同じであれば、２つの株式が同時に上昇三角形から上放れるときは、小刻みにブレイクする株よりはギャップを伴って上放れた株を買うべきである。

　こうした株価の動きの背後には何か大きな「力」が働いているということは予想されるが、それ以外にブレイクアウエーギャップには特別な値幅測定方式もないし、その他の株価予測の手掛かりもない。次に問題となるのは、このギャップが比較的短期間に埋められるのかということである。これをもっと実際的かつ実践的な言葉で言い換えれば、株価がある方向に大きく動く前にギャップが埋められることを予想して買いを遅らせるべきなのか。この問いに正しく答えるには、このギャップが現れる前後の出来高を詳しく調べる必要がある。株価がギャップを伴って上放れるときに大商いだったものの、ギャップの規模がそれほど大きくないときは、半々の確率でその後の下落で株価はその保ち合い圏の上限まで押し、ギャップが埋められることになる。これに対し、ギャップを伴って株価が上放れるときに大商いで、さらに株価がギャップのところから遠くに離れてもまだ大商いが続いているときは、目先の押しでそのギャップが埋められる可能性は低く、そのときの押しはほとんどギャップの外側で止まる。

図123　7月5日に出現した大きなギャップは典型的なブレイクアウエーギャップ
　　　であり、7～8月の調整的な上昇局面で株価が安値の複合パターンから上
　　　放れたときに形成された（このチャートを図32と比較しよう）。もうひ
　　　とつのブレイクアウエーギャップは8月26日に、株価がトレンドライン
　　　を下抜いたときに形成された。9月7日のギャップは主に配当落ちに伴う
　　　もの、9月18日のギャップは支持線を下抜いたときにできた。4月26日の
　　　最初のギャップはランナウエーギャップに分類される。これによって4
　　　～6月の複雑な安値圏は一種のアイランド（島）となった。

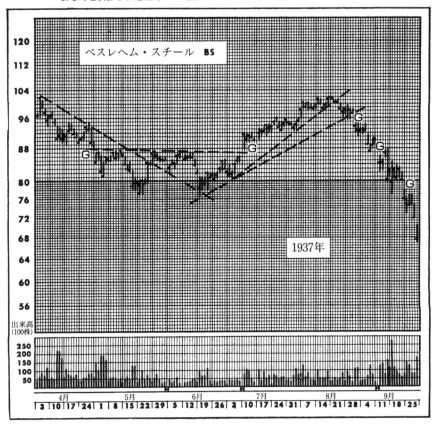

図124　ゼニスの週足チャート。1942年初めに株価がヘッド・アンド・ショルダーズ・ボトムから上放れたとき、力強いブレイクアウエーギャップが現れた。このときは大商いだったが、これはこのギャップがすぐには埋められないことを示唆している。4月の下落もギャップの少し上で止まっている。事実、このギャップは14年以上経過した1956年になってもまだ埋められていない。

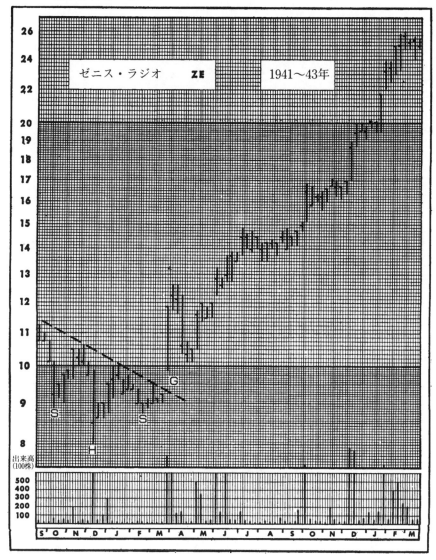

　（このような検討をしていると、「いつも（always）」とは「けっして〜ない（never）」とかいった言葉をよく使いたくなる。残念なことに著者には株式市場で例外のないテクニカルなルールを発見することは「けっして」できなかった。それゆえに、そうした例外的な動きに備えて「いつも」自衛策を用意しておくべきである。このような例外的な動きが現れるのは、平均株価と個別株式のテクニカルなトレンドが一致しないからである。このため、関心のある株式と一緒に平均株価のチャートも常にフォローすべきである）

　日中のザラバでギャップができても、日足チャートではその日の出来高がどのように分布しているのかは分からない。そのようなときはチッカーテープを調べるか、またはブローカーに個別株式の売買記録を見せてくれるように頼めばよい（注　現在ではそうしたデータは簡単に入手できる。**付録D**の参考資料を参照）。出来高のはっきりした手掛かりがないときは、そのパターンが示唆する株価の動き（通常ではダウ理論における修正トレンド的な動き）がすべて終わるまでのかなり長い期間、ブレイクアウエーギャップは埋められないと考えたほうがよい。

コンティニュエーションギャップまたはランナウエーギャップ

　これまで検討してきた2つのギャップほど頻繁には現れないが、このギャップはそれらのギャップよりははるかに重要なテクニカル上の意味を持つ。というのは、このギャップが形成されると、その後の株価の動きが大ざっぱに予測できるからである。その意味からこのギャップはときに「メジャリングギャップ（Measuring Gap）」とも呼ばれる。コモンギャップやエリアギャップ、ブレイクアウエーギャップは保ち合いパターンと関連して現れ、前者は主に保ち合い圏のなかで、後者は株価がそこから放れるときに形成される。これに対し、ランナ

図125　興味深い例として、図124の週足チャートと比較するために、ゼニス・
　　　　ラジオの月足チャートを掲載する。ヘッド・アンド・ショルダーズ・ボ
　　　　トムが一目で分かる。

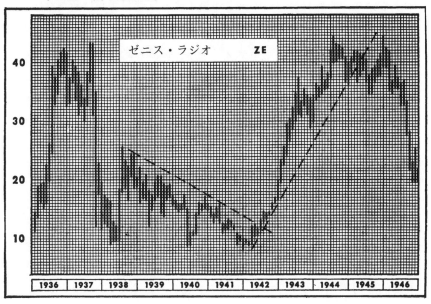

ウエーギャップはあとで検討するエグゾースチョンギャップと同じよ
うに、保ち合いパターンとは関連なく、急激でほぼ一直線の株価の上
昇や下降の途上で現れる。

　株式が買い集められている領域から株価がダイナミックに動き始め
るとき、上昇局面では数日間または１週間以上にわたり株価が「力」
をためているように見えることがある。そして大きな上昇が買い方の
利食いを誘うようになると、売り物が増えて上昇の勢いは鈍り始める。
出来高は最初の保ち合い放れのときに最大を記録したあと、その後の
上昇局面ではやや減少傾向をたどる。そして上昇の最終段階に入ると
再び急増して株価は上げ止まる。このように（同じような動きとなる

急落局面でも)、出来高と比較して株価が急ピッチで上昇するような
ときに幅の広いギャップがよく現れる。その時期はこの一連の動きが
始まる保ち合い放れと、この動きが終了する反転日または新たな保ち
合いパターンのほぼ中間に位置する。このコンティニュエーションギ
ャップまたはランナウエーギャップから、株価の動きを大まかに測定
することができる。すなわち、株価はそれまでのトレンドの出発点か
らこのギャップまでと同じ距離だけ、ギャップからさらにその方向に
進むと予想される。この距離はチャート上で直接(垂直に)測定でき
る。

　実際の値幅で見ると、上昇トレンドではこのルールを適用した値幅
以上に動き、逆に下降のときは下値目標値が予想される距離に届かな
いことが多いので、このギャップによる値幅測定では対数目盛りのチ
ャートを使ったほうがよい。普通目盛りのチャートではギャップの上
側では少し長く、下側ではやや短くするほうがよい(いずれの場合も
理論的な目標値よりも少し小さめに予想するとよい)。ランナウエー
ギャップはあとから見ると簡単に見分けられるが、問題はこのギャッ
プが出現したときにそれと確認できるかどうかである。もちろん、こ
のギャップをコモンギャップやブレイクアウエーギャップと混同して
はならない。もっとも、何らかの保ち合いパターンから株価が大きく
動いたあと(またはあとで検討する重要なトレンドラインをブレイク
したあと、または強力な支持圏・抵抗圏からのブレイクアウトしてか
ら)、急速な上昇・下降局面の途上で現れたギャップはすべてランナ
ウエーギャップであると考えてもよい。それでは、次に検討するエグ
ゾースチョンギャップとこのギャップを区別するときはどこに着目す
ればよいのか。通常ではギャップが現れたあとの株価と出来高の動き
が大きなヒントとなる。

図126　この日足チャートからはいくつかの興味深いテクニカルな特徴が読み取れる。株価は1945年12月に19ドルから25ドルまで上昇したあと、9週間にわたって保ち合いの長方形を形成したが、このチャートはその最後のところを示している。株価は2月11日にこの長方形から典型的なブレイクアウエーギャップを見せて噴き上げ、それから4日後には大商いを伴ってもうひとつのギャップを形成し、その日の高値で引けた。これはランナウエーギャップのようにも見える。これに値幅測定方式を適用すると、株価は32ドルまで上昇することになる（長方形の測定方式を使うと31ドルまで上昇）。しかし、翌日に1日の反転が現れて31ドルから30ドルに下げ、次の日に2月15日のギャップを埋めたことから、そのギャップは実はエグゾースチョンギャップであったとみなされる。その後株価は9週間にわたって形成された長方形の支持線まで下げたあと、中期の上昇トレンドライン近辺で下げ渋ったが、4月24日にはトレンドラインを下抜いて再び25ドルの支持線まで下げた。5月には30ドルに再上昇したが、そこではトレンドラインとぶつかり、ここで最後の力が尽きた。7月後半には25ドルの支持線が下抜かれて大きなダブルトップが完成した。ここでもう一度2月15日のギャップに戻ると、その出現日から数日経過しないと、それがコンティニュエーションかエグゾースチョンギャップのいずれであるのかを判別できない好例であった。

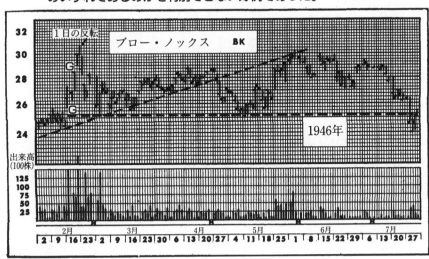

図127　値幅測定方式どおりに動いたランナウエーギャップの好例。株価は1936年後半に26 1/2ドルから下落したあと、ヘッド・アンド・ショルダーズ・ボトム（左肩は三角形となった）を形成し、2月6日にそこから上放れた。その直後に28ドルまでの上昇を示す小さなフラッグが現れた。さらにこの水準で30 1/2ドルか、それ以上までの上昇を示唆するもうひとつのフラッグが出現した。株価がこの目標値を達成した3月3日に大商いを伴ったギャップが形成され、次の2日間でこのギャップがコンティニュエーションか、ランナウエーギャップであることが確認された。このギャップは（ヘッド・アンド・ショルダーズのネックラインから測定すると）37ドル近くまで株価が上昇することを示唆していた。結局、3月17日には40 1/2ドルの高値を付けた。ギャップによる値幅測定方式は、買いよりはむしろ売りの目的で使われるべきであろう。株価がその方式で示唆された値段まで絶対に動くという保証はないが、その目標値が達成されるとその相場の動きは終わりに近いという確証が得られる。

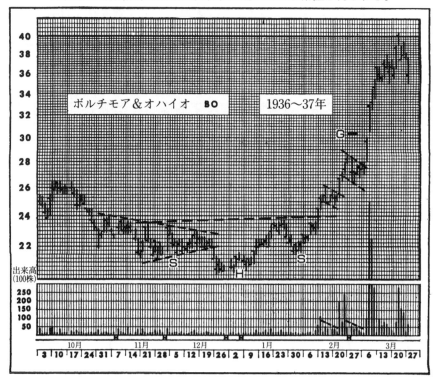

図128　パニック的な売りによる暴落局面では、よく大きなランナウエーギャップが現れる。9月7日にできたギャップはその大きさ、出来高、その後の動き、そしてこのギャップが新安値への途上で出現したことなどを考慮すると、その目標値はほぼ達成されるだろう。示唆された下値目標値は26ドルか、それ以下である。これ以外のギャップはすべて明らかにコモンギャップである。

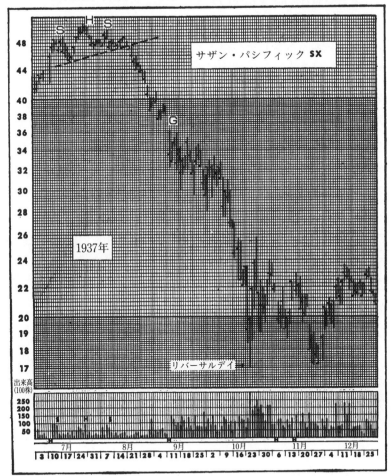

２つ以上のランナウエーギャップ

　ランナウエーギャップとエグゾースチョンギャップの特徴の違いについてはあとで検討するが、ここでは次のようなケースに言及しておこう。それは株価の動きが速いときに２～３つのギャップが現れるときがあるが、それはすべてコンティニュエーションギャップまたはランナウエーギャップとして分類できるということである。もっとも、こうしたケースは少なく、特に取引がかなり活発な大型株のチャートにはほとんど見られない。しかし、急騰している品薄株などは値段が付かず、３～４日間にギャップを形成することがよくある。このようなときの重要な問題は、どこに値幅測定の中心点を置くべきかである。この問題に対処する簡単なルールはないが、チャート（特に出来高のパターン）を注意深く調べればその手掛かりが得られるだろう。値動きが速いときの値幅測定の中心点は、出来高の水準に比べて株価の動きのほうが速いところ（そこにギャップが形成される）に置くべきである。もしも２つのギャップが現れたときは、値幅測定の中心点はその２つのギャップの間のどこかにあるはずである。チャートを注意深く調べて、頭のなかで値幅の平均値を計算してみよう。また品薄株の中心点を推定して、それを実際の測定基準として使ってみよう。ただし、連続するギャップはそのトレンドが力を出し尽くしつつある証拠であり、そこでは常に控え目な判断を下すべきだ。つまり、第二、第三のギャップにあまり多くのことを期待してはならないということである。

エグゾースチョンギャップ

　ブレイクアウエーギャップは株価が動き始めるシグナル、ランナウエーギャップは株価の速い動きが続いている局面、またはそのトレン

ドの中間地点の近辺で現れる。これに対し、エグゾースチョンギャップはトレンドの最終局面に形成される。最初の2つのギャップはそれまでの株価の位置からすぐに分かるが、エグゾースチョンギャップをランナウエーギャップと区別するのは必ずしも簡単ではない。

エグゾースチョンギャップはランナウエーギャップと同様に、株価の急激で大幅な上昇または下降と関連する。ランナウエーギャップはかなり加速された動きの途上に現れるが、そのあと株価の動きはスローダウンし、最後にはそのモメンタムを阻止しようという抵抗が強まることによってその動きがストップする。しかし、株価が急騰するトレンドでは抵抗が強まるすきもなく、そのモメンタムも衰えずに加速し続けるが、突然供給（下降のときは需要）の厚い壁に突き当たり、大商いの1日で株価がピタリと止まることがある。このような局面ではその最後の日とその翌日の間に大きなギャップが現れる。最後の急騰場面で上昇トレンドが力を出し切ったように見えるので、このギャップはエグゾースチョンギャップと呼ばれている。

株価の急激な一直線の上昇または下降局面で現れたギャップが、ランナウエーギャップか、エグゾースチョンギャップであるのかを見分けるには、ギャップが現れた翌日に（さらに正確にはギャップが出現した日にも）注目することであるが、それまでの株価の動きに別の手掛かりを見いだすこともある。特にそれまでのトレンドがその日の出来高と見合ったペースで進まないときは、おそらくそのギャップはトレンドが最後の力を使い果たす直前に現れるエグゾースチョンギャップであろう。ギャップが形成された翌日に1日の反転が現れ、その日がギャップの上限・下限近くで引けたときはその可能性はほぼ確実となる。

一方、ギャップが形成される前のチャートから読み取るのは次のような点である。すでにトレンドがある保ち合いパターンなどから予想されるとおりの動きをしていれば、それはランナウエーギャップとい

うよりはエグゾースチョンギャップである可能性が高い。しかし、その株価のパターンから測定した位置がまだ目標値に達していないときは、そのギャップはおそらくランナウエーギャップであろう。エグゾースチョンギャップは株価が急速に動いているとき最初に現れるギャップであることはめったになく、少なくともひとつのランナウエーギャップが先に出現するのが普通である。このように、株価が急速に上昇または下降しているときに現れる最初にギャップは通常ではランナウエーギャップである（それを否定するさらに強力なほかのシグナルが見られないかぎり）。このため、ギャップが連続して出現するようなとき、特にギャップの幅が広がっていくようなときには要注意である。

　エグゾースチョンギャップは幅の広いギャップである。ギャップの幅の広さはこのギャップの性質と深く関係しているが、ギャップの広狭を定義する明確な原則を設けるのは難しい。しかし、これについてはそれほど心配する必要はなく、例えば保有株のチャートにかなり大きなギャップが現れたが、それがどのギャップであるのかはチャートを見る目が少し肥えてくればすぐに分かるようになるだろう。一般にランナウエーギャップはかなり長期間にわたって埋められず、株価がそれまでとは反対方向のメジャートレンドに転換したり、または修正トレンド的な動きが始まるまで埋められることはない。これに対し、エグゾースチョンギャップは形成日からせいぜい2〜5日以内に埋められることが多い。まだランナウエーギャップとエグゾースチョンギャップの区別がつかないときは、この点が大きな手掛かりになるだろう（この事実はギャップが埋められないと、そのトレンドは信用できないという広く定着している考え方を否定するものである。ランナウエーギャップはそれが埋められないどころか、そのトレンドが一直線に驚くほどのスピードで進展することも珍しくない。エグゾースチョンギャップの場合はギャップが埋められたことが、そのトレンドが最

図129　6月の上昇局面ではいくつかの小さなギャップが形成された。最初の2つのギャップは小さすぎて、テクニカルな重要性はあまり認められない。6月16日に現れたやや大きなギャップのあとは、トレンドが一時的に中断したように株価の動きが止まっている。続いて小さなペナントの保ち合い圏が形成された。6月27日のギャップも株価の動きからするとエグゾースチョンギャップのようにも見えるが、出来高は新たなピークに向かって増加する代わりにむしろ減少している。そして翌日に株価は再上昇したので、このギャップはランナウエーギャップであり、18 1/2ドル以上までの上値目標値が示唆された（これはまもなく達成された）。そのときに形成された反転型のヘッド・アンド・ショルダーズとそれに続く中期的な下落に注目。

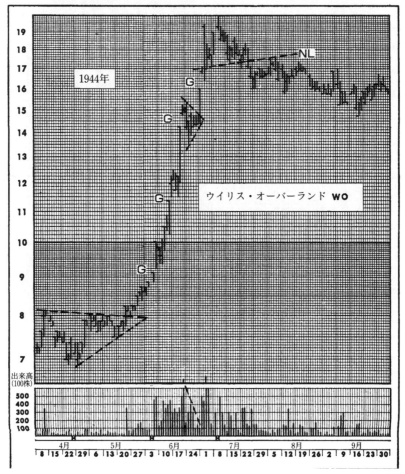

図130　AOスミスは品薄株であり、その日足チャートはいつもギャップだらけ
である。しかし、1946年9月にこの週足チャートに現れた大きなギャップ
は、明らかにテクニカルな重要性を持っている。これをランナウエー
ギャップと見て、8週間にわたる68ドルでの保ち合い圏から測定すると、
下値目標値は44ドル以下となる。この目標値はまもなく達成された。

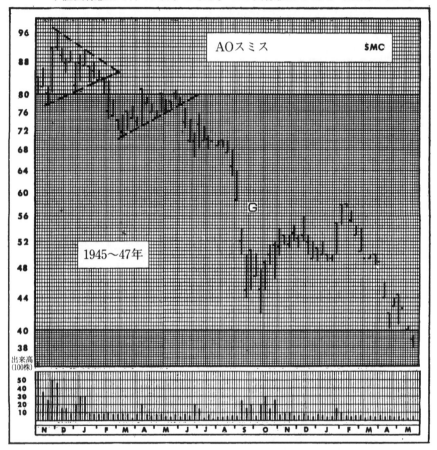

後の力を使い果たしたというシグナルになる）。

　しかし、エグゾースチョンギャップが出現したというだけでメジャートレンドの反転シグナルと判断すべきではないし、実際に必ずしもそうとはならない。エグゾースチョンギャップが株価の進行をストップさせることは事実だが、そのあとにはいくつかの保ち合いパターンが形成され、それがギャップ出現前のトレンドを反転させるか、継続させるかどうかを決定する。実際には新しいトレンドが始まる前にエグゾースチョンギャップが形成され、それから小さな反転パターンや遅行的な一連の動きが現れるので、保有株があれば直ちに売却すべきである（その後にトレンドの継続が確認されたら再び買い直せばよい）。

アイランドリバーサル

　第10章でアイランド（島）の反転パターンについて言及したが、この問題はギャップを検討するときに取り上げるべきであった。アイランドパターンはそれほど頻繁に出現するものではなく、それ自体は大天井や大底を示唆する大きな重要性もないが、一般にはアイランドが出現したあとはその前の短期的な動きとはまったく逆方向の動きとなる。アイランドリバーサルとはエグゾースチョンギャップによる急激な動きと、そのあとに現れるそれまでとは反対方向のブレイクアウエーギャップのやはり急激な動きによって切り離されたコンパクトなトレーディングレンジをいう。そのようなトレーディングレンジは、1日の反転として形成されるときはわずか1日だけしか続かない。その期間が数日から1週間ぐらいになることもあるが、そのときは小動きの続くコンパクトな保ち合い圏となる。当然予想されることだが、そこでは比較的多くの出来高を示す。この2つのギャップの先端はほぼ同じ水準に形成され（ギャップの両端はほとんど重複する）、その部

図131　ヘッド・アンド・ショルダーズ・トップの右肩の小さなアイランド
　　　　（島）はメジャートレンド反転を示唆している。このアイランドは明ら
　　　　かに弱気のシグナルである。

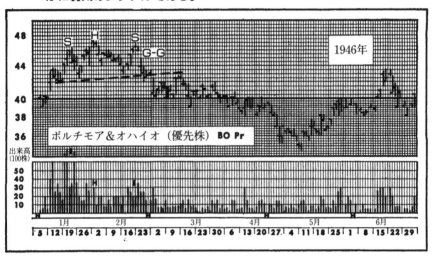

分全体がほかの部分からギャップによって切り離されているので、チ
ャート上ではひとつの島のように見える。

　このアイランドはメジャートレンドの反転パターンとして単独で現
れることはないが、複数の島がメジャートレンドや重要な中期トレン
ドの転換局面でさらに大きなパターン（例えば、ダイナミックなヘッ
ド・アンド・ショルダーズ・トップの頭の部分など）の一環として形
成されることがよくある。また三角形や長方形を構成する短期的な動
きのピークのときに現れることもある（そのようなとき、アイランド
を形成するギャップはコモンギャップやエリアギャップとして分類す
べきである）。

　それではなぜこのようなアイランドが形成されるのだろうか、換言
すれば、なぜ同じ水準でギャップが繰り返して形成されるのか。その
理由はあとの「支持線と抵抗線」の章を検討するときに明らかになる

だろう。ここでは次の点を指摘するにとどめる。すなわち、これまでほとんどまたはまったく取引がなかったレンジ（上昇・下降局面を問わず）、つまりその株式の保有者が売却できなかった価格帯で株価が最も急激に動くということである。アイランドを完成するブレイクアウエーギャップは、急速な戻りや押しで数日後に埋められることもあるが、埋められないことのほうが多い。ときにアイランドを形成し始めるエグゾースチョンギャップは、ブレイクアウエーギャップが出現する前の数日間で埋められることもある。そのようなときアイランドの保ち合い圏はV字型となり、アイランドとその前後にできるチャート上の水平な「水路」ははっきりしない形になる。しかし、どのよう

図132　下にふるい落とされたような形のアイランド（島）は、品薄株ではあまり珍しいものではない。なぜこのような形が出現するのかを説明するのは難しいが、その後の株価の方向を示唆していることだけは確かである。

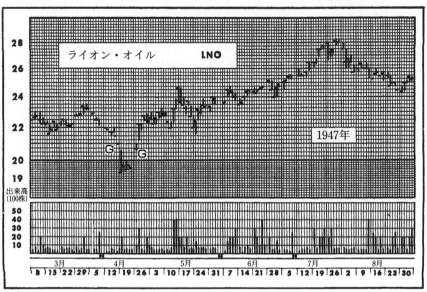

図133　1937年の大天井で形成されたアイランドリバーサルパターンは模範的な
　　　　ものだが、3月30日の急上昇はこれまでの常識を揺るがすほどのものだ
　　　　った。3月19〜20日に95ドル近辺でアイランドリバーサルのパターンに
　　　　従って空売りした人々はびっくりした。株価が1週間後に跳ね上がり、
　　　　二番目のギャップの水準を超えて上昇したからである。しかし最終的に
　　　　は、すべてが予想どおりの展開となった。このことは一般原則を説明す
　　　　るのに役立つだろう。すなわち、チャートに大きな意味を持つはっきり
　　　　したテクニカルパターンが完成したときは、その後に逆行する動きが起
　　　　こっても、当初の明確なシグナルを忘れたり、または無視してはならな
　　　　いということである。そのようなときは時間の推移に任せることである。
　　　　図123はこのチャートの続きを示したもので、そこにはもうひとつのア
　　　　イランド（島）が見られる。出来高と比較しながら検討しよう。

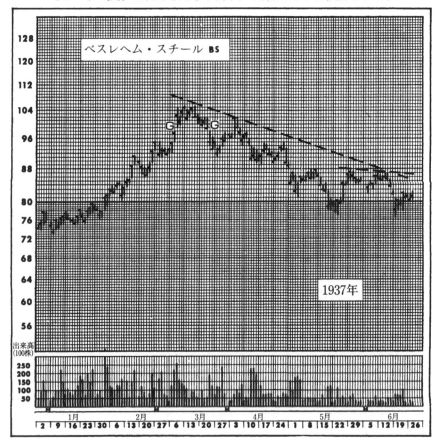

図134 アイランド（島）のように見えるが、二番目のギャップは11月20日に50
セントの配当落ちに伴って現れたもので、テクニカルな重要性はかなり
割り引かれる。この配当落ちのために40ドルの支持線は50セントだけ引
き下げる必要がある。この支持線は12月もブレイクされず、株価は翌年
3月に50ドル以上に上昇した。

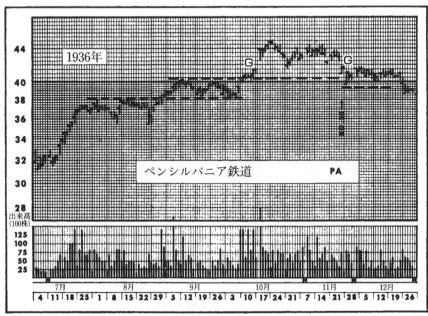

に変形したアイランドでもその解釈は同じであり、アイランドを挟む
短期的な動きはほぼ同じ形となる。

　このアイランドパターンではスキャルピングを除いては利益を出す
のが難しい。というのは、アイランドが形成され、そのシグナルによ
って売買注文を出しても、それが執行されるまでにアイランドの多く
のパターンが終了していることも多いからである。もちろん、そのギ
ャップがエグゾースチョンギャップであることが分かれば、その株式
に注目するトレーダーなどはおそらくブレイクアウエーギャップが現
れてアイランドが確認される前に行動を起こすだろう。一方、チャー

ト分析家にとってこうしたアイランドの大きな効用はこのパターンに注意を向けて、今後の株価の動きを警戒して注視することであろう。

平均株価のギャップ

　ギャップはほぼすべての平均株価のチャートにも現れるが、個別株式のチャートに比べてはるかに少ない。平均株価にギャップができるとき、それを構成するすべての株式が同時にギャップを形成する必要はないが、その多くがギャップを作らなければならない。ここから分かるように、平均株価のチャートでコモンギャップやエリアギャップが現れるのは極めてまれだが、ブレイクアウエーギャップとランナウエーギャップはそれほど珍しくはない。また平均株価のギャップは個別株式のギャップに比べてその形は小さく、エグゾースチョンギャップやそれに続くアイランドが形成されることはかなりまれである。どのような場合でも平均株価のエグゾースチョンギャップが形成されるほど、個別株式が同時に同じギャップを作るような状況はほとんど存在しない。

　平均株価のギャップに対するテクニカルな解釈は、個別株式の場合とほとんど同じである。われわれは、平均株価のギャップが活発に取引される個別株式のギャップ以上に特別な重要性を持つという事実は発見できなかった。かなり広範に銘柄を組み入れた最も代表的な株価指数にギャップが現れることはほとんどなく、たとえ出現したとしてもその形は極めて小さい（**注**　これに対し、ナスダック総合指数はかなり大きく変動するので、頻繁にみごとなギャップを形成する）。第13章の「支持線と抵抗線」を検討したあとで、もう一度この章を読み直すことをお勧めする。

第13章

支持線と抵抗線
Support and Resistance

　この章で検討する問題はこれまでの内容とは大きく異なっている。ここでは株式市場を新しい観点から見ることによって、投資銘柄の選択、将来の株価の予測、困った事態の対処法などに対して、極めて実践的なルールを開発することができるだろう。実際に経験豊富な一部の投資家のなかには、ここで検討する「支持線と抵抗線」と呼ぶ原則に基づいて、これまで見てきた株価の特有なチャートパターンや出来高などにはまったく注意を払わずに、ほとんど完璧な独自の「システム」を確立している人もいる。しかし、支持線と抵抗線というものがこれまで検討してきたさまざまなパターンやフォーメーションとまったく関係がないというわけではない。前章でギャップについて説明したとき、支持線と抵抗線の基本原則についてヒントを与えたほか、本章を読み進めばいろいろな株価のパターンも説明されているので、少なくともそれらを理解する一助にはなるだろう。

　「支持線」という用語はウォール街では普通に使われている。この言葉のいくつかの意味については読者の皆さんもよく知っているだろう。例えば、ある人々がXYZ株を50ドルで買い支えている、その前後の５ドルのレンジで売り物をすべて吸収して株価を支えようとしている——などである。本章の目的上、われわれは「支持線」というものを、ある期間内に株価の下降を防ぐのに十分な買いとか、潜在的な

買いと定義する。「抵抗線」とは支持線の反対であり、一定水準のすべての買いに売り向かい、それ以上の上昇を阻止するのに十分な売りとか、潜在的な売りを意味する。この定義から明らかなように、支持線と抵抗線は需要と供給とまったく同じ意味ではないにしてもほとんど同義である。

　支持圏とは少なくとも一時的に下降トレンドを止め、そしておそらくトレンドを反転させるような多くの需要が存在する株価水準であり、ここが再上昇のスタート地点となる。同じように抵抗圏とは株価の上昇トレンドをストップさせ、そしておそらくは下降に転換させるような多くの供給が控えている水準である。理論的にはその水準にも常に一定の需要と供給が存在する（それぞれの株価水準における売りと買いの相対的な量は状況によって異なり、それがトレンドを決定する）。しかし、支持圏とは需要が集中しているところ、抵抗圏とは供給が集中している水準を意味する。

　以上の定義から、長方形のような水平な保ち合い圏の上限が抵抗線、下限が支持線であることが分かるだろう。例えば、上昇三角形の上限線は明らかに抵抗線である。しかし、われわれの関心は支持線または抵抗線がある価格水準に現れることをなぜ「予想できるのか」ということにある。一部の例外的なケースを除けば、ある程度まで支持圏と抵抗圏を予想することは可能である。熟練したチャーチストであれば、上昇が抵抗（供給）に出合うところ、または下降トレンドが支持と出合う場所を驚くほど正確に予測できる。

　このような予測の基礎（支持線と抵抗線という論理の基本的な根拠）になっているのは、株式の出来高はそれまでに大商いだったいくつかの株価水準に集中する傾向があることである。大量の取引があった水準は通常はその株式のトレンドが反転する場所（メジャートレンド、修正トレンドまたはマイナートレンドの反転を含む）となるので、当然のことにそうした反転の水準は何回も出現することになる。しか

し、多くのその場かぎりのチャート観察者には理解できない、いくつかの興味ある重要な事実がある。それは、これらの価格水準は常に支持線から抵抗線に、さらに抵抗線から支持線にその役割を変えるということである。それまでの天井圏は株価がいったんそこを越えて上昇すると、次の下降トレンドでは今度は底値圏となる。また以前の底も株価がそれを下抜くと、次の上昇局面では今度は天井圏に変わる。

通常のトレンドの形成

通常のトレンド形成の典型的な例を示せば、こうしたことはもっとよく理解できるだろう。ある株式が強気トレンドに乗って12ドルから24ドルに上昇したが、そこには大量の売り物が控えていたとする。その結果、中期的な調整という形の下落が起こって18ドルまで押す、または一連の小動きが続いて21〜24ドルの水準で保ち合い圏が形成されるかもしれない。そのいずれの場合もその後の結果は同じである。そうした調整や保ち合いに続いて再び新たな上昇が再開され、その上昇を止めるほどの供給（売り物）も出ないで株価は30ドルに達するが、そこでは再び下落が起こる。ここでも横ばいの保ち合いパターン、または中期的な調整となるだろう。それが後者であれば、その調整的な下落はどこで反転するのか、換言すればその下落はどこで支持されるのかが問題となる。その答えは、その上昇トレンドの最初の天井圏である24ドルである。この水準（現在の株価よりも下のところ）では大量の株式が取引された。そこは最初の上昇局面では株価の上げを停止させたり、反転させる抵抗圏として働き、次の下降局面では少なくとも短期的な下落を食い止め、株価を反転させる支持圏となる。

なぜそうなるのだろうか。それには上昇と同じように下降局面の典型的な例を示せば、かなり理解しやすくなるだろう。今度はある株式が大天井にあり、その最高値の70ドルから50ドルに下降すると仮定す

る。この50ドルの水準では一時的にセリングクライマックスが起こり、株価は大商いを伴って上昇する。こうした動きは50ドルという水準を「試した」ものであり、株価はそこから60ドルまで戻す。しかし、60ドルでは買いが減少し、トレンドは反転して再び下げ始める。この新たな下げ足は速く、42ドルの新安値を付けるが、そこでは再び買いが入って2回目の上昇が始まる。（42ドルからの）この上昇は50ドルで強い抵抗に出合うことは間違いない。最初の下降局面で支持圏として働いたところは、その後に株価がそこを下抜いたことによって、次の上昇局面ではその役割を変えて今度は抵抗圏として働く。以前の底の水準が次の局面では天井圏になったのである。

　なぜそうなるのかという問いに対しては、以下のように答えられるだろう。上記の下降トレンドの例では、株価が最初に50ドルに下げ、そこで大商いを伴って反転した。株価は60ドルまで上げるが、上昇するにつれて出来高は次第に減少していった。大商いができた50ドルの水準では、もちろん多くの売り方に対して多くの買い方が存在した。トレーダーのなかには空売りポジションを買い戻しただけで、それ以上その株式に関心を向けない者もいた。一部の目先筋や玄人筋は単にそこが目先の底であると考え、次の上げで数ドルの利ザヤを稼ごうと買いを入れただけであろう。おそらく彼ら（少なくとも彼らの一部）は次の下降局面で株価が急落する前に利食って、その株式からは手を引いているはずである。しかし、その株式を50ドルで買った多くの投資家はその株価では安いと考え、下値に十分届いたと思って買ったのであろう。その株式はほんの数カ月前には70ドル以上で売買されていたので、50ドルでは確かに割安であり、そこで買って長期保有するつもりであったのかもしれない。

その説明

　ここで少し新規の買い手の立場に立って考えてみよう。株価がその後上昇に転じて55、58、60ドルと上げていけば、50ドルで買った判断はこれまでのところでは正しかった。そしてさらなる上昇を期待してその株式を保有し続けたところ、上昇の勢いは次第に衰えて最後には反転し、57、55、52ドルと下げてついに50ドルとなった。少し心配になるが、この株価では割安であるという確信はまだ揺るいでいない。しかし、株価は50ドルで少し気迷ったあと、そこから下放れた。株価はすぐに戻るだろうというわずかな望みを持っていたが、そうした淡い期待も下降がさらに続くことで次第に消え失せる。ここで新規の買い手は悩み始める。「どうしたんだろう。株価が45ドルを切るなんて。もうこの株は割安でも何でもない。まったくとんでもない株をつかんでしまったが、まだ損失が確定したわけではない。（いろいろな費用を除いて）収支トントンの50ドルに戻るまで待っていよう。きっとそうなるだろう」（よくこうした場面に出合わないだろうか）。

　次にこれとは反対の上昇トレンドのケースを考えてみよう。例えば、皆さんが多くの人々と一緒にXYZ株を12ドルで買ったところ、その後、24ドルに上昇した。かなり高くなったので現金化しようと売却したらその直後に21ドルに下落したので、自分の機敏な行動に満足した。しかし、そこから株価は予想外に急上昇して30ドルまで上げた。こうなると皆さんは「まずかったかな」と思い、この株式は考えていたよりもずっと良い株式であったと思い始めるだろう。そこで再び買いたくなり、売却したお金以上には追加投資しないが、株価が売値の24ドルに下げたら買い直すだろう。皆さんはこのような経験をしたことがないだろうか。このときの皆さんの反応はこれとまったく同じではないだろうが、株式市場で多くの経験を積んでいれば（少なくとも平均的な投資家の心理状態についていくらかの知識があれば）、これまで

述べてきた状況は手に取るように分かるだろう。

　これだけでは支持線と抵抗線の基本原則を適切に説明したことにはならないだろう。株式市場における需要と供給のバランスは常に微妙なものである。どのような株価水準でもほんの少しの供給過剰で上昇をストップさせるだろうし、ある水準では供給をわずかに上回る需要があれば株価の下げを止めるだろう。さらに多くのトレーダーがチッカーテープの数字をじっと見守り、状況の変化を素早く感じ取りながら、トレンドが変化しそうなときはすぐに戦列に加わることを忘れてはならない。その結果、数百株の売買注文が数千株の追加注文を誘い出すかもしれない。

　もうひとつ忘れてはならないのは、支持圏と抵抗圏を形成する投資家が必ずしも無知または未経験者であるとは限らないことである（上述した支持圏・抵抗圏は彼らの早すぎる売買によって形成された）。それどころか、彼らの多くは株式市場で売買している人々のなかではかなり賢明で機敏な投資家なのである。既述した下降トレンドの典型的な動きの理論的な例をもう一度引用してみよう。50ドルで買った投資家は天井（70ドル）や50ドルに下げる途中で買った投資家よりも、たとえその後に株価が50ドルを割り込んだとして確かに機敏であった。しかし、彼らが少し優れた判断力を持っていたら、その後の株価の動きを注意深く見守り、株価が反発して手仕舞うチャンスが来たときに収支トントンで逃げるといった頑固な決心をするよりは、もっとましな行動を取ることができただろう。急激な下げ相場では「上値に控えている売り物」、すなわち高値づかみをして逃げ場を探している大量の売り物は、理論上の抵抗圏の下に控えていることを知るべきであった。賢明な保有者であれば、損失がさらに大きくならないうちに1ドル程度の損は喜んで犠牲にするだろう。

　同じように、上昇メジャートレンドが進行中に持ち株を早く売ってしまった強気筋は、その株式をもう一度買い直すために1〜2ドルは

喜んで余計に支払うだろう。このように明らかな（第二局面の）強気相場では株価が下落しても支持圏の上限で下げ止まるし、その反対に明確な弱気相場における上昇も抵抗圏の下限で上げ止まるか、そこまで達しないこともあるだろう。これについてはあとで詳しく検討するが、ここで取り上げる2つの問題は、どのようにして支持圏と抵抗圏の潜在的な力を評価し、また支持圏・抵抗圏の中心値をどのように正確に測定するのかということである。

支持圏・抵抗圏の潜在力

ここで最初の原則に戻ると、上昇する株価がその水準で受ける抵抗の度合いはそこで取引された株式の量、すなわち以前にその水準で買われた株式数によって決まる（保有者たちは損失を出さずに持ち株を売却したがっている）。ここから出来高がその抵抗圏の潜在力を測定する第一の基準となる。これに対し、目先の底値圏でわずか400～500株の取引があっただけでは、次の上昇を妨げる大きな抵抗とはならない。しかし、セリングクライマックスとなった安値では大量の株式が買われるので、株価がその水準から下落したあとに再びそこを上抜こうとするときは大量の売り物を消化しなければならない。

長い長方形や下降三角形では、同じ水準にいくつもの安値がある。そこの出来高を合計してその水準の抵抗量を大ざっぱに計算することはできるが、そこからその保ち合い圏の最初の安値で買い、上限近くで売った分を差し引く必要がある。要するに、安値がひとつしかないV字型の大商いを伴った保ち合いパターンのほうが、（長方形のように）連続した一連の安値があって、同じ程度の出来高を伴いながらいくつかの上昇局面があるようなパターンよりも抵抗力が強いといえるだろう。

もうひとつの基準は、その後の値下がり幅である。換言すれば、わ

図135

なぜ1945年半ばに33〜34ドルの水準でしばらく揉み合ったのだろうか。このチャートではわからないが、それ以前の月足チャートを見ると、1939年末と1940年末にこのゾーンで長期の保ち合いによる底値圏が形成されていたのである。もともとは支持圏であったこの古い底値圏が、5年後にはいくらかの供給（抵抗）を生み出していたのである。しかし、株価がいったんこの壁をブレイクアウトするとすぐに44ドルまで上昇することができたし、その後の下落でもおそらく33〜34ドルのこの水準で支持されるだろう。このように支持圏は抵抗圏になり、そして再び支持圏に転化する。

その次の「ルールどおり」のいくつかの値動きの説明は省略し、その先の株価の動きについて検討しよう。それは1946年の支持圏で初めてブルーレに反する大きな動きが見られたことである。株価は2月初めに54ドル近くに上昇し、前年11月に形成された46ドルの天井を大きく突破した。それに続く2月末の下落では46ドル近辺で支持されるはずだったが、そうはならずに40ドルというきりのよい数字まで落ち込んだ。これは致命的なまでとは言えないにしても、かなり不吉な動きであった。その後大きな対称三角形が形成され、株価は9月にこの三角形を下放れた。弱気相場における最初のパニック的な急落では、支持圏はまったく機能しないものである。この急落局面もその例外ではなかったが、株価は跳ね上がった意味を持つ以前の33〜34ドルのゾーンから何回か跳ね返り上がったことは注目に値する。天井の三角形の下値目標値は11月までに達成された。本章の残りの部分を読んだあとで、もう一度このチャートを見直してみよう。

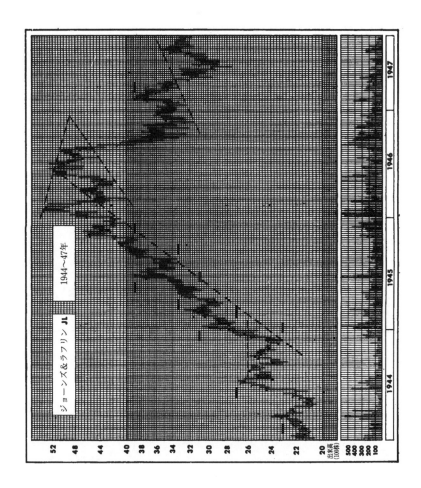

ジョーンズ＆ラフリン JL 1944~47年

れわれが推測しようとしている抵抗の潜在力となる以前の底の水準まで
での距離であり、その距離が大きいほど抵抗力も大きくなる。例えば、
ABC株が30ドルから20ドルまで売り込まれ、そこで数日間にわたっ
て揉み合ったあと24ドルに戻したが、その後再び19ドルに下落したと
する。その株式を20ドルで買った投資家はこの段階ではそれほど心配
はしないだろう。株価が19ドルから20ドルに戻っても、ここでは失望
売りはほとんど出ない。しかし、20ドルに戻る前に18ドルまで下げれ
ば、そのあと20ドルに戻ったところではいくらかの売りが出るかもし
れないが、まだ大した量ではない。これが17ドルまで下げたあとに戻
したとすると、その抵抗は次第にはっきりしてくる。簡単に言うと、
投資家がまずい投資をしたと考え、損失がそれほど大きくならないう
ちにチャンスが来たら売却しようと思う程度まで、株価が買値をかな
り下回らないと抵抗力は明らかにならない。

　こうした抵抗圏が形成されるには、どの程度まで下げる必要がある
のかに関する明確なルールや方程式を定義することはできない。しか
し、中低位株（20～35ドル）では10％以上下げなければ、その水準か
ら多くの売りが出ることはないだろう。この10％のルールをかなり安
い低位株に適用することはできない。例えば、ある低位株を5ドルで
買ったあとに4ドルや3 1/2ドルに下がったとしても、つまり3 1/2ド
ルでは30％の評価損になるが、それでもそれほど慌てることはないだ
ろう。この程度の損失は大したことはないと思われるし、その株式が
6～7ドルに戻るのはそれほど難しくはないとそのまま保有し続ける
だろう。この下げ幅の基準を補足するもうひとつの条件がある。
ABC株が前と同じように20ドルから24ドルに上げたあと、そこから
急反落して12ドルまで下げれば、20ドルで買った投資家の多くは完全
に嫌気がさして、チャンスが来れば20ドルでも喜んで売りたいと思う
だろう。また12ドルで新規に買った人たちも何らかの悪材料が出そう
であれば、すぐに20ドルで売却して利益（66.67％の実現益）を確定

しようとするだろう。しかし、18ドルで新規に買った投資家は20ドルでは売ろうとはしないだろう。

以前の安値圏における抵抗の潜在力を推測する三番目の基準は、その安値圏が形成されてからの時間とそのときの全般的な市況である。読者の皆さんはおそらく次のように考えるだろう。弱気相場の初期に形成された中期的な底値圏では、株価がそこからかなり急落してほぼ1年後に大底を付けたあと、そこからトレンドが反転上昇して4〜5年後に株価がその水準に達したとき、その抵抗力はそれほど大きくはない。これはある程度までは真実である。抵抗線となる以前の底値圏が形成されてまだ1〜2年しか経過していなければ、その水準でも売り物は4〜5年経過したときよりも強大である。しかし、現実にはたとえ4〜5年経過してもその水準の潜在的な抵抗力はけっして失われていないのである。実際、かなり昔の底値圏で大きな抵抗力が働くことには本当に驚かされる。ただし、これまでにその抵抗圏が株価の接近による攻撃を受けたり、または当初の株式価値を不明確にするその企業の資本構成の変化などが起きたときはこの限りではない。それには株式分割や大量の株式配当、または剰余利益からの気前のよい配当なども含まれる。これは株式分割や配当によって投資家がその株式の実際の取得コストが分からなくなったということではなく、失望（または収支トントンでも売りたいという願望）が少しは和らぐという意味である。

しかし、その抵抗圏が一度でも攻撃されるならば（株価が上昇してその水準を上抜いたあと、再び下落してそこを割り込んだようなとき）、抵抗の潜在力の一部は明らかに奪われるだろう。つまり、その抵抗圏に控えていた売り物の一部が最初の買いの攻撃を跳ね返すために使われるので、次の上昇局面では買いに向かう売り物が少なくなる。出来高のチャートをフォローしていれば、そこで消費された抵抗の量を大まかに知ることができる。こうなると、この抵抗圏に対する第三

の攻撃（買い）でこの水準が突破されるのはほぼ確実であると予想できる。

　以上の3つの基準（出来高、株価が動いた値幅、経過した時間）を調べれば、その水準の予想される抵抗力を予測することができる。ただし、これらの基準を実際の売買手法に有効に取り入れるには、各人の判断力によるところが大きい（そうでないと、おそらく失望する結果に終わるだろう）。これだけは手助けすることができない、つまりこの3つの基準に関する正確な数学的方式を設けることはできない。そうは言っても、この問題についてそれほど複雑に考える必要はなく、

図136　長期の中期の上昇トレンドにおける支持線と抵抗線。読者の皆さんにとって、既述したルールをこの週足チャートに適用するのに何の指導もいらないだろう。1945年に株価が長いトレンドラインを下抜いたが、その下落も前年11月に形成された支持線でストップしている。

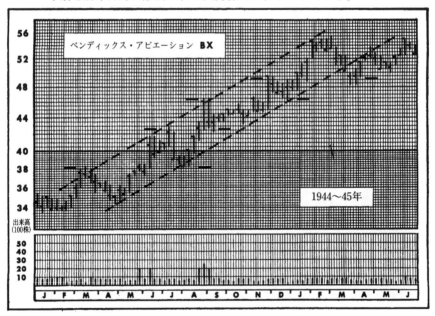

図137　長期的な支持圏・抵抗圏を確認するには月足チャートが最も有効である。
このチャートからは多くの興味深いポイントが読み取れる。重要な支持
圏・抵抗圏はどのように形成されるのか、一度形成された支持圏・抵抗
圏は何度も機能し、またどのようにその役割を変えるのかなどが観察さ
れる。この目盛りは1947年の価値を表し、それ以前の株価は1933年と
1946年の株式分割のために調整してある。

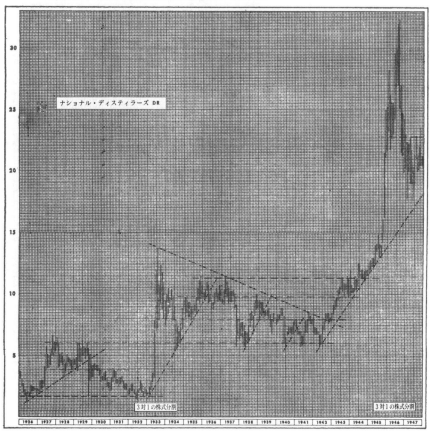

図138　この月足チャートで特に注目されるのは、1936年の３カ月にわたる揉み
合いの底の水準（26ドル強のところ）が1939年、1940年、1941年そして
1944年の抵抗圏になっていることである。また1936〜37年の大商いを伴
った天井圏の揉み合いの底（28ドル）は、何と８年後の1945年に抵抗圏
として現れた。株価がこの抵抗圏を突破したときようやく上昇すること
ができた。このチャートにはこれ以外にいくつかの支持線・抵抗線が引
かれている。1937〜38年と1942年の大底の形成に注目。

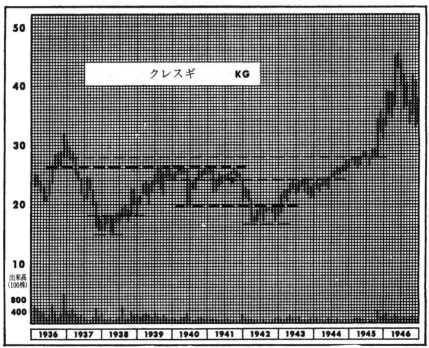

その一般原則は単純なので簡単に理解できるだろう。具体的に言うと、ある株式のヒストリカルな推移をチャートで見ると、以前の下降トレンドの途上で底値圏が形成されたところでは、次の上昇局面で株価がその水準に戻ったとき、いくらかの抵抗があるのが分かるだろう。そこにどの程度の売り物が控えているのか、最初にその値段で買われた株数はどのくらいで、収支トントンで逃げたい株数はどの程度に上るのか——などを大ざっぱに推測すればよい。

　これらの要因を予測するときに最も注意すべきことは、予想される抵抗量を過小評価してはならないことである。このような間違いを避けるには、抵抗量を常に多めに評価するのが安全である。もしもあなたが強気であれば、次のように考えるだろう。「ここでこの株式を買いぶら下がっている人たちは、今では状況が好転したことを知っているはずだ。もうそんなに売ってこないだろう」。しかし、そんなことは分からない。長い間「買いぶら下がり」になっていたという事実を忘れてはならない。彼らが株式市況に対して幾分強気に転じたとしても、今まで保有してきたこの株式にはひどく失望しており、ほかの株式に乗り換えようとしているのかもしれない（平均的な投資家はこうした乗り換えには損失が伴うので、タイムリーな乗り換えのチャンスをみすみす逃してしまう）。これまで述べてきた潜在的な抵抗力に関するすべてのことは、潜在的な支持力を推測するときも同じように当てはまる（もちろん、その方向はすべて逆になる）。基礎となる論理の理解はそれほど簡単ではないかもしれないが、その原則はまったく同じである。

正確な支持圏・抵抗圏の決定

　次の問題は毎日の実際のチャート分析で、どのようにして支持圏や抵抗圏の範囲をできるかぎり正確に決めるのかということである。そ

の基本原則を説明したこれまでの理論上の例では単純な数字を使ったが、実際のトレードではそれほど簡単なものではない。それほど目立ったパターンのない不況下の底値圏では、小さなレンジ内の小動きが１週間ぐらい続く。おそらくそうした揉み合い期間の最安値日には１日の反転、または通常の水準以下に割り込む突出安がチャートに現れるだろう。ここでも数学的な方式を適用することはできないが、大量の売り物が出てくる水準については大体の予想がつく。特に底の保ち合い圏を形成する数日間の終値の平均値を計算すれば、その数値は抵抗圏全体の「中心値」にかなり近い数字になるだろう。

　もちろん、次の上昇局面で株価がその抵抗圏の下限に近づくと売り物が出始め、株価がその抵抗圏のなかに入ると売り物はますます増えてくる。株価が上昇するときの勢い（出来高）と抵抗圏が最初に形成されたときの水準で記録された出来高を注意深く比較すれば、株価がどのくらい上昇すればその抵抗圏を崩せるのかも正確に予測できるようになる。このような読みにはある程度の経験が必要であるが、それを身につけるにはそれほど大きな手間やコストはかからない。そして多くの場合、それほどの正確さが求められるわけでもない。

　本書に掲載したほぼすべてのチャートには支持圏と抵抗圏の実例を示したので、この章を読み終えたら、もう一度それらのチャートを詳しく研究するとよいだろう。これまで説明してきたルールを実際にどのように適用するのかがよく分かるだろう。この種のチャートをさらに多く収集し、10年以上にわたって活発に取引されている株式の月足チャートに現れた支持圏・抵抗圏を研究すればさらに有益であろう（**編者注**　現在ではさまざまなテクニカル分析ソフトを使って、こうした作業を簡単に行うことができる）。連続した長期の動きを見ると、天井や底、保ち合い圏はほぼ同じ水準で形成されていることが多く、それらの一定範囲内を株価が上下に変動していることは本当に驚くばかりである。チャートの足取りをたどることで得られる実際上の金銭

図139　この月足チャートには長期の支持圏・抵抗圏が示されているが、その役割は変化している。

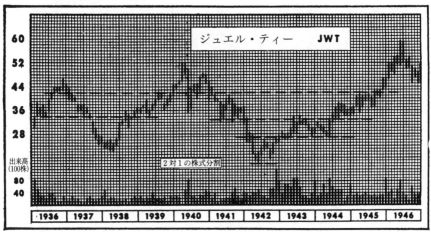

的価値については何ら説明を要しないだろう。

　ここで問題となるのは、支持圏と抵抗圏、そしてその強さなどを推測するうえでどのようなチャートが最も有効なのかということである。短期の目先の動きを見るには日足チャートしかないが、１年またはそれ以上にわたる日足チャートの記録は中期トレンドの重要な水準を見るときも効果的である。しかし、日足チャートでメジャートレンドおよび中期トレンドの支持圏・抵抗圏を測定するには少し無理がある。日足チャートでは最近形成された短期の支持圏・抵抗圏の潜在力が強調されて、中期トレンドの真の重要性が分からなくなってしまう。長期の見通しを見るには株価レンジに加えて出来高も記録され、少なくとも以前の上昇メジャートレンドと下降メジャートレンドが記載された週足チャートが最も望ましい。さらに研究と経験を積めば、月足チャートもかなり有効である。

　ここで再び支持圏の検討に戻るが、これまで「標準的な」トレンド

については再三にわたって説明した。われわれが頭のなかで描いているのは、おそらく理想的なトレンドと呼ばれるものかもしれない。しかし、このような理想的なトレンドでもそれ以外のいわゆる一般的なトレンドと同じように、しばしば実際の経験と食い違うパターンを示すこともよくある。とはいっても、実際のトレンドではこの標準的、または理想的なトレンドが極めて一般的なパターンとしてよく現れる。上昇トレンドであれば、その動きは連続したジグザグな形として現れる。それぞれの「ジグ」で株価は新高値圏に進み、「ザグ」では直近の「ジグ」の上限まで押す。これを具体的な数字で表すと、株価は10ドルに上げて6ドルに押し、15ドルに上昇して10ドルに押し、20ドルに再上昇して15ドルに押し、26ドルに上昇して20ドルに下落するという動きになる。このような動きはテクニカルアナリストが「自律調整」と呼ぶ極めて自然な値動きであり、こうしたパターンがこれからも続いていく。それが実際に意味するものは、直近の目先の支持圏までの押しである。こうしたパターンをたどる株式では、支持圏まで押したところが絶好の買い場となる。

支持線がブレイクされることの意味

もっとも、こうした標準的な目先の値動きはいずれ崩れることになるが、それには次の2つのプロセスをたどる（しかし、そのバリエーションは無数に上る）。そのひとつは、これまでのこうした上昇パターンが崩れて株価が急騰する場合である。こうしたケースでは支持圏から大きく上昇した株価が再びそこまで押すことはめったになく、かなり上げたあとに反転パターンや保ち合いパターンを形成することが多い。

もうひとつは、株価が下落したあとに直近の目先天井で反発するが、再びその水準を割り込んで、以前の目先底の水準まで下げてしまうケ

図140　株価が1946年の大きな下降三角形を下放れても、４週間にわたって形成
　　　された４月の保ち合い圏の37ドル近辺で一時的に下げ止まり、２月の天
　　　井圏の35〜36ドルで支持されるはずである。株価がこの水準から下放れ
　　　たことは、メジャートレンドの重大な転換を意味する。その後は40 1/2
　　　ドルが抵抗線となった。

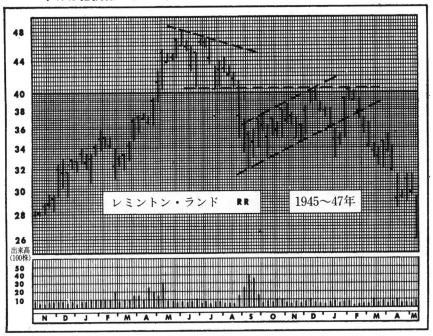

ースである。このような動きは「支持圏から下放れた」と言われ、そ
のパターンがどのようなものであってもトレンドの変化を示唆する重
大な警告となる。とりわけその支持圏がブレイクされるとき、または
ブレイクされたあとで出来高が増加したときはさらに強力なシグナル
となる。われわれがトレンドの反転ではなく、「変化」と述べたこと
に気づかれただろうか。こうした言葉を使ったのは、この目先の支持
圏が下抜かれたといっても、それは単に保ち合い局面が終わっただけ
かもしれないからである。それともそれはトレンドの反転が間近い兆

候かもしれず、いずれにしても何らかの変化が起こったことは確かである。

　典型的なヘッド・アンド・ショルダーズ・トップを考えてみると、ヘッドからの下落は左肩の天井水準を下抜いているので、ちょうど目先の支持水準をブレイクする形になっているのが分かるだろう。この下落が何らかの反転パターンの形成を示唆する最初のシグナルになっている。このように目先の支持圏がブレイクされたことは、テクニカル的には中期トレンドが反転する最初のシグナルと考えられる（これが単に保ち合いパターンであれば、一度買いそびれても再び買いチャンスがやってくる）。同じように中期的な支持圏がブレイクされれば、それはメジャートレンド反転の最初のシグナルとなることが多い。この原則についてここではこれ以上詳しく説明しないが、これに基づく具体的なトレード手法については第2部で取り上げる。支持圏と抵抗圏はストップロスオーダーを入れるところとして特に大切である。

よくある誤解

　これまで述べてきた支持圏からの下放れは、その方向は逆であるが抵抗圏からの上放れにも同じように適用できる。ここで次のテーマに移る前に、もうひとつ指摘しておきたいことがある。もしも皆さんが立会場で長時間過ごされると、そこで広く考えられている支持線と抵抗線のコンセプトがこの章で説明したものと幾分違っていることに気づかれるだろう。例えば、X株が62ドルに上昇したあと57ドルに下落し、そこから再び68ドルに上昇したとき、多くの投資家は57ドルが支持圏であると考えるだろう。これはおそらくX株が下降から上昇に転じるときに、十分な力で下支えしたときの最後の水準が57ドルであったためである。しかし、これまで検討してきたように、われわれの言う支持圏は62ドル前後である。これはときに株式投資の実際の結果を

図141 ヨーク株は相対的に品薄株である。通常では多くの小さなテクニカル的にはあまり意味のないギャップを作るが、1945年10月8日の大商いを伴った大きなギャップは大きな意味を持つ。これはランナウエーギャップのように見えるが、そうであれば株価は26 1/2ドルまで上昇することになる。しかし、株価は24 1/2ドルでストップし、3カ月にわたって長方形を形成した。1946年1月10日にその上限から上放れた株価は、長方形の値幅測定方式に基づく最小限の値幅だけ上昇したあと急反落した。図142はこのチャートの続きである。

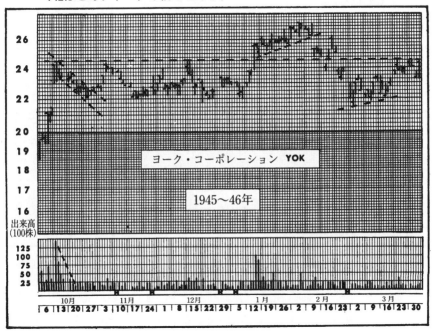

大きく左右するので、その違いをよく理解しておくべきである。

　実際には前の天井が次の底になるということは考えられないことであり、この場合もまた同じである。一見したところ天井と天井、底と底を関連付けたほうがずっと論理的に思われる。ここで再びX株の例に戻ると、57ドルで買いそびれた投資家はこの株が68ドルまで上がっ

図142　図141の2月の下落は24ドルで一時的に支持されたあと、株価は2月7
　　　日のギャップを埋めるだけは上げたが、そこから長方形の上限の支持線
　　　を割り込んだ。テクニカル的に見ると、これは明らかに警告のシグナル
　　　である。それから対称三角形を形成したが、かなり頂点近くで上放れた
　　　ことからやっと以前の高値に届いただけで、その後は支持線にも支えら
　　　れずに下落局面となった。8月22日のダブルトップのシグナルを待つま
　　　でもなく、その水準からの下値目標値を予測するのはそれほど難しいこ
　　　とではない。

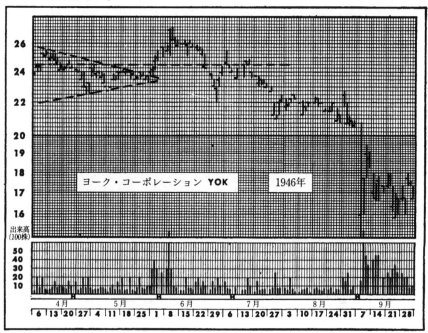

てしまったので結局は買えなかった。その買い注文はそのまま57ドル
で出されているかもしれないし、その後に株価が57ドルまで下落した
ときに新規に出されるのかもしれない。しかし、必ずしもそうなると
は限らず、また57ドルのX株に自動的に新規の買いが入るという保証
もない。一方、われわれはこれまで売り（抵抗）が出る以前の底値圏

には多くの買いも入っており、これが新しい天井圏を形成することを見てみた。同じように、買い（需要）が入る以前の天井圏には多くの売り物も控えているのでそこが新しい底値圏となる。このコンセプトをよく心に留めておいてほしい。どのようなチャートを分析しても、大商いを伴った以前の抵抗圏を上抜くよりは、単なる高値水準を突き破って上昇するほうがずっと簡単である（もちろん、下降トレンドではこれと逆になる）。株価が以前の高値に近づくと少しは売り物が出るだろうが、そこの動きはトレンドが真の抵抗圏に接近したときの大きな押しや揉み合いに比べれば、短期の一時的な停止にとどまるだろう。

区切りのよい数字

　以上のような買いが入りやすい水準とは別に、大きな支持線・抵抗線となりやすいその他の水準がある。それは20、30、50、75、100ドルなどの区切りのよい数字であり、このような数字は株式の購入や利食いの目標値になりやすい。例えば、低位株が10ドル前後から上昇して20ドルに達すると、利食い売りが出るのはこうした理由による。特に20ドルがここ数年間の新高値であればなおさらである。ある株式が新高値に進んだとき、そのヒストリカルなチャートにその他のシグナルがまったくないときなどは、ちょうど区切りのよい水準で売りが出るのはごく自然である。しかし、活発に取引されているUSスチールなどの主力株（このほかIBMやゼネラル・エレクトリックなども）では、こうした区切りのよい数字はそれほど意味を持たない。

繰り返される株価水準

　いったん重要な支持圏と抵抗圏が決まり、常にそれは働くとしたら、

中期的な天井と底は上昇と下降トレンドが循環するたびにほとんど同じ水準に形成されるはずである。実際、活発に取引されている主力株ではこうした傾向が見られる。例えば、ゼネラル・エレクトリック株は1920～50年代には、22～24ドル、34～35ドル、40～42ドル、48～50ドルの水準で大商いになるという習性がある（その結果として修正トレンドの反転につながる）。またサザン・パシフィック株では21～22ドル、28～30ドル、38～40ドル、55～56ドルがヒストリカルな支持圏・抵抗圏になっている。USスチール株では42～45ドル、55～58ドル、69～72ドル、78～80ドル、93～96ドルの水準が明らかに反転ポイントになっている。その他の多くの株式もこうした習性を持つ。

　しかし、長期間にはこうした支持・抵抗水準は次第に変化したり、その範囲が広がったり、または従来のレンジがぼやけて新しい価格帯が形成されている。下降トレンドでろうばい売りが出たところは、新しい重要な供給ゾーンとなる。このような下降局面では、その前に形成された支持圏などにはだれも目を向けないからである。このようなパニック売りによる暴落（これはダウ理論における弱気相場の第二局面である）が始まると、セリングクライマックスが収まるまで潜在的な支持圏などはすべて吹き飛ばされてしまうように見える。このような暴落は以前に形成された支持圏に近いところ、またはそれとはまったく関係のない水準で起こることもある。USスチールを例に取ると、1937年のパニック局面の暴落で株価は93～96ドルの水準を割り込み、78～80ドルで少し保ち合い、それ以降に69～72ドルと55～58ドルの水準を一気に下抜いてちょうど50ドル強のところで下げ止まった。また1946年の暴落では、78～80ドルと69～72ドルの水準を割り込んで66ドルで下げ止まった。

　どのような株式もこうしたパニック売りに伴う大商いになれば、そこが将来的に重要な水準となり、次の上昇トレンドでは強力な抵抗圏となる（特にその後の弱気相場でこの水準が一時的にブレイクされた

ようなときはなおさらそうである）。こうした暴落相場を検討すると
きは、メジャートレンドのほかの局面の支持圏・抵抗圏にも触れなけ
ればならないが、抵抗圏と出来高の関係を想起すれば、次のようなこ
とが起こる理由もすぐに理解できるだろう。長期にわたる典型的な下
降トレンドでは、株価が最安値に近づくにつれて出来高はかなり減少
するが、大底の前の中期的な底では相対的にわずかな売り物しか出な
いので、次の上昇トレンドで株価がその水準に達したときの押しも小
さくなる。さらに下降メジャートレンドの最終局面では株価の一段の
下げを予想して小口買いしか入らないので、ふるい落としの動きもあ
まり起こらない。新しい上昇メジャートレンドの初期に株価の上昇ペ
ースがゆっくりしているのは、抵抗圏で上げの勢いが抑えられている
からではなく、大衆が慌てて買っていかないからである。

　一方、急激な暴落に続く上昇局面では株価が長期の下降トレンドの
途上で形成された最後の抵抗圏に達しないうちに、一般には自ら上げ
の勢いをなくしてしまう（最後の抵抗圏とは大天井から下げた最初の
中期的な底値圏）。さらにその上昇局面で株価は先の強気相場のとき
に形成された抵抗圏でも売る物を浴びる。こうした状況下で今後の株
価がどれくらい上昇するのかを予測するには、ヒストリカルなチャー
トを調べればよい。このように、上昇トレンドがかなり上方に位置す
る供給圏に達するまでずっと続くという保証はない。既述したように、
前の下降トレンドで底値圏や保ち合い圏を形成しなかった範囲では、
当然のことに株価は簡単に上昇することができる。しかし、最初に形
成された抵抗圏がかなり上のところにあれば、株価はそこに達するま
でに自らの力を使い果たしてしまうか、またはそれよりも低い水準で
大量の売りが出てくるかもしれない。したがって、このようなかなり
上方に位置する抵抗圏は目標値ではなく、最大限の到達可能な目標と
考えるべきである。２つの株式のどちらを買おうかと迷っているとき
は、ほかの条件が同じであれば、頭上の抵抗圏がまばらなほうを選ぶ

べきである。チャート上の厚い売りゾーンにぶつかるまえに、かなり
の上昇が期待できるだろう。

保ち合い圏の抵抗

前の章では反転パターンと保ち合いパターンに関連して、それらの
派生的なパターンにも言及したが、それについて少し再検討してみよ
う。例えばギャップを取り上げると、一般に上昇ギャップが現れても
その後の押しでそれが埋められることはよくあるが、今ではその理由
もよく理解できるだろう。チャート上でギャップが形成されたとき、
値が飛んだレンジにはもちろん投資家の利害関係は何も存在しない。
ギャップが形成される直前のレンジで大商いになったときは、押しが
入ってそのギャップを埋めても、株価はすぐに反発して再上昇してい
くだろう。ブレイクアウエーギャップなどはまさにこうしたケースで
ある。同じ理由からどのようなギャップでも株価が反転すれば、その
反転ポイントがギャップの位置からあまり離れておらず、しかもその
反転を阻止するような抵抗圏も存在しなければ、そのギャップは簡単
に埋められるだろう。例えば、上昇トレンドの途上にできたランナウ
エーギャップがその後の下落で埋められたとたんに株価が上げ止まる
という理由は何もないし、それどころか株価は再上昇したあとそれま
での方向に向けて「真空地帯」を突き進んでいくだろう。

戻りや押し（ヘッド・アンド・ショルダーズやその他の保ち合いパ
ターンをブレイクアウトしたあとすぐに起こる反転）は、支持線と抵
抗線の原則を具体的に説明してくれる。例えば、株価が下降三角形を
下放れると水平な下限線は本来は需要線であったのに、今度は素早く
その役割を変えて抵抗線となる。そのため株価が決定的に下放れたあ
と再び下限線の上まで戻ろうとしても、そこで大量の売りを浴びて下
限線やその近辺で上げ止まってしまう。同じようにヘッド・アンド・

ショルダーズ・トップのネックラインはもともとは需要線であるが、株価がそこを下抜くと今度は抵抗線となる。さらに長方形の上限線（供給線）も、株価が大商いを伴ってそこから決定的な値幅まで上抜くと、それは支持線に転化する。

　この章の初めで以前の底の水準に控えている抵抗量を推測する3つの基準について検討したが、そのひとつは「変動幅」である。例えば、中位株で強力な抵抗圏となるには、株価は少なくともそこから10％は越えなければならない。この10％のルールも明らかな保ち合い圏から株価が上放れた直後に下落したようなときは適用されない。保ち合い圏の近くでこのような強力な抵抗圏が形成されるには、株価がそうした限界線を決定的にブレイクすることが条件となる。一方、対称三角形などにはこれとは違う支持・抵抗の領域がある。対称三角形が形成される最初の保ち合い圏（上昇トレンドでは天井圏、下降トレンドでは底値圏）では一般に大商いができるが、その後株価はそのレンジ内で小動きを続けながら頂点に収斂するにつれて出来高は急減していく。そして株価がいったん三角形からブレイクアウトして最初の反転地点から決定的に離れてしまうと、大量の株式が取引されたその水準は次の反転に対する支持圏（または抵抗圏）となる。しかし、三角形から放れる動きが相当の値幅で最初の反転地点を越えることができないと、おそらく株価はその保ち合い圏の上限（下限）まで押す（戻す）だろう。また株価が三角形の頂点に達したあとで上昇（下降）したようなときは、その後の反転の動きは常に頂点の水準で支持（抵抗）を受けるだろう。簡単に言うと、三角形の頂点は支持・抵抗の力が集中している水準なのである。

　対称三角形の2本の上限線と下限線が交差するところは「クレードル（Cradle）」とも呼ばれる。支持（または抵抗）軸はクレードルポイント（頂点）の近辺が最も強力であるが、チャート上で軸線（頂点の水準）が右の方向に長く伸びるにしたがって（つまり時間が経過す

図143　戻りについては最初に第６章のヘッド・アンド・ショルダーズと関連し
て検討し、本章では再び支持・抵抗パターンとして言及した。株価がネ
ックラインを下抜いたあと、少なくとも１回はネックラインまでの戻り
がある。多くのヘッド・アンド・ショルダーズでは戻りが２回起こる。
最初はネックラインを下抜いた株価がそれほど下に行かない数日以内、
２回目はそれから数週間後にヘッド・アンド・ショルダーズの値幅測定
方式に基づく最小限の地点まで下げたたあとで起こる。グッドイヤーは
1946年のネックラインまでの戻りを４回も見せたが、これはかなり珍し
いことである。最初の戻りは８月にネックラインを下抜いた２週間後、
次は10月、３回目は11月、４回目は1947年２月である。４回目の戻りで
はネックライン、1946年４月のヘッドと８月の右肩を結んだ下降トレン
ドラインから二重の抵抗を受けた。

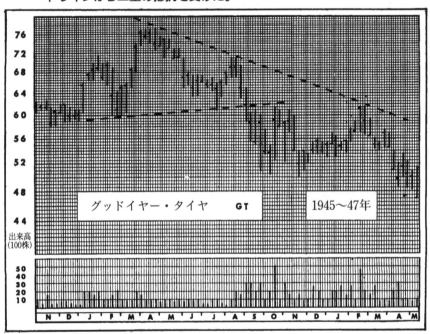

図144　ITTのこの日足チャートには、対称三角形のいくつかの支持の「領域」
が現れている。最初の三角形を２月５日に上放れた株価は９日に１月半
ばの天井水準まで押し、さらに２月26日には三角形の頂点水準まで下げ
た。これはクリティカルな局面だった。三角形の頂点は強力な支持（ま
たは抵抗）水準となるが、その強さも時間の経緯とともに弱くなる。こ
のときは「その支持を避けて通る」ような動きが展開していたのかもし
れない。ストップロスオーダーは常に三角形の頂点水準の下に出すべき
である。その頂点水準で支持された株価は、もうひとつのコイル（三角
保ち合い）を作ったあと３月10日に上放れた。次の下落はこの保ち合い
圏の上限で支持された。こうした動きはこのような早期の上放れでは当
然予想されるものである。３月半ばから４月末までの株価の動きは上昇
三角形となり、その上限は６月には支持線として機能したが、７月には
下抜かれた。図120を参照。

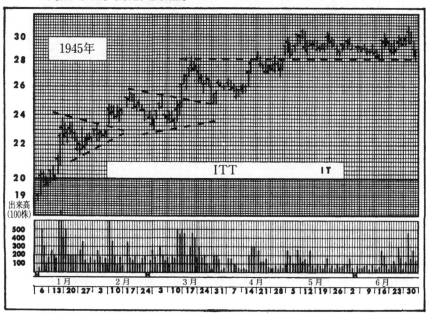

図145　対称三角形からの上放れ（8月10日）が遅すぎた株価はすぐに下げ、三
　　　　角形の頂点水準で数日間保ち合ったあと、その支持を受けずに下落した。
　　　　それ以降、その頂点水準は戻りに対する抵抗線に転化した。

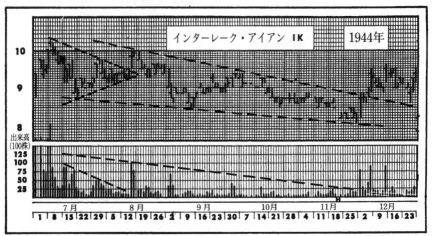

れば　するほど）その力は弱まっていく。もしも三角形からのブレイク
アウトが遅れて株価がそこからあまり離れられないと、そのトレンド
は次第に勢いを失って平らになり、時間をかけて頂点を通り過ぎた株
価は下落し始めることが多い（したがってここはストップロスオーダ
ーを入れるところとなる）。この支持軸が株価の動きを支えることが
できないと、この水準を下抜いた株価の下げにはさらに拍車がかかる。
株価のこのような動きは、「支持線を避けて通る」といったうまい表
現で表されている。

支持圏をブレイクするときの出来高

　株価が抵抗（または支持）圏にぶつかり、そこでおそらく数日間に
わたって揉み合ったあと、そのゾーンをブレイクするときに出来高は

突然急増する。これが抵抗（支持）圏の決定的なブレイクを確認する
証拠となり、その方向に向かって株価がさらに進むことを示唆してい
る。このときになぜ出来高が急増するのかは明らかではなく、「抵抗
圏を突破するには大商いが必要である」と説明する人もいる。これも
確かにひとつの真実ではあるが、出来高は抵抗圏をブレイクしたあと
も必ず増加する。このため「出来高を見るとテクニカルアナリストは
今起こっていること、そして株価が急騰しようとしていることも判断
できる」という見方もある。しかし、われわれの考えでは、そのよう
な言い方は具体的なことは何も語っていない（あとで検討するトレン
ドに関するテクニカルアナリストの意見についてもわれわれは疑問視
している）。出来高と株価の関係に関する議論の多くは、昔からよく
言われる鶏と卵のようなものである。いずれにせよ、われわれにとっ
てこのようなテクニカルな事象の原因についてはその実際上の意味を
はっきりさせるだけで十分であり、それ以上の詳細な議論は学者たち
に任せておけばよい。

平均株価の支持線と抵抗線

これまで検討してきた支持線と抵抗線の原則も、ほかの多くのテク
ニカルな事象と同じように、個別株式のみならず平均株価にもほとん
ど適用できる。平均株価はそれを構成する多くの株式が組み合わさっ
たチャートを反映しているが、その一部の株式が平均株価とはまった
く違った動きを示すこともある。したがって、平均株価の支持圏と抵
抗圏についてははっきりと解釈できないのは当然である。特に平均株
価の目先の天井や底は、抵抗圏としてはあまり当てにならない。しか
し、はっきりした中期トレンドの反転はほとんど市場全体の反転を意
味するので、平均株価の次のトレンドではそこが強力な抵抗（支持）
圏となる。平均株価がそうした支持圏を下抜いたとき、一部の個別株

図146　ヘッド・アンド・ショルダーズのネックラインまでの戻りが2回見られ
　　　たケース。最初はネックラインを下抜いた直後、2回目はそれから3週
　　　間後である。最初の戻りは4月初めの天井の支持圏からの「跳ね上が
　　　り」、7月末の下げでは保ち合い圏の支持線で支えられた。このチャー
　　　トから読み取れるのは、強力な支持線がブレイクされるときは出来高が
　　　急増することである。4〜5月の保ち合い圏を下放れた8月27日も出来
　　　高は増加している。

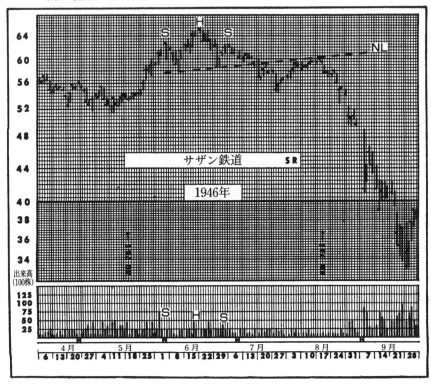

式がそれぞれの支持圏で踏みとどまっていたり、または支持水準より
も上方に位置していれば、それらの株式はほかの株式に比べて次の上
昇局面ではかなり強いポジションにあると推測される。しかし、こう
した推測には「ほかの条件が同じであれば」という限定語を付け加え
る必要がある。例えば、新規に株式を買う人にとって下げ渋っている
株式は、大きく売り込まれて魅力的な値段になっている株式よりも魅
力は少ないだろう。ある株式の将来の見通しについても、いろいろな
基準に基づいてこれまでのパフォーマンスを「平均以上」「平均以下」
などと評価することにはかなり疑問の余地がある。全体的なチャート
パターンを評価するとき、そのような相対的なパフォーマンスに基づ
く評価はあまり重視すべきではない。

第14章

トレンドラインとチャネル

Trendlines and Channels

　テクニカルなチャート分析における基本原則のひとつは、「株価は
トレンドを描いて動く」というものである。このことは初心者がどの
時期の株価の動きを調べてもすぐに分かることである。平均株価やそ
れを構成する株式はまったくランダムに動いているわけではなく、チ
ャートに示されたそれらの動きを見るとはっきりとトレンドを形成し
ている。株価はトレンドを描いて動き、トレンドは上昇か下降、また
は横ばい（水平）のいずれかである。またトレンドは短期のものもあ
れば、長期にわたるものもある。株式のトレンドはダウ理論の原則に
従って、メジャートレンド、中期トレンド、マイナートレンドまたは
水平なラインに分類される（短い中期トレンドと長いマイナートレン
ドを区別することは、平均株価よりも個別株式のほうが難しいが、こ
うした区別はそれほど重要なことではない）。いずれにせよ、トレン
ドは遅かれ早かれ反転するものであり、その動きは上昇から下降へ、
または下降から上昇へ、もしくはこのように上下には反転しないでそ
の方向を変えるだけなど、さまざまである。このほか、上昇から横ば
いの動きになったあと再上昇する、または緩やかな勾配から急勾配の
トレンドになることもある（この反対のケースもある）。

　上昇トレンドや下降トレンドが反転するまで株式を保有することで
利益が得られる。投資家にとっての問題は、儲けにつながるトレンド

の動きをできるだけ早く見極めて、その後もそのトレンドの終了や反転をできるだけ早期に察知することである。既述したように、どのような重要なトレンドの反転も、さまざまな株価の動きが集合したある種のチャートパターンと出来高の変化で特徴付けられる。これが反転パターンと呼ばれるものである。

トレンドライン

　株価のトレンドについてはすでに本書の初めの章で検討した。ここの目的はトレンドをもっと詳しく分析し、どのようにしてそれをチャート上に最も効果的に描くのか、さらにチャートパターンや支持線と抵抗線の研究から得られたテクニカルな予測を補足・追加するために、トレンドをどのようにうまく利用するのかにある。ときにトレンドラインから素早くトレンドの変化の予測や警告を読み取れることもある。

　新しくチャートの研究を始めた人たちが、批判的な目で株式チャートを見たときに最初に発見することのひとつは、ほぼすべてのマイナートレンドや中期トレンドの多くがほとんど直線になっているということである。おそらく読者の皆さんもこうしたことはまったく自然であり、当然のことだと簡単に片付けてしまうだろう。しかし、チャートをさらに深く研究するにつれて、マイナートレンドばかりでなく、数年間に及ぶ大きなメジャートレンドもチャート上ではあたかも真っすぐな定規で線を引いたようになっていることを発見してとても驚くだろう。実際、こうした現象は株式チャートが表すもののなかで、最も印象的で不思議なものである。

　チャートに描かれたいくつかの株式トレンドに定規を当ててみると、上昇トレンドの真っすぐな線はトレンド途上の主要な安値を結んだ線であることがすぐに分かる。換言すれば、上昇トレンドは一連のさざ波で構成され、このさざ波のそれぞれの目先底は右上がりの直線上、

またはその近くで形成されている。このさざ波のそれぞれの目先天井は目先底のようにはそろっていない。それらの山はときに直線で結ぶこともできるが、たいていは高さが少しずつ違うので、上限を結んだ線は幾分曲がっている。一方、下降トレンドでは最も真っすぐな線はトレンド途上の目先天井を結んだ線であるが、目先底はややまちまちである。

　この2本の線が基本的なトレンドラインである。ひとつは一定幅の上昇トレンドにおける連続した値動きの底に沿った上昇線であり、もうひとつはやはり一定幅の下降トレンドの目先天井を結んだ下降線である。これらの線に対して多くのメリットや意味を持つ単なるラインという言葉以外に、その特徴を表す名称が考案されないのは本当に残念なことである。テクニカルアナリストのなかにはこれらの線を「タンジェント（接線）」と呼ぶ人もいるが、この名称は目新しさという利点はあるが、タンジェントという言葉の本当の意味を曲解しているので投資家を混乱させるだけである。最終的にはこのように「タンジェント」と呼ばれることになるかもしれないが、ここでは使い古された「ライン」という用語で満足しよう。ただし、「トレンド」を付け加えて「トレンドライン」というひとつの名称にすれば、それが意味するものは幾分はっきりするだろう。

　皆さんはトレンドラインは「破られるためにある」といった言葉を聞いたことがあるだろう。しかし、このような言い方は格言的な言葉であって、具体的に何を意味しているのかはっきりしない。もちろんトレンドラインはいつかは破られるものであり、どのようなトレンドラインも最後には必ず破られるし、なかには形成されてすぐに破られるトレンドラインもある。大切なことはどのような形のブレイク（株価がトレンドラインを破ること）がテクニカル的に重要な意味を持ち、どのブレイクは無視してもよいのか、そのブレイクはおそらく最初のトレンドラインに対する目先的な調整にすぎないのではないか

図147　1944年1月〜1947年8月の週足チャート。トレンドラインの基本原則を
　　　具体的に示すため、一連の中期的なトレンドラインを引いた。上昇トレ
　　　ンドラインを引くには2つのはっきりした安値、下降トレンドラインで
　　　は2つの高値が必要である。1945年の8月と9月のようにわずか数週間
　　　で2点が形成されたり、1946年前半の上昇トレンドラインでは2つの安
　　　値が2月と6月というように数カ月も離れているケースもある。このチ
　　　ャートには当初、ほかの多くの実験線も引かれていた。それには1944年
　　　前半、1945年後半、1946年前半のように、勾配が急すぎて中期的なトレ
　　　ンドの信頼性が疑問視されるような上昇トレンドラインもいくつか含ま
　　　れていた。ここには最終的なトレンドラインだけが示されている。ここ
　　　にはあとで検討する（トレンドラインをブレイクしたあとの）株価の動
　　　きの興味深い例もいくつか見られる。それらは1944年7月、1945年4月
　　　と9月、1947年5月などである。

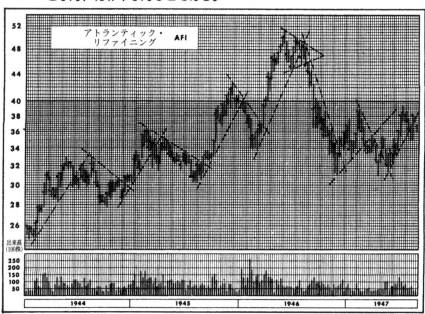

などを決定することである。これに対す百パーセント確実な答えは存在しない。ある株式がトレンドラインをブレイクしたことの意味はその直後に決定されるものではなく、チャートが示唆するその他のシグナルを確認するまでは分からない。しかし、多くのケースでは重要なブレイク（それまでのトレード方針の修正を迫られるようなブレイク）を見極めるのはそれほど難しいことではない。

トレンドラインの引き方

　まず最初に、トレンドラインはどのように引いたらよいのだろうか。直線は数学的には２つの点で決定される。したがってトレンドラインを引くには、この直線を決定する２つの点が必要である。下降トレンドラインを引くにははっきりした２つの主要な高値、上昇トレンドラインを引くには２つのはっきりした主要な安値が必要である。この原則は第８章で述べた三角形の上限線・下限線を引いたときの原則と同じである。ヘッド・アンド・ショルダーズのネックラインと同様に、三角形と長方形の上限線・下限線も一種のトレンドラインといえる。

　大底を基点として、そこから一連の上昇トレンドラインがどのように引かれるのかを見てみよう。この最初の例を単純化するため、次のように仮定する。この株式は弱気相場の大底で６ 1/2〜８ドルで長方形を形成し、最終的に６ 1/2ドルから上昇して保ち合い圏の上限の８ドルを上抜いて９ドルまで上げた。そこで８ドルまで押したあと再上昇した。この最後の上昇が明らかな目先底と示唆される８ドルまで押すことがないほど十分に上昇すれば、ここで初めて最初の上昇トレンドラインを引くことができる。このトレンドラインの勾配を決定する２点が、一番底（６ 1/2ドル）とそれよりも高い二番底（８ドル）である。これはおそらく短期の上昇トレンドラインであろう。チャート上に鉛筆でこのトレンドラインを定規で軽く引き、１週間か、それ以

上にわたってその延長線上にこのトレンドラインを伸ばしてみる（不要になったチャート用紙にこのようなトレンドラインを引いてみれば、この説明が一目で理解できるだろう）。

　その後株価は10ドルに上昇して、延長した短期のトレンドラインに接近・接触するまでの数日間保ち合ったか、小安く下げたとしよう。それから3回目の上昇局面に入ったが、それほど上げないうちに再び売りが出て株価はすぐにトレンドラインと4回目の接触、そこでしばらく揉み合ったあとトレンドラインを下抜いた。株価がはっきりとトレンドラインの下にあり、さらにトレンドラインをブレイクしたときの出来高が幾分増加したときは、最初の短期トレンドが完成されたと結論づけてもよい。その結果、この株式が次に上昇する前に何らかの保ち合いパターンを形成するか、またはこの最初の短期的な上昇局面に見られたどのような押しよりも大きく調整するのかのどちらかになる。

　この例の短期の上昇トレンドは、2週間でその一連のプロセスを終了した。このトレンドラインは長期にわたってその勾配を維持するには明らかに角度が急すぎる。次に一連の下落の値動きがもっと大幅な調整につながる例を検証する。これはトレンドランを下抜いたあとのひとつの可能性を提示するもので、株価は最初の長方形の上限である8ドルの支持水準まで押す（先の支持線と抵抗線の研究結果によれば、この水準は絶好の買い場となる）。その後の動きが通常のプロセスに従うと仮定すれば、株価は8ドルの水準でそれほどちゃぶつくことなく、新しい上昇トレンドがすぐに再開されることになる。この上昇で8ドルの安値が明確になると、直ちに最初の基点の6 1/2ドルと8ドルを結ぶ新しいトレンドラインを引くことができる。これはおそらく中期的な上昇トレンドラインであり、このラインは中期的な天井に達するまでの数週間か、数カ月間はブレイクされることはないだろう。

　もしもこの中期的な天井圏で反転型のヘッド・アンド・ショルダー

ズができれば、この中期的な修正上昇トレンドラインはヘッドの頂上からネックラインに向かう下落でブレイクされる。しかし、通常では力強い中期トレンドの最後の上昇では株価が加速したトレンドラインからかなり上方に乖離しているので、株価がトレンドラインに接近してそれをブレイクする前に何らかの重要なパターンが形成されるだろう。このため、実際にトレンドラインが下抜かれるのは右肩からネッ

図148 この日足チャートでは長期にわたる力強い中期的な上昇トレンドの後半で株価が上げ足を速め、トレンドラインからかなり上に離れている（１月末〜２月初めの動きに注目）。その後株価は３月末に上昇トレンドラインを下抜いて、1936年４月に66ドルまで下げた。1935年12月の下落が支持されたところは、トレンドラインと三角形の頂点が一致している水準である。このようなケースは株価のテクニカルな研究ではよく見られる。

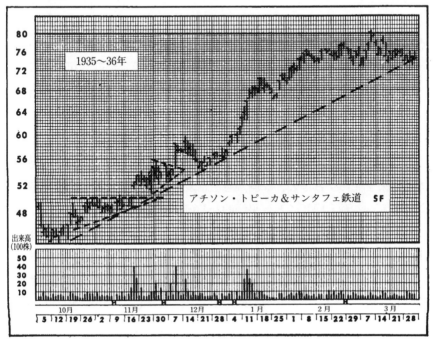

クラインに向かう下げか、ヘッド・アンド・ショルダーズのシグナル
を確認するために株価がネックラインを下抜いたときのどちらかであ
る。ネックラインとトレンドラインの2つの線が同時にブレイクされ
ることがどれほど多いのかには本当に驚かされる。一方、株価が右肩
から下げた直後にトレンドラインが最初にブレイクされることもある
が、そのようなときはネックラインのブレイクを待たなくても直ちに
適切な行動を取るべきである。以上がトレンドラインが発するシグナ
ルの一例であり、これは反転パターンの完成によるシグナルよりも早
めに、しかも有利な水準で出されるシグナルである。

普通目盛りと対数目盛り

　数学的な考え方に関心のある読者であれば、トレンドラインを普通
（等目）目盛りと対数（比率）目盛りで描いたときの違いについて考
えるだろう。普通目盛りのチャート用紙に描いた上昇する一直線上の
点を対数目盛りチャート用紙に転写すると、最初は鋭く上昇し、その
後は次第に丸みを帯びた曲線となる。その反対に、対数目盛りチャー
ト上の一直線上にある点は、普通目盛りのチャートでは加速度的な曲
線を描いている。直線の勾配が急であるほど、激しい加速を意味する。
　もっとも、短期トレンドを定義するときこうした違いはあまり重要
ではないが、それは短期トレンドでは2つの目盛りの異なる特徴が大
きな効果を発揮するほど、株価が急激に変動することはあまりないか
らである。これと同じことは平均的な勾配の中期トレンドについても
いえるが、かなり長くて力強い中期トレンドではこの2つの目盛りの
相違点が際立ち、最終的にはトレンドラインをブレイクする時期やそ
の水準にかなりの違いが生じる。これが株式のテクニカル分析では対
数目盛り用紙を使用する最大の理由である。しかし、この問題に関す
る考察はメジャートレンドを検討するときに行うとして、ここではど

ちらの目盛りの用紙を使っても大差のない中期トレンドラインについて検討する。まず初めに中期の上昇トレンドを取り上げよう（株式の売買において中期トレンドはマイナートレンドよりも極めて重要である）。ここでは当初の原則に戻り、上昇トレンドがほぼ直線であると仮定して、そのトレンドを決定する点を結べば、そのラインは次の2つの目的に役立つだろう。

図149 この年の短期的な変動幅を決定したトレンドライン。最初の上昇トレンドラインでは3つの底が形成されたが、この上昇局面の三番目の上昇（2月末）は最初の高値から基本トレンドラインと平行に引かれた線（アウトライン）に達していない。このような動きは株価がトレンドラインを下抜く前兆となる。同じことが5月末の2度目の上昇トレンドラインの最終局面でも起こった。このような動きと平行線やリターンライン（アウトライン）の活用法についてはあとで検討する。3月の下降トレンドラインはウエッジにも見える。4月6日の小反落はウエッジの上限で支持されている。6月の上昇はそれまでの上昇トレンドラインのところで抵抗を受けて押し戻されている。6月の小さな複合型のヘッド・アンド・ショルダーズは、株価が必要とされる値幅だけ下げなかったのでついに完成しなかった。

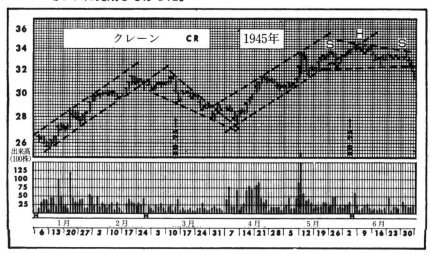

1．トレンドラインがブレイクされると（つまり、株価がトレンドラインを決定的に下抜くと）、それは上昇トレンドが終了したというシグナルとなる。これで中期的な投資家は持ち株を売却して、ほかの投資チャンスを探すことになる。

2．この中期の上昇トレンドラインの上方の目先天井圏に小さな反転パターンが形成されても、現在の株価とトレンドラインとの距離がまだ十分にあるうちは、中期トレンドに従って売買する投資家はそのような小さな反転パターンを無視するだろう。そうした中期投資家は今のトレンドラインが継続するかぎり、持ち株を保有し続ける。

　1のトレンドラインの機能のメリットは明らかであろう。2の意味について経験の少ない投資家は分かりにくいだろうが、中期の上昇トレンドがまだ続いているときに、目先の押しを見てすべての持ち株を売却してしまったという残念な経験を持つ投資家であれば、1と同じく重要な意味を持つ。以上のメリットを十分に生かすには、既述したように中期のトレンドを正確に決定する線を見つけて線引きすること、次にそのラインが決定的にブレイクされるときを見極めることである。トレンドラインがどのように形成されるのかに言及した先の検討では、この問題についてあまり深く考慮しなかった。

信頼性のテスト

　上昇トレンドラインのテクニカルな有効性、すなわちその信頼性を判断するには次のようなテストがある。

A．短期の上昇トレンドライン上に（またはその近辺に）安値の数が多いほど、そのトレンドラインのテクニカルな重要性は大きくなる。そして試された回数を重ねるごとに、そのトレンドラインの重要性はさらに増大する。最初の仮の上昇トレンドラインは一番底とそれより

も高い二番底ができるとすぐに引くことができる。株価が3回目にトレンドラインに接近してそこで三番底を付けたあと再上昇すれば、その仮のラインはそのトレンドの真の有効性を確認するものとなる。その後そのライン上に四番底が形成され、株価がそこから上昇すれば、そのトレンドラインの価値はさらに高まる。

B. トレンドラインの長さ、すなわち株価がそのトレンドラインを下抜くまでの期間が長いほど、そのラインのテクニカルな重要性は大きい。しかし、この原則には次のような条件が付く。非常に近い期間にできた2つの安値（例えば、1週間も離れていないときなど）を結んだトレンドラインは、あまり有効なものとはならない。そうしたラインはあまりにも急勾配だったり、または（多くの場合には）平坦すぎるものになる。トレンドラインが平坦すぎれば、株価は長期にわたってそこから大きく上方に乖離した状態で推移する。そして株価が下げに転じれば、そうしたトレンドラインに達しないうちに中期の調整局面に入ってしまう。これに対し、トレンドラインがその値動きを構成するトレンドを正確に反映するように、十分に離れた2つの安値を結び、その間に相応の上げ下げが含まれていれば、そのトレンドラインは本物である。トレンドラインの長さよりも、トレンドライン上にある安値の数のほうを重視すべきである。

C. トレンドラインの角度も中期のトレンドの真の有効性を測る重要な基準となる。勾配があまりにも急なラインは短期の保ち合いパターン（例えば、上昇トレンド途上で形成されるコンパクトなフラッグなど）で簡単にブレイクされ、株価が再び大きく上昇することもよくある。このような急勾配のラインはテクニカルアナリストにとって、今後の株価を予測するための価値はほとんどない。トレンドラインが平坦で水平に近いほどテクニカル上の重要性は大きく、その結果そのラインを下抜くことの意味もまた大きくなる。

　しかし、トレンドラインの勾配の程度とは相対的なものであり、正確に定義づけることはできない。多くのチャートを引いて研究し、長期にわたって実際にそれを活用するという経験を重ねることが大切である。そうした経験を通して初めて、あまりにも急勾配すぎて持続できないようなトレンドラインと、適当な角度を保っていることで中期的な上昇から下降に転換するまで持続するトレンドラインを直観的に見分ける能力が養われる。トレンドの勾配は個別株式の習性や特徴によって違うし、長期サイクルの各段階（後半になると急勾配になりやすい）によっても異なる。皆さんが関心を向けているどんな株式でも、過去のチャートにさかのぼるほど現在のトレンドがいっそう正確に判断できるだろう（このことはトレンドラインだけに限らす、すべてのテクニカルなパターンや現象についても当てはまる）。

　相対的にどの程度の勾配が有効なのかに関するひとつの手掛かりは、本書に掲載した多くのチャート（テクニプラットの対数目盛りチャートを使用）にある。それらの日足チャートでは、10〜50ドルで変動する株式の中期の上昇トレンドはほぼ30度の勾配になっている。この角度より幾分平坦なまたは急勾配のものもあるが、平均的な値動きをする株式のトレンドラインの勾配が30度に近いことは驚くばかりである。ただし、品薄で投機的な株式（普通の株式よりも急勾配）や大型株（より平坦）は例外である。もちろん、対数目盛りを使うと株価水準に関係なく、すべての値動きを比率や百分比で表せるというメリットがある。普通目盛りのチャートでは、例えば15ドル近辺の株式のトレンドラインは50ドル前後の株式のラインよりも急勾配になる。同じ目盛りを使った週足チャートの中期の上昇トレンドは、日足チャートで表したものよりも急勾配となる。また、違う目盛りであればトレンドの角度も違ってくるだろう。テクニプラット用紙が30度の上昇トレンドラインを示す傾向があるのは単なる偶然にすぎない。

図150　1946年の中期の下降トレンドと上昇トレンド。3月30日に基本となる下
　　　　降トレンドラインをブレイクしたとき（同時に底値圏での小さなヘッド
　　　　・アンド・ショルダーズからも上放れた）、大商いになっている。2月
　　　　末に一時的にアウトラインを下抜いたが、これにはテクニカル的に大き
　　　　な意味はない。3月の安値からの上昇トレンドラインは6月14日にブレ
　　　　イクされ、大天井で形成された下降三角形からも同時に下放れた。

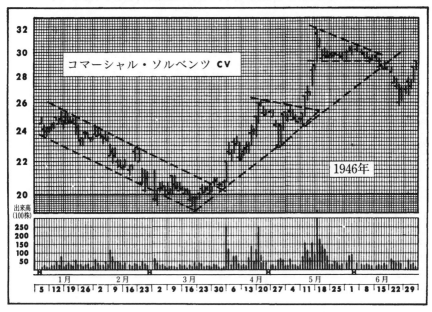

トレンドラインのブレイクの有効性

　中期の上昇トレンドラインの信頼性や有効性は、次の3つの基準に
基づいて評価すべきである。①株価によって（ブレイクされずに）試
されたり、接触された回数、②その長さまたは継続期間、③勾配。こ
れらの基準の1つ以上（できれば2つ以上）を適用してそのトレンド

の有効性が確認できれば、次の問題はいつ株価が最終的かつ決定的に
トレンドラインをブレイクするのかということである。ここでもまた、
3つの基準を設けることができる。そのうちの2つは、反転または保
ち合いパターンを決定的にブレイクするときの確認ルールとして前章
で述べたものとまったく同じである。その最初の基準は、「どのくら
いの値幅でトレンドラインをブレイクしたか」である。そのブレイク
が決定的であるためには、株価が単にトレンドラインをブレイクする
だけでなく、3%の値幅でブレイクする必要がある。1日の動きで3
%を越える必要はないが、ときには1日でそれ以上トレンドラインか
ら離れたることもある。また、株価が数日にわたって徐々に下げて3
%以上の下放れとなることもある。

　二番目の基準は「出来高」である。株価が保ち合い圏から真に上放
れるときは、必ず大商いを伴わなければならないことはすでに述べた。
下放れ（例えば、下降三角形から最初に下放れた日）のときの出来高
はそれほど増加しないが、株価が下げるにつれて急増する傾向がある。
ここで検討しているのは上昇トレンドラインであり、そこからの上放
れは下放れとほとんど同じであり、したがって適用するルールもほと
んど同じである。株価がトレンドラインを3%以上下抜いたら、その
有効性は確認されたことになり、必ずしも大商いを伴う必要はない。

　しかし、実際には株価が中期の上昇トレンドラインを下抜くときは、
かなりはっきりした出来高の増加を伴うものである。出来高の増加を
トレンドラインの決定的なブレイクの確認条件とするのは有効であり、
特にその真偽がはっきりしないときはかなり効果的である。例えば、
株価がトレンドラインを1ドルほど割り込んだあとにかなりの出来高
を伴ってそこから下放れた、またはブレイク率が2%ほどでもその日
の最安値やその近辺で引けたときは、3%ルールの未達成分を出来高
の条件が埋め合わせたと考えて、トレンドラインの決定的なブレイク
と解釈してもよい。しかしその場合でも、ふるい落としに引っかかっ

て持ち株を慌てて売却しないように注意すべきである。そのようなふるい落としでは株価が大商いを伴ってトレンドラインを一気にブレイクするが、大引け近くでは再びトレンドラインまで戻るか、少なくともその近辺まで上昇するものである。このような一時的な大変動はおそらくダマシの動きであろう（実際にはほとんどそうである）。しかし、それから数日間の株価の動きは注視すべきである。つまり、このようなテクニカルな値動きが現れるのは明らかにクリティカルな局面であり、そうでなければふるい落としのような動きはめったに現れるものではない。

　三番目の基準もトレンドラインのブレイク幅に関するもので、その真偽がよく分からないときに適用するものである。例えば、40ドル前後の株式が大商いを伴わずに中期の上昇トレンドラインを下抜いたが（1〜1 1/8ドルほど）、ブレイク率は3％に満たなかったとしよう。そこで1〜2日保ち合ったあと上昇したが、出来高がまったく増加しなければ（またはトレンドラインを力強くブレイクしないでその近くで揉み合うようであれば）、再び売り圧力が少しでも強まると上昇トレンドの決定的な反転シグナルと解釈される。株価の元に戻る動きは、押しや戻りとして知られる。これについてはヘッド・アンド・ショルダーズなどの反転パターンを検討したときに再三にわたって言及したが、トレンドラインとの関連であとで詳しく再検討する。

　以上述べた3つの基準は、トレンドラインのブレイクの有効性を確認するには役立つが、残念なことに確たるルールとして適用することはできず、何らかの判断を加える必要がある。多くの中期のトレンドラインにも正確な境界線があるわけではなく、たとえそのようなものがあったとしても、いくらかの誤差は避けられないだろう。これまでに何回も指摘したように、株価のテクニカルなルールにはいずれも例外がある。しかし、主要なトレンドラインが形成されたとか、そのトレンドラインがブレイクされたなどという判断を下すには、やはりそ

図151　トレンドラインの有効なブレイクとその後の通常の動き。反転または保
　　　ち合いについてはこの章ではもちろん、本書に掲載したほぼすべてのチ
　　　ャートで説明している。しかし、フィリップス・ペトロリアムのこの週
　　　足チャートは、ひとつの例外的なケースを示すために再掲した。1936年
　　　9〜10月初めの安値と11月末の安値を結んで引いた中期の上昇トレンド
　　　ラインは、1937年5月後半に決定的に下抜かれた。さらに複合型のヘッ
　　　ド・アンド・ショルダーズ・トップの反転パターンは2月から形成され、
　　　そのネックラインは52ドルのところに引かれている。それまでの強気相
　　　場はすでに4年も続いており、この株はわずか2ドルから上昇してきた
　　　のである。1937年7月以降のチャートを隠して見ると、どんなテクニカ
　　　ルアナリストでも52ドルのネックラインをブレイクする前に持ち株を売
　　　る理由を数多く挙げるだろう。しかし、既述したように、このフィリッ
　　　プス株のケースは通常のテクニカルパターンやルールのひとつの例外で
　　　ある。この株は最終的に64ドルまで上昇したが、そこの動きは貴重な警
　　　告となっている。このようなことは長期トレンドが力尽きるまではめっ
　　　たに起きないが、これ以上の上昇についていくのはかなり危険である。

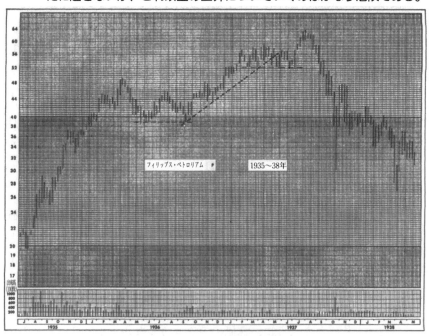

れなりの経験が必要となる。

トレンドラインの修正

　トレンドラインがブレイクされたが、そのブレイク率が決定的なものではなく、次の上昇で株価が再びトレンドラインを上抜いて上昇したとき、その最初のトレンドラインが今後も信頼できるのかが当然問われるだろう。このトレンドラインは放棄・変更すべきか、それともそのまま残すべきだろうか。ここでも判断と経験が必要となるが、一般原則を参考にすれば何らかの手掛かりが得られるだろう。最初の2点を結んでトレンドラインを引いたが（一番底と二番底に沿って線を引いたが）、株価が3回目にトレンドラインに接近してもそれを決定的にブレイクしなければ、一番底と三番底を結んで新しいトレンドラインを引き直したほうがよい（ただし、株価がその三番底から上昇して、そこがはっきりと目先の底であることが確認されるまではそうすべきではない）。ときに二番底と三番底を結んで新しいラインを引き直したほうがよい場合もある。一番底を付けた日がちょうど下降トレンドの反転日であり、その終値がその日の最安値よりもかなり高いとき、二番底と三番底を結んだラインを過去にさかのぼって延長すると、ほぼ反転日の終値とぶつかることが分かるだろう。

　一方、最初のトレンドラインが引かれたあと、それが数回の「試し」を受けたときは（つまり、三番底とおそらく四番底もトレンドラインを下抜かず、そのトレンドラインが確認されたときは）、それ以降に決定的にブレイクされないかぎり、この最初のトレンドラインが引き続き有効であると考えられる。また、トレンドラインがザラバの安値で切られても終値でブレイクされないときも、そのトレンドラインを引き続き使用する。実際に終値を結んだトレンドラインほうが、ザラバの安値を結んだものよりも信頼性が高いのである。このことは

気まぐれな動きをする品薄株によく当てはまる。いろいろな線を引いてみることは有益であり、トレンドラインを引くには薄い透明な定規が使いやすい。

　一方、トレンドラインの引き直しが必要となるもうひとつの動きがある。それは上昇トレンドの最初の2つの目先底を結んだあと、三番底がそのライン上に形成されずに、そこからかなり上に位置したときである。このようなときは最初の線はそのままにして、二番底と三番底を結ぶ新しいラインを引いて、その後の株価の動きを見守ることである。三番底からの上昇の勢いが急速に衰えて、まもなく新しいトレンドラインがブレイクされるならば、最初のトレンドラインが有効であると推測できる。しかし、三番底が強力な水準で新しいラインが数週間のうちにブレイクされることがなければ（そしてそのトレンドラインがそれほど急勾配でなければ）、新しいラインがそのトレンドを正確に反映していると考えられる。

2本のトレンドラインとトレンドレンジ

　中期の上昇トレンドを正確に反映するトレンドラインを引こうとしていろいろな線をを引いているうちに、30ドル台の株式では1ドルほどの間隔の2本の平行線のほうが1本の線よりも真のトレンドを正確に表していることがある。とがった底やふるい落としのような株価の動きは下方の線まで落ち込むが、丸みを帯びた鈍い戻りは上方の線か、その近くで上げ止まるだろう。この2本の平行線は連続する短期的な押しが停止・反転するひとつのレンジを表している。

　このような2本のトレンドラインのなかに収まる株価の動きについて、多くのテクニカルアナリストはあまり注意を向けないが、実際にはかなり頻繁に見られる。こうした2本のトレンドラインを読み取る観察力を養うこと、すなわち2本のトレンドラインが引けるトレンド

図152　2本のトレンドラインはそのトレンドが数カ月にわたって続いたあとで
　　　　なければ、はっきりと引くことはできない。1945年10月にスタートした
　　　　この中期の上昇トレンドの加速的な局面でも、基本となるトレンドライ
　　　　ンが2本引けることは1946年1月まで分からなかった。上の内側のライ
　　　　ンは4月に再びブレイクされたが、下の外側のラインは大天井を付ける
　　　　5月まで決定的に下抜かれることはなかった。

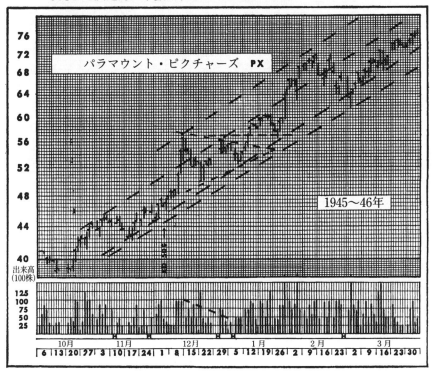

を見つけるように常に株価の動きを注視することは大切である。2本
のトレンドラインは1本の決定的なトレンドラインを見つけようとし
て悪戦苦闘し、最後にはいやになって線引きを断念してしまうような
ことを回避してくれるだろう。

　2本のトレンドライン（または好みによってはかなり幅の広いトレ

図153 1945年のトレンドチャネル。株価は1946年1月に92〜98ドルの水平なチャネル（長方形）から上放れて114ドルまで上昇。短期売買のトレーダーは（上昇トレンドラインがブレイクされた）11月初めに94〜96ドルで売ったあと、翌年1月に長方形から上放れた99ドルで買い直すだろう。

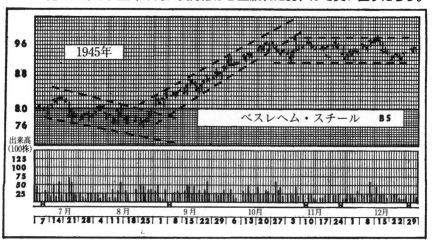

ンドライン）によって正確に規定されたトレンドは、下方の線が決定的にブレイクされるまではそのトレンド終了の確認とはならない。既述したように、とがったふるい落としのような安値では株価が下方の線まで達することもあるが、そこからの上昇はやはり鋭い形となり、株価はすぐに上方のトレンドラインのところまで急速に上昇することが多い。一般にトレンドラインをブレイクしそうだというシグナルはふるい落とし型の急落よりは、株価がジリジリと下方のトレンドラインまで下げて、もはや上方のラインまで上昇する力がなくなったときに出る。それからすぐにトレンドラインを下抜くような動きは見られず、しばらく揉み合い状態が続くかもしれないが、そうした動きはそのトレンドが終わりに近いことを意味するシグナルとなる。

図154　10カ月に及ぶ長い一直線の下降トレンド。このチャネルでは上側が2本の基本トレンドライン、下側が2本のリターンライン（アウトライン）のなかに株価がきれいに収まっている。大天井では1945年12月3日に強力な1日の反転が出現して下降三角形が形成されたが、株価は1946年2月19日にこの三角形を下抜いた。9月に形成された対称三角形も同じように下抜かれた。

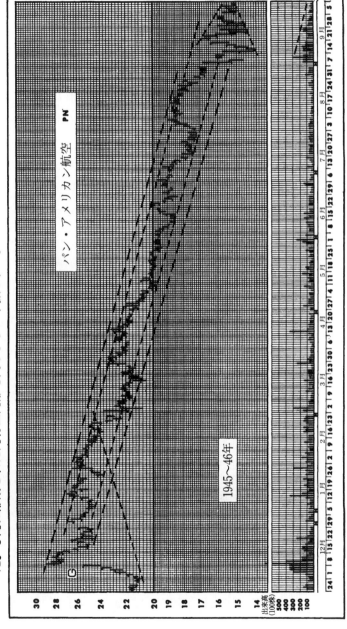

パン・アメリカン航空　PN

1945～46年

トレンドチャネル

　この章の初めで、基本的なトレンドラインという表現を使った。こ
れは上昇トレンドの主要な安値を結んだ上向きの線であり、下降トレ
ンドでは主要な高値を結ぶ下向きの線である。しかし、トレンドライ
ンの反対側の点、すなわち上昇トレンドの主要な高値と下降トレンド
の主要な安値を結ぶ線についてははっきり規定できないと述べた。こ
れまで検討してきたのはこのような基本的なトレンドラインについて
であり、テクニカルアナリストの主要な目的はそのトレンドが力尽き
るときを見極めることにあり、それには基本となるトレンドラインが
最も重要である。

　しかし、通常のトレンドを描く株式ではその短期トレンドはかなり

**図155　1945年のきれいな中期のトレンドラインとリターンライン。トレンドチ
ャネルのなかのフラッグ、すなわち6月の上昇フラッグと8月の下降フラ
ッグに注目。8月22日にスタートした上昇トレンドチャネルは翌年2月ま
で続いた。**

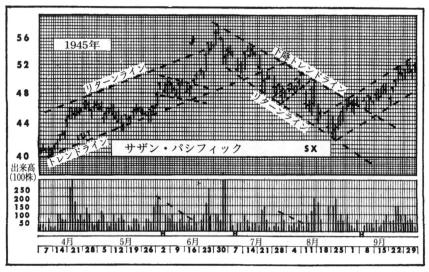

規則正しく、基本的なトレンドラインの反対側にもう１本のラインを引くことができる。中期の上昇トレンドを構成するそれぞれの高値はほぼ１本の線に沿ったところにあり、この線は主要な安値を結んだ基本的なトレンドラインとほぼ平行となる。トレンドラインと平行に引かれたその線は、そのトレンド内に戻る動きの境界線となることから「リターンライン（Return Line)」とも呼ばれる。基本的なトレンドラインとリターンラインに挟まれた領域が「トレンドチャネル」である。はっきりと規定されたトレンドチャネルは発行済み株式数が多く活発に取引されている株式によく現れるが、不人気の品薄株ではあまりはっきりしない。テクニカル分析に基づく投資家にとって、このトレンドチャネルがどのような価値を持つのかについてはここでは触れず、その戦術的な活用法については第２部で詳述する。

図156　12月初めの上昇のとき、リターンライン（アウトライン）に達しなかった11月末の安値とリターンラインとの値幅分だけ、株価が下降トレンドラインから上げている。

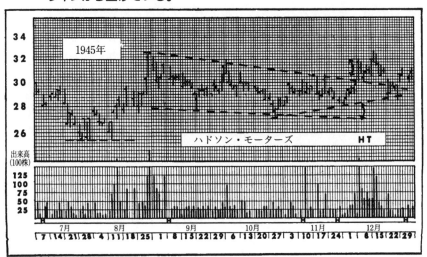

**図157　1943年12月から形成され始めた6カ月にわたる上昇トレンドチャネル。
その後株価は8月にチャネルから下放れた。**

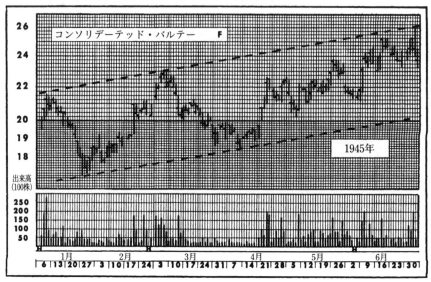

　トレンドチャネルの最大のメリットは株式投資の初心者が最初に利
用しようとするもの、すなわち適当な利食いの水準を決めるためのも
のではない。経験豊富なテクニカルアナリストはそれとは逆の意味で、
トレンドチャネルの有効性を見いだすだろう。いったんトレンドチャ
ネルがはっきりと形成されたとき、上昇した株価がリターンラインに
達しなければ、これはその中期の上昇トレンドが崩れ始めたひとつの
シグナルと見られる。さらに本格的な下降に転じる前にその上昇とリ
ターンラインとの間に一定の距離が残されたとき、基本的なトレンド
ラインがブレイクされたあと、その距離の値幅だけ保ち合ったり、ト
レンドラインまで戻ったりすることがある。同じようにトレンドチャ
ネルがはっきり形成されると、リターンラインからの下落が基本的な
トレンドラインまで下げずにその少し上のところで下げ止まったとき
は、そこから上昇した株価はそれとほぼ同じ距離だけリターンライン

から上方にはみ出すことがある。

実験線

　経験が豊富なテクニカルアナリストはチャート上に、あらゆる種類（短期、中期、長期）のトレンドラインを引いている。最初は鉛筆で軽く引くが、その多くはまもなく何の意味もないことが分かり消してしまう。それ以外の（テクニカル的に有効であると思われる）線は残しておき、色を濃くしたり着色したりする。常に２本のトレンドラインに注目し、機会あるごとにさまざまなチャネルが形成されることを想定して、仮のリターンラインを引いたりする。例えば、２つの安値を結んだ基本的な上昇トレンドラインが形成されれば、それに挟まれた上昇の一番天井を通る平行線を引き、二番天井がそこに達したあと下落したら、かなり有望なリターンラインが引かれてチャネルが明確になる。

　株価が示唆するさまざまなトレンドラインを実際に引くことは、特にテクニカル分析を始めたばかりの投資家にとっては勉強になるので強くお勧めする。これがテクニカル分析の経験を積む一番の近道（実際には唯一の方法）であり、こうした試みは実際の株式の売買に際してトレンドラインの示唆に従って売買する基本となるものである。ここで株式投資の初心者のために「してはいけないこと」をひとつ付け加えておこう。皆さんはすでにお気づきかもしれないが、トレンド途上の安値から高値（その反対も同じ）に引かれる線については何も述べられていない。トレンドラインは常に２つ以上の安値または高値を結んで引かれるもので、高値と安値をクロスして引いてはならない。このことをよく理解していないと、例えばヘッド・アンド・ショルダーズで左肩の天井から右肩の天井に向かって線を引いても、そのような頭を突き抜ける線はテクニカル的には何の有効性も持たない。

トレンドラインからブレイクしたあとの動き

　この書の初めで、中期の上昇トレンドラインを株価が下抜くことによって起こり得る結果について述べた。ここでもう一度繰り返すと、テクニカル的な重要性を持つ中期の上昇トレンドラインが引かれたあと、株価がそれを決定的に下抜けば、その上昇トレンドは終了したと推測される。それ以降には中期的な下落または保ち合い（はっきりしたトレーディングレンジ）が続くだろう。チャート上には何らかのテクニカルなシグナルが現れて、そのどちらになるのかを示唆するはずである。そのどちらの結果になっても、中期の修正トレンドを見て売買する投資家は状況をよく判断して利益を伸ばすべきである。

　株価がトレンドラインをブレイクしたあとすぐに起こる動き（戻り）についてはすでに述べたが、これについてはあとで詳しく検討する。反転パターンや保ち合いパターンからブレイクしたあとの戻りについてもすでに詳述した。例えば、株価が長方形の下限から下放れたあとの株価が下限まで戻しても、そこに控えている抵抗（売り）によって株価が上げ止まる理由がよく分かっただろう。支持線と抵抗線の原則に照らせば、株価がそれ以外の保ち合い圏から下放れたあとの多くの戻りについても理論的に説明できる。一方、株価がトレンドラインをブレイクしたあとの戻りについてはこうした理論的な説明はできないが、このような戻りは頻繁に起こるし、保ち合いパターンの戻りに比べて、はるかに正確にトレンドラインのところで停止するように思われる。

　上昇トレンドラインを下抜いた株価がその後に上昇してトレンドラインやその近くまで戻したあと、急速に新たな下降トレンドに入るのはなぜなのか。トレンドラインはずっと上向きになっているので、その戻り天井は最初にそこを下抜いた水準よりも２〜３ドル上のところだろう。なぜか株価はそこで上げ止まり、それ以上の上昇を断念する。

そこではなぜ供給が需要よりも強いのか。株価がトレンドラインの勾配とそこに戻るまでの時間という2つの変数によって決定される水準に達すると、なぜ抵抗が強まるのだろうか。その理由は分からない。こうした戻りがかなり急勾配のトレンドラインの上方まで達すると、それは中期の上昇トレンドで新高値を付けることになるので、理論的にはこうしたケースはあまり考えられない。しかし、このようなことが起こるケースは実は少なくないのである。典型的な上昇トレンドライン（通常または緩やかな角度のライン）の多くではそれがブレイクされたあと、数日間で、あるいは通常のマイナートレンドで上昇し、株価はトレンドラインの延長線上まで戻る。

　一方、株価が急騰してリターンラインを上抜いた（チャネルの上限をブレイクした）ときは、このような戻りの動き（押し）は起こらない。もっと正確に言うと、株価がリターンラインを上抜いたあとの押しに対して、リターンラインは支持線としては働かないのである。上昇トレンドチャネル内の力強い上昇の動きがチャネルの上限を越えても、次の下落ではリターンラインの水準で何の支持も受けずに、株価はあっさりとそこを割り込んでしまう。既述したように、こうした株価の習性はトレンドラインをめぐる動きのなかで不思議なもののひとつである。トレンドやトレンドラインを研究するテクニカルアナリストは長期にわたって、これ以外にも数多くの不思議な現象に直面している。それらの現象については株式売買におけるその利用法も分からないので、ここではこれ以上は言及しない。それらの過去の事例を調べるとかなり面白いが、そこから将来の動きを予測することは不可能である。

中期の下降トレンド

　トレンドとトレンドラインについてこれまで検討してきたことは、

上昇トレンドだけに限定してきた。実際には特に上昇メジャートレンドの中期の上昇局面であるが、これらのトレンドは最も通常に見られるもので、トレンドラインの定義にも最もよくかなっている。次に下降メジャートレンドのなかの中期の下降局面について検討しよう。上昇トレンドとの違いを比較検討する前に、下降トレンドの基本となるトレンドラインはいくつかの主要な高値を結んだ線であることを想起しよう。そのチャネルはチャート上では下降トレンドラインの左下に形成され、リターンラインは（それが存在するならば）チャネルの目先底を結んだ水準である。

　中期の下降トレンドは上昇トレンドと比べるとかなり不規則な動きであり、その角度もかなり急勾配である。第3章で検討した下降メジャートレンドの第二局面であるパニック売りによる暴落局面では特にそうである。株価は最初の2つの主要な高値を結ぶトレンドラインから下方に向かう傾向がある。つまり、トレンドが進行するにつれて下方に湾曲するか、または加速度的な下降のパターンとなる。こうしたパターンは普通目盛りのチャートでもはっきり分かるし、対数目盛りチャートであればさらに明確である。

　こうした下方に湾曲する動きは最初に引いたトレンドラインからのブレイクを遅らせ、その結果としてトレンド反転のシグナルが遅れることになるが、このことはそれほど重要なことではない。株価はトレンドラインから急落したあとしばらく値固めするため、目先底で一時的に揉み合うことになる。そこでしばらく揉み合った株価がトレンドラインまで戻すことがあっても、それを決定的に上抜くまではトレンドの明確な転換とはならない。トレンドラインが実際の株価の動きとはあまり関連しないところに引かれることがあっても、それでも実際にラインを引いてそれを常に注視することが大切である。以上の理由から、多くの下降トレンドのリターンラインには実際上の有効性はあまりない。下降リターンラインはすぐに下抜かれてしまうので、適切

なチャネルを見つけることは難しい。しかし、下降メジャートレンド
の最後の修正局面（大底に至る最終段階）はかなり規則的ではっきり
した動き、すなわち通常の修正上昇トレンドに近い動きとなる。こう
した株価の習性は、実際上はかなり重要である。こうした傾向が分か
っていれば、下降トレンドの終了を予測するうえで、極めて貴重な手
掛かりが得られるだろう。

図158　6月に始まった下降トレンドは、7月15日にそれまでの上昇の中期トレン
　　　ドラインとメジャートレンドラインの両方をブレイクし、9月までみご
　　　となチャネルを形成した。6月17日と7月1日の高値を結んだ中期の下降
　　　トレンドラインは、8月の上昇では破られなかった。6月20日の安値から
　　　トレンドラインと平行に引いたリターンラインは7月末には下抜かれな
　　　かったが、8月末には数日間持ちこたえただけだった。8月の上昇局面で
　　　は株価と出来高のパターンはいずれも弱気相場の特徴を示していた。こ
　　　のチャートと図68を比較すれば、大きなダブルトップが7月23日に完成
　　　しているのが分かる。

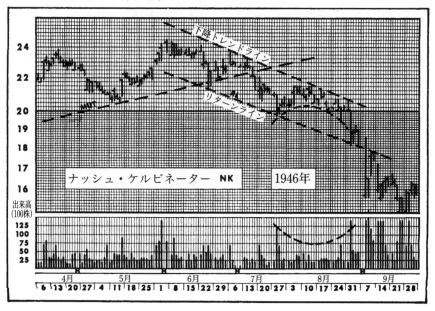

　下降メジャートレンドがかなり長期にわたって続いたあと、少なくとも1回のパニック売りを経験したあとに下降ペースが緩やかになり、株価の動きも規則的になってきたら要注意である。そして短期的に上昇した株価が何回かトレンドラインに接触したり、またはかなりはっきりしたチャネルが形成されたあとに株価が安値を結ぶリターンラインを下抜いて急落しなければ、トレンドラインが最後にブレイクされたときがメジャートレンドの反転、すなわち新しい強気相場の始まりを告げるシグナルとなる。

調整的なトレンド──ファンの原則

　これまで中期のトレンドラインについて検討してきたが、最後に調整的なトレンドの問題を取り上げよう。これは上昇メジャートレンドを阻止する中期の修正的な下落であり、また下降メジャートレンドではそれを妨げる中期の修正的な上昇の動きである。このような修正的な動きにはさまざまな形があるが、これまでのチャートパターンでも見たように、三角形や長方形などの保ち合いパターンになることもある。その場合の株価の逆行幅はそれほど重要ではなく、問題は株価がメジャートレンドに戻るまでの調整の期間である。もちろん、この場合には修正トレンドラインを引く理由もないし、実際上の目的に照らしてもその必要もない。

　一方、まれにではあるが、調整的なトレンドが中期的な支持圏・抵抗圏に対して適度な勾配の直線で形成されることもある。その場合はメジャートレンドの3分の1から2分の1ほど逆行する動きとなる。一般にこうした逆行の動きは1本のトレンドラインを形成し、最終的にこのラインをブレイクすれば、トレンドの反転を表すテクニカルなシグナルとなる。ただし、このような中期的な調整はあまり見られない。

図159　6月に中期の上昇トレンドラインを下抜いたことは、平らな肩をしたヘッド・アンド・ショルダーズ・トップのヘッドからの下降でもあった。このヘッド・アンド・ショルダーズはそれよりもさらに大きな複合型の一部となっている。上のネックラインは6月19日に、下のネックラインは7月16日にブレイクされたが、それぞれの戻りに注目。F1、F2、F3は仮に引いたファンラインである。株価は12月に最終的にF-3を上抜くが、それまでは弱気のシグナルが出ていたので、ファンの原則は適用できなかった。ファンは株価の調整的な動きの転換を示唆する。

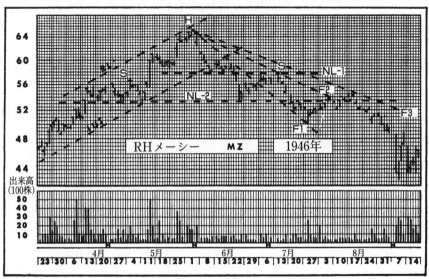

　修正的な調整の三番目の形は、上記の保ち合いパターンとほとんど同じくらい一般的なものである。上昇トレンド途上のこうした動きは数日間にわたる（ときに数週間に及ぶこともある）急激な下落で始まり、急勾配の短期トレンドラインが引かれる。このラインは短期的な上昇で上抜かれたあと、株価は再び幾分鈍い角度で下落する。これにより、最初の反転地点と短期トレンドラインを上抜いた一番天井を結ぶ二番目の短期トレンドラインを引くことができる。このトレンドラ

図160　株価は1月後半の高値から急反落し、ほぼ2年にわたる一本調子の上昇トレンドに終止符を打った。この下落局面ではときに急反発することもあったが、5月末の大底は1月の高値のほぼ半値だった。しかし、その後の株価は1983年の天井だった強力な支持線を割り込むことはなかった。3本のファンラインに見られる動き、また底値圏でのヘッド・アンド・ショルダーズ・ボトムの完成などを経て、株価は短期の下降トレンドから反転した。

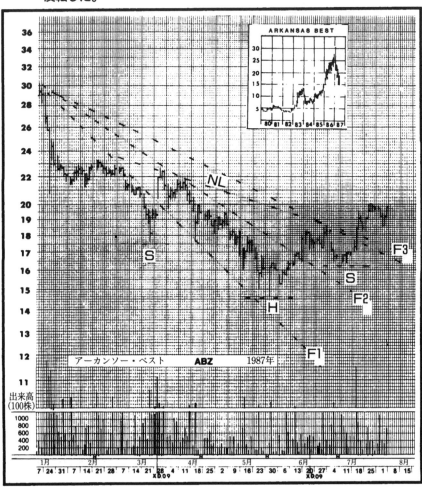

図161　3本のファンの原則が有効に適用されたケース。株価は3月にF1を上抜
　　　いたあと再び下げたが、この水準を割り込むことはなかった。株価は3
　　　月末にもF2を上抜いたあと4月末にはF2に接近したが、やはりこのフ
　　　ァンラインを下抜くことはなく、5月にはF3を突破して急上昇していっ
　　　た。これらの下げは強気相場での押しであった。この株は最終的には8
　　　月に64ドルの高値を付けた。3～5月のパターンは弱い形のダブルボトム
　　　とも呼べるだろう。

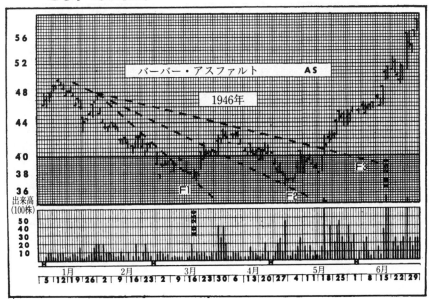

インも次の上昇によって上抜かれたあと、株価は再び緩やかに下落す
る。ここで最初の高値とこの二番天井を結ぶ三番目のトレンドライン
が引かれる。これまでの全体的な動きは不規則なソーサーの形となっ
ている。下降トレンドの基点となる最初の反転地点から引かれた3本
のトレンドラインは、いずれもその直前のトレンドラインよりも角度
が緩やかになっていることから「ファンライン（扇形線）」と呼ばれ
る。三番目のファンラインが上抜かれたときに、中期的な調整の底が
確認される。

図162　株価は1944年後半にそれまでの強気相場から下落したが、この対称三角
　　　　形から3本のファンの原則を適用してみよう。F1は8月30日の高値と9月
　　　　12日の終値を結んで引く。F2はチャート上にすでに明示してある。F3
　　　　は8月30日と11月9日の上昇の高値を結んで引く。その後株価は11月21日
　　　　に大商いを伴って上放れた。9月半ばから11月にかけてのパターンは最
　　　　初は下降三角形に見えたが、10月になって出来高が増え始めた。

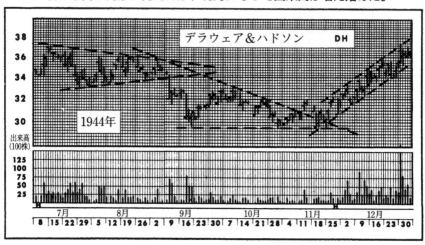

　ただし、この原則にもすべてのテクニカルなチャート分析の原則と
同じようにやはり例外がある。こうした調整局面では株価が上昇トレ
ンドに転じる前に新安値を更新することもたまにあるが、3本のファ
ンの原則はほとんどうまく働く。この原則が有効に機能しないときは、
かなりきつめのストップロスオーダーを入れて、損失を最小限にとど
めるべきである。こうした一連の動きのなかで株価がファンラインを
上抜いたあと、再び直前のファンラインのところまで押すこともある。
そして株価が先の安値を割り込むと、メジャートレンドはゆっくりと
再スターとしてしばらくはソーサーの形となる。こうした3本のファ
ンの原則は下降トレンドの中期的な上昇による反転にも適用できるが、

図163　夏までの下降局面で1983年の上げ幅のほとんどを消した。しかし、1982年の安値が支持線となって株価はそこで下げ止まり、それから数カ月間にきれいなファンラインが引かれた。株価は9月半ばに大商いを伴ってF1を上抜いたあと、急速に勢いをなくしたが、以前の抵抗線は新しい支持線に転化して株価を下支えし、11月半ばには大商いを伴ってF2を上抜いて上昇トレンドの準備段階に入った。それから5週間にわたる調整を経たあと、やはり大商いを伴ってF3を突破した。

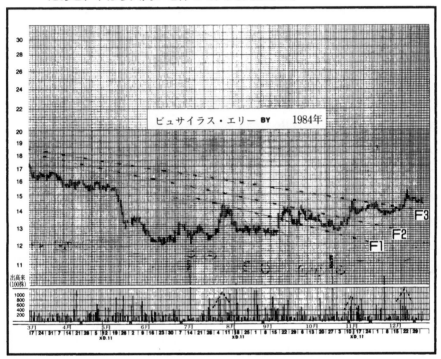

そのときの値動きパターンはほとんどがソーサーの形となる。しかし、このファンの原則は通常では調整の値動きだけ、すなわちメジャーな強気相場の中期的な下落や弱気相場の中期的な上昇の終了を確認するために使われる。

　この中期の修正トレンドラインの検討を終えるに当たり、実際の株式売買でトレンドラインを実践的に活用するにはやはり経験が必要であり、適切な判断を下すにはそれなりの経験の積み重ねが求められる。テクニカルアナリストのなかにはトレンドラインの研究に主眼を置き、ほぼあらゆるケースにトレンドラインの原則を適用しようとする人もいるが、トレンドラインはテクニカル分析のその他のツールを補足するものとして利用するのが最も効果的である。株式チャートのテクニカル分析とは、ちょうどジグソーパズル（切り抜きはめ絵）を完成しているようなものである。テクニカル分析には検討すべき多くの要因（株価と出来高のパターン、それによる値幅測定方式、支持線と抵抗線、トレンドライン、マーケット全体の見通しなど）があり、それらを集めて完全な絵にするには、これらすべての要因をそれぞれの適切な場所にうまくはめ込まなければならない。

第15章

メジャートレンドライン
Major Trendlines

　前章では中期の修正トレンドラインにおける普通目盛りと対数目盛りのチャートの相違点について述べたが、この違いは平均的な時間枠の短期や中期のトレンドではそれほど重要性を持たなかった。しかし、メジャートレンドではこの2つの目盛り表示による相違はかなり重要である。10年か、それ以上の普通目盛りのヒストリカルな月足チャートを数多く調べると、活発に取引された投機株の多くは上昇トレンドの進行に伴ってそのペースは加速される傾向がある。そうした株式は最初はゆっくりと上げ始めるが、大天井に近づくにつれて上昇角度は急勾配になる。その曲線は当初の緩やかな上昇局面で2つの安値を結んだどのようなトレンドラインからも遠ざかってしまう。その結果、株価が大天井を付けてメジャートレンドが反転したあとかなり下降しても、最初のトレンドラインのところまではなかなか下げない。

　普通目盛りのチャートで上昇メジャートレンドがこのような加速曲線となる株式を対数目盛りで表すと、その多くは直線のトレンドになる。その結果、対数目盛りのメジャートレンドラインでは上昇トレンドがピークに達したあとに反転すると、株価はすぐにそれをブレイクしてしまう。その位置は普通目盛りで表した水準よりも高く、このような株式については対数目盛りが正しいトレンドのシグナルを表している。しかし、普通目盛りでも直線的なトレンドを描いて上昇する株

式もある。それらはかなり投資適格または準適格な株式であり、具体的にはコンソリデーテッド・エジソン、ゼネラルモーターズ（GM）、リビー・オーエンズ・フォード・グラスなどである（これらの株式のトレンドを対数目盛りで表すと減速曲線となる）。優良優先株の多くもこのクラスに含まれるが、これらの株式は普通目盛りで表しても凸型の円形か、原則的な上昇トレンドラインとなる。一方、標準的な強気相場のトレンドラインがこの2つのタイプの中間的な動きをする株式もある。その普通目盛りのトレンドは直線の方向から離れて上方に湾曲するが、対数目盛りでは直線をブレイクして右のほうに湾曲する（**編者注**　パソコンが普及し、各種データが簡単に入手できる現在では、テクニカル分析ソフトで各種目盛りのチャートを即時に表示できる。パッケージソフトの入手先やインターネットの関連サイトについては**付録D**の参考資料を参照のこと）。

　これまで述べてきたことはおそらく読者の皆さんをかなり当惑させるだろう。ある株式はこのように動くのに、別の株式はあのように動くなどと言えば頭が混乱するのは当然であろう。それならばどうすればよいのか。その答えは、自分が関心のある株式のヒストリカルな足取りを調べてみることである。多くの株式は上昇と下降から成るひとつのサイクルから次のサイクルに移っても、その習性やテクニカルな特徴はほとんど変わらない。長期の上昇トレンドを普通目盛りチャートで表すと直線を描くGMのような株式は、次のサイクルのときもおそらく同じ動きを繰り返すだろう。

　しかし、株式は長い年月の間にときどきその習性を変えていく。最初に株式を上場したときはかなりの投機株と見られていた企業でも産業界で次第に重要な地位を確立すると、その株式は堅実な投資適格株として格付けされる。その結果、その株式の上昇トレンドは次第に加速曲線から直線に変化し、最終的には減速曲線となる。その反対に古い伝統のある企業がそれまでの地位と格付けを失って、投資適格株か

図164　GMの一直線の強気トレンド。普通目盛りの月足チャート。1941年の安値は28 5/8ドル、1946年の高値は80 3/8ドル。

図165　投機的な自動車株であるハドソン・モーターズの加速曲線の上昇トレンド。GMのトレンドと比較しよう。1941年の安値は2 5/8ドル、1946年の高値は34 1/2ドル。

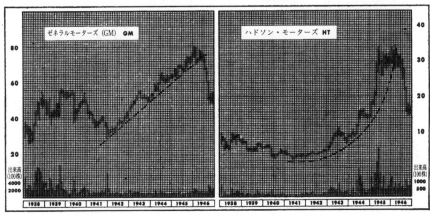

図166　優先株の典型的な減速曲線の強気トレンド。1942年の安値は12ドル、1945年の高値は154ドル。

図167　同じ出版会社の普通株の加速曲線の上昇トレンド。1942年の安値は3/8ドル、1946年の高値は26ドル。

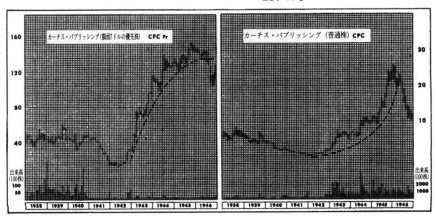

図168　保守的な公益事業株は直線の強気トレンドを描く。1942年の安値は17 3/8ドル、1946年の高値は36 1/8ドル。レバレッジはトレンドの重要な要素である。

図169　低位の公益事業株の加速曲線の上昇トレンド。1942年の安値は1/4ドル、1946年の高値は15 1/2ドル。

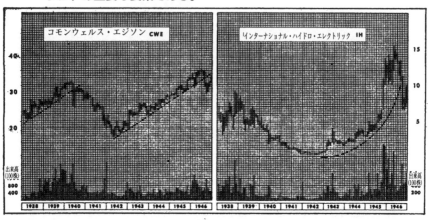

図170　投機的な石油株の1942年の安値は2 1/4ドル、1946年の高値は30ドル。図171のスタンダード・オイル・オハイオのチャートと比較しよう。

図171　投資適格の石油株の直線の上昇トレンド。1942年の安値は10 1/8ドル、1946年の高値は30ドル。1948年までこの上昇トレンドラインは下抜かれなかった。

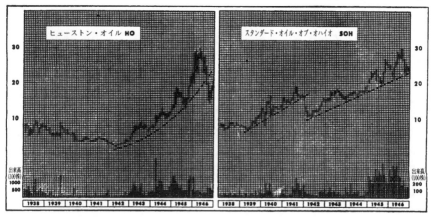

図172　鉄鋼株の上昇トレンドは投機的 図173　重工業株の通常の上昇トレンド
　　　　または加速的である。1942年の 　　　　は下に凸となる。1942年の安値
　　　　安値は13 3/8ドル、1946年の高 　　　　は20ドル、1946年 の 高 値 は72
　　　　値は40 7/8ドル。 　　　　3/8ドル。

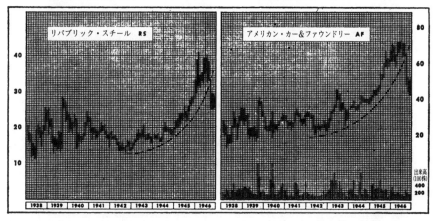

図174　この低位建設株の1942年の安値 図175　アメリカン証券取引所に上場さ
　　　　は6 1/8ドル、1946年の高値は 　　　　れている極めて投機的な低位株。
　　　　38 1/8ドル。 　　　　1942年の安値は1/8ドル、1946
　　　　　　　　　　　　　　　　　　　　年の高値は9ドル。

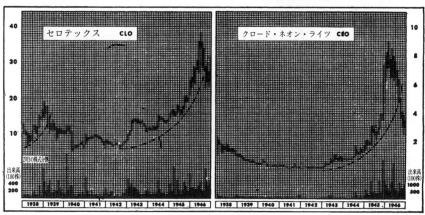

図176 タバコ株は投資適格のトレンド 図177 優良食品株はタバコ株のトレン
を描く。2本のトレンドライン ドと似ている。1940年の安値は
に注目。1942年の安値は50 1/2 40 1/4ドル、1946年の高値は75
ドル、1946年の高値は103 1/2 3/4ドル。
ドル。

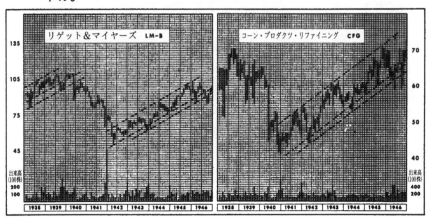

ら投機株のトレンドに変わったものもある。もっとも、そのような株
式でも長期のパターンはやはり同じように繰り返される。

　月足チャートを自分で手書きするならば、どちらの目盛りを使って
もよい。一方、ほとんどのチャーチストはレディーメードの長期チャ
ートを購入して使っているが、その理由は自分でチャートを描くより
も多くの株式の長期にわたる足取りを簡単に調べられるからである。
リーズナブルな価格で入手できる月足チャートは普通目盛りで表示さ
れているので、それらのチャートはさまざまな目的に利用できる（注
ここでも優れたソフトやインターネットの関連サイトから各種チャー
トが簡単に入手できる。付録Dの参考資料を参照）。少し経験を積め
ば、通常の上昇トレンドが直線から離れて加速曲線となる多くの株式
には、建築家などが使う雲形定規によって完全な上昇メジャートレン

ドラインを引くことができる。

メジャートレンドラインのテクニカルな意味の基準は、前章で述べた中期のトレンドラインの基準と基本的には同じである。トレンドラインを少しブレイクしたといった程度の動きは許容範囲であり（ここでもその投資家の判断次第である）、ここでは大まかなデータとメジャートレンドについて述べているので、月足チャートから読み取るのは長期的なトレンドである。上昇メジャートレンドラインについては、もうひとつ大切なポイントがある。それは、ベストのトレンドライン（最も有効なトレンドライン）は先の弱気相場の大底から引くのではなく、次の中期的な底を基点にそこから引くということである。強気相場の初期のアキュミュレーション（株の買い集め）は時間的にも長くかかり、そのトレンドは比較的平らである。そのため大底から引いた最初のトレンドラインは、本格的な上昇トレンドを表すには水平すぎる。この章に掲載したメジャートレンドラインを示すチャートを見るとこのことがよく分かるだろう（特に図177など）。このことは保ち合い圏から始まる多くの中期トレンドについても当てはまる。例えば、ヘッド・アンド・ショルダーズの中期トレンドラインはよくヘッドから引かれるが、本当は右肩を基点にそこからスタートするのである。

下降メジャートレンド

テクニカルアナリストから見ると、個別株式の弱気相場のチャートでは実践的に意味のあるメジャートレンドラインをあまり引くことができないのは残念なことである。注目に値するその例外のひとつは1929～32年の長い弱気相場で、そのときは多くの株式が普通目盛りチャートにきれいなトレンドラインを形成した（平均株価も同じトレンドを描いた）。しかし、この例外的なケースを除くと、何らかの予測価値を持つ下降トレンドライン（普通・対数目盛りのいずれのチャー

トでも）はほとんど見つけられない。通常の下降メジャートレンドは上昇トレンドよりも急勾配であるうえ（平均的な弱気相場は強気相場のほぼ半分の期間であることがその理由である）、そのトレンドは加速的な下降曲線を描いている。こうした理由から、下降トレンドを対数目盛りチャートで有効に表示するのはかなり難しい。その結果、テクニカルアナリストは下降から上昇トレンドに転換したと判断するとき、たとえメジャートレンドラインから何らかのシグナルを読み取っても、それをあまり期待することはできない。しかしだからといって、どのようなメジャーな弱気相場についてもトレンドラインを引くなとか、信頼性が高いと思われるようなトレンドラインでもすべて無視せよと言っているわけではない。トレンドラインにあまり多くを期待しなくても、相場がどちらに変わりつつあるのかについては、何らかの有効な手掛かりは得られるはずである。

　株式市場の動きを研究しているが、その結果が金銭的な損得とまったく関係のない人にとっては、下降トレンドラインは興味ある研究分野であろう。実際に下降トレンドラインは実に奇妙な動きをする。そこには株価のトレンド転換を示唆する有効なシグナルはなく、また株価とかなり乖離して上方で推移していても、数カ月か、数年後に株価がそのトレンドラインに追いつくと奇妙な反応を示すことがある（少なくともこれ以外に説明できないような動きをする）。もっとも、このような現象は面白いものだが、われわれの現在の知識では不可解であり、そこからその後の株価の動きを予測することもできない（注おそらく将来的にもこの現象が解明されることはなく、いわば「フェルマーの最後の定理」のようなものである。2001年現在のわれわれの知識の程度は、マギーの時代からほとんど進歩していない）。ここでは次の点に留意するだけで十分である。すなわち、下降メジャートレンドが終わりつつあるというただ一つの手掛かりは、前章で述べた中期のトレンドラインの最終局面から得られるということである。

図178 かなり急勾配の上昇トレンドラインから少し押したあと、株価は簡単に新高値圏に進んだ。この週足チャートの1936年8月の押しに注目。あまり急勾配ではない下のラインが本当の上昇メジャートレンドであった。1936年2〜4月の動きでは2つの高値（約122ドル）を挟む押し幅が約10％にすぎなかったことから、反転型のダブルトップとはならなかった。なお、図64はWHが1937年に形成した大天井での反転パターンを日足チャートで示したものである。この週足チャートでは1937年4〜6月に長方形が形成されたが、その上限を上抜いたときの出来高は極めて少なかった。これはメジャートレンドがかなり弱気であることを示唆している。この長方形から測定される上値目標値は8月に達成されたが、そこが最終地点だった。多くのチャートと同じように、このチャートでも何かを予測させる下降メジャートレンドラインを引くことはできない。1929〜32年のメジャーな弱気相場に現れた美しい直線形のトレンドラインは、多くのチャーチストにすべての弱気相場が似たような動きをするという期待を抱かせたが、実際にはそのトレンドラインは例外的なものだった。

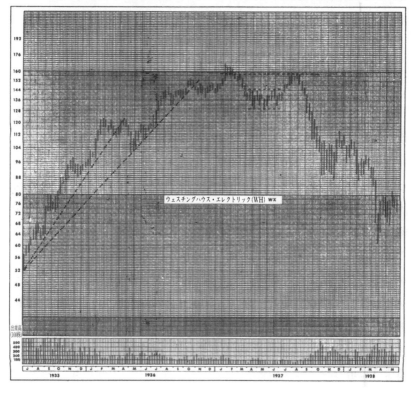

ウェスチングハウス・エレクトリック(WH) wx

メジャートレンドチャネル

　普通目盛りのチャートにリターンラインを引いて、メジャートレンドチャネルを描こうとすると再び大きな問題に直面する。メジャー（中期・マイナーでも）上昇トレンドでは株価が次第に大きく変動していくために、そのチャネルはますます幅広くなっていく。その結果、リターンラインは基本的なトレンドラインと平行にならず、そこから次第に離れてしまう。はっきりしたメジャートレンドチャネルを形成する株式もあるが、多くの株式はそうではない。対数目盛りチャートの上昇トレンドではこうした拡大していくチャネルを修正することもできるが、下降メジャートレンドでその反対の傾向が目立ってくるので、どちらの目盛りを使ってもこうした欠点を完全に補正することはできない。

平均株価のトレンドライン

　前章では個別株式の中期のトレンドラインについて述べたが、そのほとんどはいろいろな平均株価にも当てはまる。実際に広く使われている平均株価や株価指数は規則正しいトレンドを描くので、かなりはっきりしたトレンドラインを引くことができる。これは多くの平均株価がかなり活発に取引されている知名度の高い株式、換言すればその値動きがテクニカルな意味で「正常な」株式で構成されていることもその一因である。平均株価を構成する個別株式の特有な値動きを滑らかにし、それによって経済のトレンドなどをより正確にかつ一貫した流れとして反映している。ダウ・ジョーンズの鉄道株・工業株・65種平均、ニューヨーク・タイムズの50種平均、スタンダード・アンド・プアーズ（S&P）の90種平均（後者の2つが株式市場全体を代表するように最も科学的に構成されている）などの平均株価は、チャート

上にきれいなトレンドラインを形成する（注　これらの多くは時代遅れとなり、現在ではS&P500種株価指数が市場全体をよく反映していると思われる）。

　平均株価のトレンドは極めて正確であり（特にその中期トレンド）、そのトレンドラインはかなり正確に利用できる。このため、株価がトレンドラインを本当にブレイクしたのかどうかを判断するとき、そのブレイク幅は小さくても有効となる。普通の値動きをする株式では３％のブレイク率が確認の条件となったが、平均株価では２％のブレイク率であればトレンドラインをブレイクしたという信頼できるシグナルとなる。経験を積んだ投資家であれば、市場全体のトレンドを重視することの大切さはよく分かっており、潮の流れに逆らって泳ぐよりは、その流れに沿って泳いだほうがはるかに楽であるのは言うまでもない。

編者注　平均株価のトレンドラインとそれによる株式の売買

　第５版の刊行以来、さまざまな平均株価や株価指数（S&P100、S&P500、ラッセル2000など）が登場した。いろいろなメディアがそれらのすべてをカバーしようとしており、今でも雨後の雑草のように新しい株価指数が次々と登場している。これはその指数が広く採用されると、その開発者には大きな利益が入るからである。S&Pやダウ・ジョーンズなどは自社開発の指数の使用料として、各取引所から多額のライセンス料を受け取っている。最近の新しい株価指数商品については**付録D**の参考資料、インターネットの関連サイト（http://www.johnmageeta.com/）、ウォール・ストリート・ジャーナル紙、バロンズ誌、インベスターズ・ビジネス・デイリーなどを参照のこと。このほか、オンライン証券会社や金融ニュースサイトなどでも、ほぼすべての投資商品のリアルタイムな情報を提供している。

図179　1929～32年のメジャーな弱気相場は、あらゆる株式市場の記録のな
　　　　かで直線形の下降メジャートレンドを形成した唯一のケースであっ
　　　　た。この14年間のダウ平均の支持圏・抵抗圏を調べると、大きな弱
　　　　気トレンドにおけるそれぞれの上昇は以前の底の水準か、底値近辺
　　　　で下げ止まっているし、またそれぞれの下落も1924～29年の強気相
　　　　場の保ち合い圏辺りで支持されている。1937年の天井に注目。

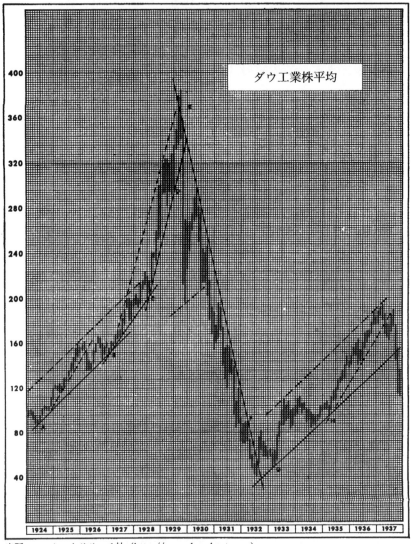

出所＝マーケットリサーチ社（http://www.barchart.com）

　新世紀を迎えた現在、最も重要な株価指数はダウ工業株30種平均、S&P500、S&P100、ナスダック総合指数などであろう。実際に経済分析や景気予測の目的上ではこれらの指数で十分であり、これらの指数と連動したオプションや先物商品も数多く存在する。またラッセル2000を反映した投資商品もある。これらの株価指数はダウ平均だけではカバーし切れないさまざまなニーズを満たすために開発された。こうした状況のなかで、ダウ平均だけでは株式市場全体のトレンドを反映できないのかという従来からの疑問が再びわいてくるが、これについての広範な調査はまだ行われていない。しかし、私の考えではダウ平均、S&P500、ナスダック総合指数の3つの指数で市場全体の動きをほぼ完全にカバーできると思う。

第15.1章
21世紀における平均株価の売買
Trading the Averages in the 21st Century

　ほかの追加章や編者注でも述べたように、個別株式の代わりに平均株価を売買できることは、現在のマーケットの優れた能力である。マギーはよく、平均株価は個別株式よりも値動きのテクニカル的な滑らかさを表していると言っていた。これは株価の動きを見るとすぐに分かることである。ちょうど平均株価が日々の変動を滑らかにするように、平均株価も個別株式のボラティリティを滑らかにする。マンデルブローが指摘したように、もちろん暴風がやってくればすべてが吹き飛ばされてしまう。

　この章ではマギーが語っていた平均株価のチャートを掲載した。ここでは次の2つの点を見てほしい。それは、クラッシュとパニックが起こる、そして起こった現在と過去の恐怖の状況である。恐怖の暴落下でも居眠りできる一部の大金持ちを除いて、われわれはみんなそうした状況が再び起こるかもしれない現在に生きている。ビル・ゲイツの純資産は2000年初めに160〜170億ドルも変動した。もちろん、普通の投資家であればあっという間に破産である。だから私と皆さんのような普通の投資家は、恐怖の暴落相場には敬意を払って対処すべきである。要するに、嵐が過ぎ去るのをじっと待つだけである。マギーは、平均株価のトレンドラインが2％ブレイクされたら持ち株をすべて売却すべきだと言ったが、以下のチャートではそのことが具体的に検証

できるだろう。

図179.1　1987年10月のレーガン・クラッシュは突然に起きたわけではなく、すでに8月後半に主要なトレンドラインが2％以上下抜かれていたことを含め、暴落の前兆となるいくつかのシグナルが出ていた。こうした警告のシグナルを見れば、当然のことながら警戒の態度を強めるべきである。大口投資家も次第に売り姿勢に転じ、10月10〜20日には多くの「下降スラストデイ（急角度の下落日）」が頻繁に出現している。トレンドトレーダーであれば、4月に上昇トレンドラインが2％以上下抜かれたことからいったん手仕舞ったあと、6月に改めて買い直すだろう。トレンドラインの2〜3％のブレイク、基点からの値幅測定、プログレッシブストップの活用などのルール（第27〜28章を参照）を順守していれば、それほど大きな損失を被ることはないだろう。　（注　図180〜197は付録Ｃに移した）

図179.2　S&P500の長期チャート。大局的な観点から見ると、「マーケットのタイミングを計る」ことなどまったく不要に思われる。1987年10月のレーガン・クラッシュは、個人と企業の短期的な流動性（現金）不足もその一因だった。1965～82年の株価の足取り、第5.1章に掲載したダウ理論に基づく売買のパフォーマンスなども参照のこと。

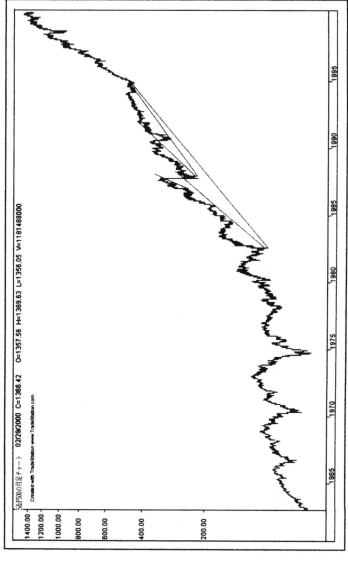

図179.3 *ダウ工業株平均の1929年、1987年と1998年の大天井。いずれも直近の主要なトレンドラインが決定的に下抜かれたあとで暴落が起きている（通常は約3カ月のトレンドラインが2%以上下抜かれたとき、ときにその他の反転パターンも出現している）。すべての大天井でトレンドラインがブレイクされたあと、再び同じ上昇トレンドを再開しようとする動きが見られる。しかし、こうした動きに乗るのはかなり危険であり、上昇メジャートレンドラインが下抜かれたときには必ず持ち株を手仕舞うが、またはヘッジを行うのがベストである。*

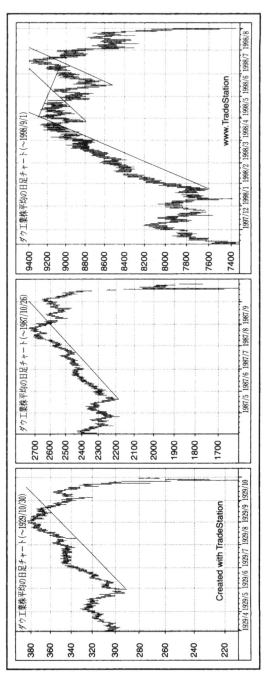

第16章
商品先物チャートのテクニカル分析
Technical Analysis of Commodity Charts

　これまで検討してきた重要な株式チャートパターンのほとんどは、組織化された公共取引所で自由にかつ活発に取引されているその他の証券や商品についても理論的には同じように現れるはずであり、実際に現れている。市場価格が需要と供給の力関係だけで決定される物（または実際に極めて広い価格帯のなかで取引される物）の価格トレンドをグラフ化すると、株式チャートと同じものになる。すなわち、上昇と下降、買い集めと売り抜け、揉み合い、保ち合い、反転などである。投機の目的と投機家の心理は株式や綿花などの先物商品など、取り扱う商品が何であろうと同じである。理論的には、これまで検討してきたテクニカル分析の原則を適用しようとすれば、毎日の価格と出来高が公表されているものであれば、活発に取引されるあらゆる商品先物にも適用することができる（小麦、トウモロコシ、オート麦、綿花、ココア、鶏卵など）。ただし、商品先物と株式・債券の本質的な相違点については適切に考慮しなければならない。

　旧版では例えば小麦の先物取引で多くの利益を早く得たいと思うトレーダーに対して、1947年がそうであったように、商品先物チャートはあまり役に立たないと警告した。商品先物チャートのテクニカル分析で成功できたのは1941〜42年までで、それ以降は政府の規制、融資、買い入れなどの市場政策によって、穀物やその他の商品を管轄する政

府機関の政策や法令が変更（ときに反転）されたことから、正常な市場の評価システムが大きく歪められるようになった。その当時は急激なトレンドの反転が市場の動きという点について言えば、何の警告もなしに一夜にして起こったものである。テクニカルアナリストが読み取ることのできる重要ではっきりしたパターンを形成する、需要と供給のバランスによる通常の規則的な値動きなどは存在しなかった。第二次世界大戦のころ、小麦、トウモロコシ、綿花などの先物取引で財産を築いたのは（または失ったのは）、チャートによるテクニカル分析ではなかった。

　しかし、ここ5〜6年の間に商品先物取引について再びテクニカルな手法が見直され始めた。現在（1956年）では商品取引のトレーダーにとってチャートは最も貴重なツールになっているようだ。現在の政府の規制は市場の評価機能を損なうことなく、秩序正しい市場を維持している。商品先物と株式の本質的な違いを考慮しても、基本的なテクニカル手法はいずれについても適用可能である。

　ここで商品先物と株式の本質的な違いと、商品先物チャートの特色について説明しよう。まず最初に最も重要な相違点は、商品取引所で取引される商品先物では取引期間が限定されていることである。例えば、どの年でも10月限の綿花には約18カ月の取引期間しかない。新甫として上場され、その期間を通じて取引されたあと、最後には納会を迎えて消えていく。理論的にある限月の綿花はほかの限月の綿花とはまったく別の商品である。もちろん、実際には同じ期間に売買されるほかの限月の綿花、または倉庫に保管されている現物が現金で取引されている綿花とまったく無関係というわけではない。それでも一定の独立した取引期間が存在するという商品先物の特質は変わらず、こうした理由から長期にわたる支持圏と抵抗圏といったものは何の意味もない。

　二番目に、商品先物の多く（最高で約80%）は投機というよりはヘ

ッジとして利用されている（実際には投機を回避するためのリスク防止が目的である）。このため、たとえ短期の支持圏と抵抗圏が形成されても、それは株式に比べてその有効性はかなり低くなる。またヘッジも季節性に大きく左右されるので、商品先物の価格トレンドは明らかに季節的な影響を大きく受ける。たとえその時期にこうした季節性がはっきり現れなくても、商品先物の投機に従事する人はこうした条件を常に念頭に置かなければならない。

　三番目の違いは出来高である。株式の出来高を説明するのは比較的簡単であるが、商品先物の出来高はかなり複雑である。というのは、納会日以前に取引される商品先物には理論的には約定数に制限がないからである。一方、株式の発行済み株式数は常に明らかである。例えば、現時点でのコンソリデーテッド・エジソンの普通株は1370万203株であるが、この株数は長い間変わらなかったし、おそらく今後数年間も変わらないだろう。同社株の各取引では実際に存在するこれらの株式が売買される。しかし、商品先物（例えば小麦の９月限）では、９月になって実際に受け渡される小麦が何ブッシェルに上るのかはだれにも分からない状態で取引が開始される。そしてその限月の取組高が実際の供給可能量の何倍に達していようとも、すべての取引は合法的に行われる。

　株式と商品先物のもうひとつの重要な違いは、例えば農産物についていえば、その作物の成長に影響を及ぼすニュース（天候、干ばつ、洪水などに関するニュース）が先物市場のトレンドをいきなり大きく変化させることである。今の段階では天候の変化を予測する知識などわれわれにはまったく持ち合わせていない。株式市場にはこんなことはほとんどない（**編者注**　神とアラン・グリーンスパンFRB議長の行動は別として）。

　正常な市場の状態であれば、最も単純で理論的な形でトレンドの変化を映すチャートパターンは、株式と同じように商品先物でもその効

431

力を発揮する。それらのパターンとはヘッド・アンド・ショルダーズ、円形天井・円形底、基本的なトレンドラインなどである。実際に商品先物のトレンドラインは株式よりもはっきり現れるので、株式の場合よりも有効である。株式の短期取引、特定グループによる買い集めや売り抜けに関連するその他のチャートパターン（例えば三角形、長方形、フラッグなど）は商品先物にはあまり現れない。さらにこれらのパターンからブレイクアウトした価格がどの方向に向かうのか、またはどの程度の値幅で動くのかなどについてもあまり信頼はできない。すでに述べたように、商品先物の支持圏と抵抗圏は株式のそれらよりも有効性は低く、ときに大きな効力を発揮することもあるが、発揮しないことのほうが多い。同じような理由から、商品先物のギャップも株式に比べてテクニカルな重要性は小さい。

　本書の目的は商品先物市場の機能について説明することではなく、また商品先物を取引したい人たちを教育することでもない。この短い章は、商品先物についてさらに研究したいという読者の皆さんにひとつの手掛かりを示しただけである。商品先物の投機で成功するには、いっそう専門的な知識と常に刻々と変化している取引に対する集中力が不可欠である。普通の人であればひまな時間をチャート研究に充てれば、株式投資でかなりの成功を収めることも可能であるが、商品先物の投機ではほぼすべての時間をその研究に充てる覚悟でなければ手を出さないほうがよいだろう。

　（注　編者は商品先物取引の公認アドバイザーをやったことがある。この仕事に従事し始めたころ、商品先物取引のさまざまな問題についてマギーと話したことがあるが、上記の内容はマギーの考えを反映している。私はこの問題についてマギー以外にも多くの同僚や関係者と話した結果、商品先物の取引にも本書で説明したテクニカル分析の手法は適用できるという結論に達した。ただし、マギーもよく言っていたが、商品先物は株式とトレードのテンポ、レバレッジ、性質などが

大きく異なるので、初心者がいきなり手を出すと資金や生活のリスクは極めて大きい。商品先物の取引ではまず参考書などでよく研究し、つもり売買を繰り返すなど十分に備えてから慎重に始めるべきである）

　（注　図180〜197と第16章は第7版から**付録C**に移した）

図179.4　1940年代はさまざまな理由から、オート麦は小麦よりも通常のパターンを描いていた。ヘッド・アンド・ショルダーズ・ボトム、上向きの対称三角形、以前の天井圏を上抜くギャップ、興味あるトレンドラインなどが見られる。トレンドラインから切り離されたアイランド（島）は、かなりだまされやすいパターンである（第5版では図180）。

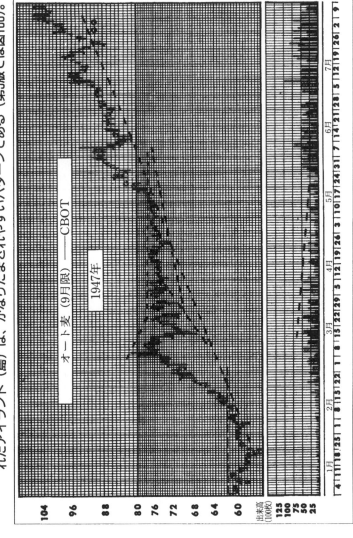

オート麦（9月限）──CBOT

1947年

図179.5 穀物とは対照的に、綿花の先物市場のテクニカルな動きは、相場が
常に政府の支持価格を上回っていたので、通常の需給の変動を正確
に反映していた。この10月限（ニューヨーク綿花取引所）の日足チ
ャートには、株式チャートとほとんど同じようなテクニカルパター
ンが現れている。例えば、主要なトレンドライン、ついに完成しな
かった（下抜かれなかった）ヘッド・アンド・ショルダーズ・トッ
プ、支持線・抵抗線などである。綿花のチャートでは2本のトレン
ドラインはそれほど珍しいものではない（第5版では図181）。

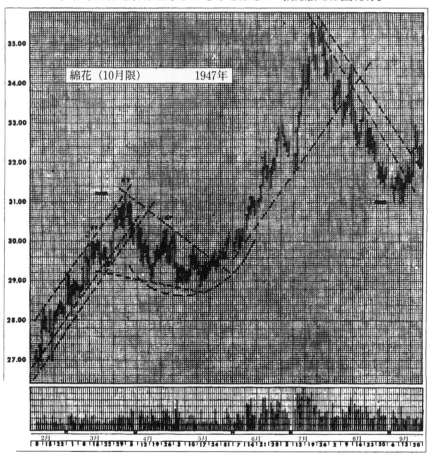

第17章
第１部の要約と結論としての解説
A Summary and Some Concluding Comments

　株式チャートのテクニカル分析は、株式の売買と投資の問題に対するテクニカルなアプローチの基礎となる第１章の「哲学」の検討から始まった。読者の皆さんはこれまでに多くのページを苦労して読んでこられて記憶がやや薄れていると思われるので、これまで読んできた内容の概要を理解するために、以下の数ページでもう一度復習してほしい。株式チャートが示す多くの興味ある現象を詳しく分析すると、需要と供給の相対的な力関係を見るときに、それらのチャートは必ずしも万全のツールではないという事実を見失いがちである。需要と供給の力関係は株価が今後どちらの方向にどれくらいの速さで、そしてどのくらいの値幅で動くのかを決定する唯一の要因である。しかし、ここでは需要と供給を生み出すものはあまり重要ではなく、大切なことは需要と供給が存在するという事実と需給のバランスである。だれもどのような組織でも無限に上る事実のデータ、集団心理、各投資家のニーズ、願望、恐怖、価値判断、推測などを知ることはできず、またそれらを正確に評価することもできない。それらは経済全体の枠組みのなかで常に複雑に変化し、また相互に複雑に結びついて需要と供給を生み出している。これらすべての要因の合計が瞬時にマーケットに反映されている。

　テクニカルアナリストの仕事は株式市場の動きを解釈し、株価に反

映された需要と供給の流れを読み取ることである。この仕事を遂行するうえで、株式チャートはこれまでに開発されたツールのなかでは最も優れたものである。しかし、株式チャートの技巧（日々の株価変動だけを読むこと）だけで満足することなく、「株価のこうした動きは需要と供給の観点から見ると、実際にはどのような意味があるのか」を常に自問すべきである。そのためには判断力はもとより、全体的な見通しと常に当初の原則に戻って考えることが必要である。もう一度繰り返すが（このことはけっして忘れてはならない）、株式チャートは完全なツールではないし、またロボットでもない。株式チャートがだれにでも理解できてすぐに利益につながるような言葉で、すべての答えを教えてくれるわけではない。

　われわれは本書で取り上げなかった多くのテクニカルな理論、体系、指標、システムなどを徹底的に調査した。それらを取り上げなかったのは、近視眼的な判断に頼るものであったり、またはまったく機械的な問題ではないものを完全にメカニカルなアプローチで対処していたからである。本書で述べたテクニカル分析の方法は、①できるだけ単純化して、読者に分かりやすいように理論的に説明した、②当初の原則を厳密に順守した、③読者にあまりにも多くのことを期待しないように株式チャートの性質を説明した、④互いに補い合い、あくまでも全体として効果が上がるように配慮した――という点でそれなりの評価に値するだろう。

　ここでそれらをもう一度まとめると次のようになる。

1. 株価の保ち合いパターンは出来高とともに、需要と供給の重要な変化を反映している。保ち合いパターンはそれ以前のトレンドと同じ方向に再び進む揉み合いや回復、または力の集積などを表している。またはそれまで優位にあった勢力が力を失い、反対勢力が勝利を収めた結果、以前とは反対の方向に向かう動き、すなわち反転のパターンかもしれない。そのどちらであっても、それらはある株価水準（上で

も下でも）に進むためにエネルギーを蓄積し、その圧力が高められている時期である。それらのあるパターンは、株価をどのくらい遠くに飛ばせるのかについてのシグナルを出す。それらのチャートパターンは出来高とともに、テクニカルアナリストに対して多くの買いと売りのシグナルを出す。

　本書では出来高について、株価の動きと切り離して特別には検討しなかった。実際に出来高それ自体はテクニカルなガイドとして役立つものではない。出来高は相対的な性質のもので、弱気相場の底値圏よりも強気相場の天井圏のほうが高水準に上ることは何度も述べた。出来高はトレンドに従う、すなわち出来高は上昇トレンドでは上昇局面で増加し、下落局面の押しでは減少する（下降トレンドではこの反対）。このルールは賢明に実践すべきである。しかし、数日間の株価の動きだけを見るのではなく、（パニック売りによる暴落局面を除く）弱気相場でも上昇局面の戻りでは常に出来高が増加する傾向があることにも留意すべきである（株価はそれ自身の重みで下降するが、株価を押し上げるには買いが必要である）。数日や数週間前と比較して出来高が著しく増加したというのは、何らかの株価の動きが一時的か、または最終局面のいずれかが始まった（保ち合い放れ）か、または終了した（バイングまたはセリングクライマックス）ことを意味する（かなりまれではあるが、ふるい落としのこともある）。それらのどの局面でも、出来高の変化は株価のパターンと関連して判断すべきである。

２. トレンドとトレンドラインは株価が向かう方向を決定したり、その方向が変化するのを予測するなど、保ち合いパターンを補完するものである。その保ち合いパターンが転換点や中段の保ち合いのどちらに現れようとも、トレンドやトレンドラインは短期取引の買い場や売り場を決定する手掛かりとなり、また有利なポジションを早まって手仕舞うなどのミスも防いでくれる。

3． 支持圏・抵抗圏は以前の取引や売買によって形成される。それはどの水準で株式を売買すると利益になるのかを示唆してくれるが、もっと重要なテクニカル上の機能はどこで株価の動きが鈍くなったり終了するのか、そしてどの水準で売りや買いが増加するのかなどを示してくれる。トレードを仕掛ける前に、株価の動きの背後に存在する勢力を反映するパターンと利益になる水準まで行き着くように、ヒストリカルな支持圏・抵抗圏をよく調べる必要がある。それらの研究は持ち株を現金化したり、ほかの株式に乗り換えするときのシグナルとして特に有効である。

4． ダウ理論を含む大局的な見方を軽視してはならない。時間の試練を経たそれらの指標は、現在のメジャートレンドを理解するのに有効である。ダウ理論のシグナルは遅いなどいくつかの欠点はあるが（最近ではダウ理論の信奉者が増えて、多くの投資家が同じ時期に同じ行動を取るケースが増えてきた）、テクニカルトレーダーにとってダウ理論は引き続き極めて貴重なツールである。

　ダウ理論のところで言及したように、株式市場の長期的な強気・弱気サイクルの各局面の特徴を見失ってはならない。これは株式市場のテクニカル分析を成功させる不可欠の条件として、本章の初めで強調した大局的な見方の重要性を再確認するものである。市場全体のメジャートレンドとは別の動きをする株式は、極めて例外的な存在である。その銘柄が素晴らしいという理由だけで強気相場の後半の最も熱狂的な局面で買ったり、弱気相場の絶望的な雰囲気にのまれてその他の条件をすべて無視して持ち株を売却し、大損を被るようなことは絶対に避けなければならない。そのためには、市場全体の大局観から目をそらしてはならない。経済の基本的な流れは、個別株式の需要と供給を均衡させる最も重要な条件のひとつである。一般大衆の逆をすることは報われるかもしれないが、基本となるトレンドに逆らうと報われる

ことは何もない。

あらゆる経済の歴史を通じて強気と弱気相場は極めて規則正しく繰り返されてきたし、今の経済体制が存続するかぎり、今後も繰り返されるだろう。株価が歴史的な高水準にあるときは常に慎重になり、歴史的な低水準のときには常に買いから入れば成功するであろうことを肝に銘じるべきだ。しかし、チャート分析家の行動は（ダウ理論家と同様に）常に遅れると言われる。目ざとい人々が株の買い集めを終了し、株価が上昇したあとで買い始める一方、上昇トレンドが明らかに下降に転じてから売り始めるからである。このことはおそらく皆さんもご存じであろうが、幾分は真実である。ただし、株式投資で成功する秘訣はできるだけ最安値で買い、絶対的な高値で売ることではなく、「大きな損失を避ける」ことである（小さな損失は避けられないが、そのときは直ちに損切りすることである）。ウォール街の歴史が始まって以来、最も成功した相場師のひとりで現在も大金持ちであり、全国的にも尊敬を集めているその人は、相場の全生涯を通じて一度も最安値の5ドル以内で買い、最高値の5ドル以内で売ることはできなかったと言われる（**編者注**　私の記憶に間違いがなければ、その人とはバーナード・バルークである。この5ドルとはその当時の株価のほぼ10％に相当する）。

理論編の第1部を終わり、テクニカル分析の実践的な応用と具体的なトレード戦術を扱った第2部に進む前に、読者の皆さんにもうひとつアドバイスしておきたい。それは株式のテクニカル分析は投資家に対して、株式市場で常に売買していることを要求してはいないことである。何か重要なことが毎日起こるわけではなく、保守的な投資家のベストの方法として、マーケットから完全に遠ざかって株式の売買を休んでいる時期もある（ときに数カ月に及ぶこともある）。また株式のテクニカル分析には株価を動かしたり、またはチャートが予測した動きを数日間で完成させてしまうような力はなどはない。株価がある

図198 スピーゲルの弱気相場は1946年4月の対称三角形から始まった。この三角形はあとで下降三角形に変わった。6月の戻りと2つのフラッグに注目。このチャートは図199に続く。

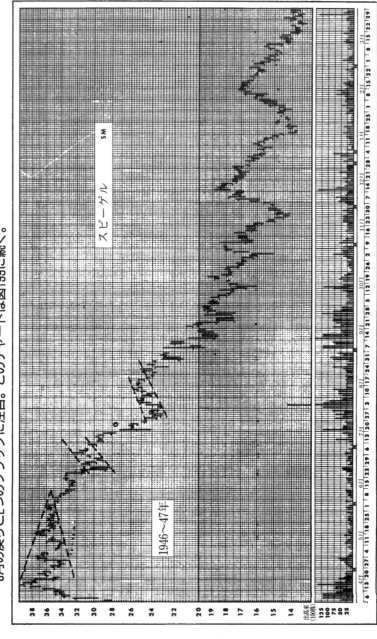

図199 このチャートは図198と一部重複している。1947年初めの大きな下降三角形に続く動きは、5月19日の1日の反転で大底を付けた。さまざまなマイナートレンドと中期トレンドのそれぞれの抵抗圏に注目。

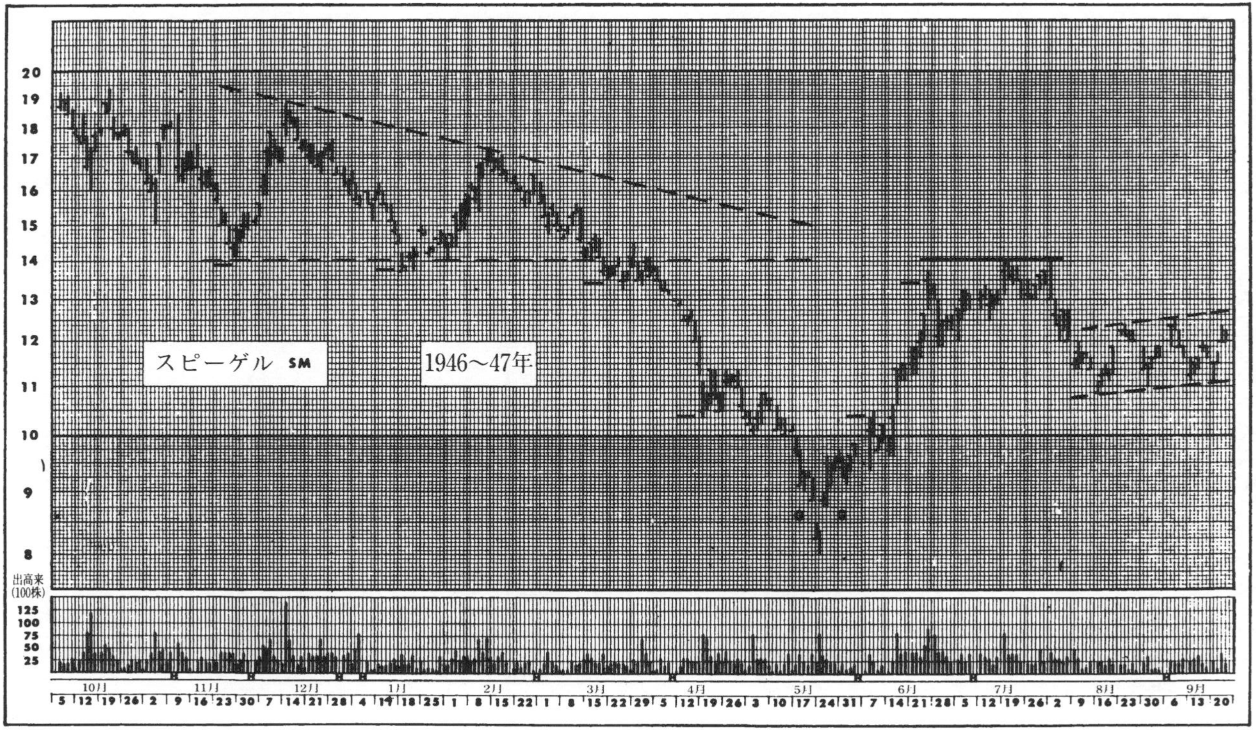

スピーゲル SM

1946～47年

　方向に向かうにはそれなりの時間がかかるものであり、その意味では
ほかの人間活動と同じように、株式投資でも忍耐は大きな美徳なので
ある。

※**参考文献**　『シュワッガーのテクニカル分析』（パンローリング）

21世紀のテクニカル分析とテクノロジー ——コンピューター、インターネットと 投資・情報革命のツール

Technical Analysis and Technology in the 21st Century:The Computer and the Internet, Tools of the Investment/Information Revolution

　この章の目的は、コンピューターと情報技術というものをチャートをベースとしたテクニカル分析の全体的な枠組みのなかで位置付けようということにある。マギーの時代にはマサチューセッツ州スプリングフィールドにあった彼のオフィスのチャート部屋では、十代から年輩者まであらゆる年代のテクニカルアナリストがチャートを引いていた。これらの人々はほぼ終日チャートを描き続け、マギーの作業を手伝っていた。これらの知性あふれる素晴らしい人々は、自分で引いたチャートの株式については驚くほどの洞察力を持ち、本書に掲載したチャートを作成してくれた。

　現在ではそうしたチャート部屋とそれらのテクニカルアナリストはすべて、デスクトップコンピューターが整然と並ぶ場所に取って代わられ、そこでは「コンピューターが私の株を分析してくれる」といった考え方が支配的になっている。しかし残念なことに、コンピューターがかつてのチャート部屋でチャートを引いていた人々の判断力とパターン認識能力に取って代わることはできない。コンピューター技術のこうした限界にもかかわらず、トレーダーや投資家はマーケットで成功するカギを求めて、ばく大なお金と努力をコンピューターによるリサーチに投入している。賢者の石を求めてそこに投入されるお金は増える一方である。その多くは無駄になったであろうが、すべてが無

益であったわけではない。かなりの成果を収めた分野もあった。そうであっても、株式投資、とりわけ株式売買で成功するための絶対確実なアルゴリズムなどは存在しない。これまでの調査結果によれば、安く買って高く売るためのアルゴリズムにさえも致命的な欠陥がある。

　コンピューターの重要性を十分に理解するには、まず分析家や投資家のマーケットに対する基本的なアプローチの違いを認識する必要がある。しかし、われわれとまったく異なる強い信念を持っているファンダメンタルズ分析家たちのことをここで再びうんぬんするつもりはない。マギー流のテクニカル分析を行うチャート分析家は、マーケットの分析対象をバーチャートに限定している（このことは、これらの分析家がその他の要因をすべて無視しているという意味ではない。それどころか、これらの人々はマーケットに影響を及ぼすすべての要因に目を向けている）。またポイント・アンド・フィギュアやローソク足を使っているチャート分析家もいる。このほか、別のテクニカルアナリストは基本的な市場データとしての株価や出来高を統計的な手法で分析し、移動平均、％R、ボリンジャーバンドなどの指標として活用している（これらについては**付録C**を参照）。これらは統計的、または数値的なテクニカル分析と呼ばれる。

　こうしたテクニカル分析ではファンダメンタルズ分析のインプットデータ（利益、キャッシュフロー、売上高など）とも異なる、人間の判断が入り込む余地のないハードデータを使って、株式や（オプションを除く）その他の金融商品を売買している。これらの分析家もその数値的なテクニカル手法を使って、チャート分析と同じようにマーケットのトレンドや売買チャンスを予測しようとしている。しかし、株式・債券市場はいわば人間の心理と行動を反映したマーケットであるため、そうした試みはかなり難しいだろう。特に株式市場は株価に影響を及ぼす多くの変数のなかで、人間の感情が最も大きな要因である。こうした人間の感情や行動、その躁鬱的な心の状態は数量化すること

はできないが、一部のチャート分析家はそれらもすべてチャートに反映されると信じている。

　一方、コンピューターでかなりの利益を上げているプライシングモデルをベースとしたマーケット（オプション市場）もある。このオプション市場でリサーチとトレードに従事するクオンツは、テクニカルアナリストとはかなり異なっている。感情に支配される株式市場はそれに類似するさまざまなデリバティブ（派生商品）のベースとなっているが、オプションの価格は主にモデルと呼ばれるアルゴリズムによって決定される。（編者と同様に）これらのクオンツは、その手法によってオプション市場で成功できると信じている。確かに熟練したオプショントレーダーの売買結果を見ると、その信念の正しさにも納得がいく。

　しかし、株式トレーダーにとって事はそれほど簡単ではない。株価は数学とは無関係に動くうえ、株価が向かう方向の予測もそれほど簡単ではない。このことはマギーのチャート分析だけでなく、その他のテクニカル分析、ファンダメンタルズ分析または心理分析にとっても同じである（理論的に見ると、チャート分析に基づく各トレードは成功の確率を測るひとつの実験とも考えられる。この実験はトレンドがなくなった時点で終了する）。チャート分析はメカニカルなものではないという事実をよく認識すべきである。チャート分析が有効になるのは、熟練した分析家が実際に株式の売買を実践するときである。重要な支持圏・抵抗圏や何らかのチャートパターンの形成がだれの目にも明らかな状況を除いて、株式売買をメカニカル化することはできないし、または事前に売買プランを決めておくこともできない。最近では実際にチャートによって売買しなくても、ほとんどのトレーダーはチャートを見るようになった。そして株価の変動や乱高下から利益を上げるために、例えば株価が支持圏・抵抗圏をブレイクしたら出動するようなトレーダーも増えてきた。このように、人間の性質というも

のはジェイ・グールド（鉄道資本家）やジェームズ・フィスク（金融業者・株式の投機家）の時代からほとんど変化していないのである。ところで、株価操作などによって強気や弱気の落とし穴といったダマシのシグナルが出ることもあるが、そうしたシグナルも本来とは逆の株価の方向を確認する信頼できるシグナルとなることもよくある。

コンピューター技術の重要性

コンピューターはその利便性と重要性という点で、人間が発明したツールのなかではパピルス以来の最大の偉業である（今では、以下に述べるさまざまな機能を瞬時に行えるいろいろなパッケージソフトが簡単に入手できる）。コンピューターは利益につながる売買チャンスを常に正確に教えてくれるわけではないが、次のような大きなメリットがある。マギー流のテクニカルアナリストにとってもコンピューターの最も便利な機能は、膨大な手作業を自動的に行ってくれることであろう。コンピューターを使えば、必要なデータも簡単にデータベースからダウンロードできる。さまざまなチャートを同時にかつ瞬時に画面上に表示できるうえ、コーヒーを飲みながらでもポートフォリオや税金の計算をボタンひとつで処理できる。このようにコンピューターには多くの便利な機能があるが、作業の効率化ということ以外にも、マギー流のテクニカルアナリストにとってコンピューターの最大のメリットはポートフォリオ分析である。**付録D**の参考資料には、プロのトレーダーであるブレア・ハルとオプションズ・リサーチ社による複雑なポートフォリオ分析の一例を掲載した。それよりもかなり単純なポートフォリオしか保有しない平均的な投資家でも、インターネットや市販のパッケージソフトによるポートフォリオプログラムを使えばいろいろ便利な機能が利用できるだろう（それらの入手先についても**付録D**の参考資料を参照）。

※『新マーケットの魔術師』（パンローリング）にブレア・ハルのインタビューを収録。

　コンピューターのもうひとつの大きなメリットは、ポイント・アンド・フィギュア、ローソク足、終値折れ線グラフなど、さまざまなチャートを瞬時に表示して見られることで、それらの便利な機能を使えば現在の市況の把握にも役立つ。こうした機能を活用すれば、例えば出来高パターンや50日・200日移動平均の分析も簡単にできる。これらの移動平均は、（ファンダメンタルズ分析家を含む）多くの市場参加者にとって極めて便利である。注意深いチャート分析家の目から見た現在の市況と併せて、それらのデータを使用すればさらに効果的であろう。

　一方、そのほかにもストキャスティックス、ボリンジャーバンド、％R、MACD、各種移動平均（指数移動平均、移動平均のクロスオーバー手法など）、株価と出来高の乖離、（ワイルダーの）RSI、VPトレンド、TCI、OBV、上限・下限のトレーディングバンド、ESAトレーディングバンドなどさまざまな指標があるが（これらについても**付録D**の参考資料を参照）、それらの有効性は人によってまちまちである。それらのどの手法も、少なくともリサーチ段階ととてつもない超強気相場という2つの局面では有効に機能する。また株式トレードの天才が使えば素晴らしい効果を発揮するだろう（**付録C**を参照）。

　これらの指標から得られる過剰なテクニカル情報は、ファンダメンタルズ分析が対象とするほぼ無限の要因と類似している。皮肉な見方をすれば、それらのデータは本当に重要なもの、すなわち株式の正しい売買にとって必要なものから、投資家の目をそらす魔術師の手品のようなものである。株式市場が人間の心理と行動に左右されていることを考えると、人間行動をベースとしたモデルのようなものがあれば投資家にとってはベストである。数量的なテクニカル分析では多くのことができるが、マーケットの全体をとらえることはできず、それができるのは人間の精神だけである。数量的なプライシングモデルでは女性のスカートの長さ、月の公転サイクル、太陽黒点の動き、景気循

※**参考文献**　『ボリンジャーバンド入門』、『アベル流テクニカル売買のコツ』、『投資苑』、『ワイルダーのテクニカル分析入門』（すべてパンローリング）

環の期間、マーケットの強気度や弱気度などを予測・判断することはできない。結局のところ、以上のすべての数量的と質的な情報を総合し、1と0だけでは計算できないそれらの諸要因を評価できるのは人間の頭脳だけである。チャートパターンの違いとその意味を正しく識別できるのは、経験を積んだ人たちの精神だけなのである。

要約1

　コンピューターは強力なツールであるが、それ以外の何ものでもない。それは知的な問題を解決することはできないし、意思決定もできない。機械で水路を掘ることはできるが、機械はどこに水路を掘ったらよいのかを教えてはくれない。続々と登場する各種指標や売買手法には懐疑の目を向け、経験に基づくチャート分析という枠組みに照らして評価すべきである。一部のユーザーや開発者にとっては有効な指標や手法があるかもしれないが、たとえ実証済みの素晴らしいトラックレコード（売買記録）があったとしても、チャート分析家がそれらを使ったり、購入することはお勧めできない。経験豊富な投資家であれば、自分の売買手法とテクニカル分析は単純化しておくに限る。何か新しいテクニック、手法または指標などをこれまでのレパートリーに付け加えたいときは、それらを十分に知ったうえで取り入れるべきである。

マギー流のテクニカルアナリストとすべての投資家にとって重要なその他の技術の進歩

　テクニカル分析に基づく投資家にとって、コンピューターは単に技術的な進歩だけを意味するものではない。そこにはさまざまな情報技術の革命がある。その主なものは、インターネットとその便利なサービス、電子マーケット、新しいファイナンスと投資理論（これについ

ては第17.2章で検討する）などである。これらに関する情報はあふれ
ているが、この問題を包括的に検討する試みはまだ見られない。しか
し、投資家が自分でそれらの問題を考察しようと思えば、必要な情報
は十分に入手できるだろう。

　それならばこうした情報があふれている現在、従来の株式チャート
分析を陳腐化するほどの技術的な進歩があったのだろうか。その答え
は「ノー」である。また株式投資で確実に成功できるような方法が開
発されたのか。「ノー」。一部の業者が確実に儲かる方法を教えますと
言っているだけで、そんな甘言を鵜呑みにすれば大損を被るだけであ
る。

インターネット──現代世界の八番目の不思議

　インターネットはこれまで人間が発明した最も複雑なプロジェクト
であると言われるが、おそらくそれは本当である。すべての人々、特
に投資家にとってインターネットは複雑で無秩序、そして摩訶不思議
な世界である。人間によって作られ、知られているすべての投資サー
ビスはインターネット上のウエブサイトにあり、われわれはただ空腹
なクモのように待つだけで何でも入手できる。（テクニカルまたはフ
ァンダメンタルズ分析の）アドバイザー、新聞やニュース雑誌の情報、
株式の予想、ミューチュアルファンドとそのアドバイザー、それらす
べての批判と評価、データベースベンダー、チャットルーム、電子マ
ーケットや取引所、電子証券取引ネットワークなど何でもありである。

　このような多様な情報やサービスをどのように整理したり、選り分
けるべきなのか。電子またはサイバー投資家にとって、リアルタイム
な株価の情報、ポートフォリオマネジメントや損益計算、双方向のオ
ンラインチャート分析、携帯端末向けの自動アラート機能、株式の分
析とアドバイス情報、電子マーケット、仲介業者のいない電子取引所

451

などはインターネットの便利な機能であろう（これに関する詳しい情報は**付録D**の参考資料を参照。ここではその概要だけに言及する）。しかし、個人投資家にとってインターネット上にこのように便利な機能やサービスが多数存在することと、それらの重要性や優先順序を評価することはまったく別のことである。特別な場合は別として、1週間に1回しかポートフォリオを見直さない投資家にとって、リアルタイムな株価情報は何の役に立つのか。また長期保有の投資家にとって自動アラート機能は何の意味があるのか。自分なりのはっきりした考え方やポリシーのない投資家などは、この無秩序な電子世界であるインターネットのなかで少しは賢くなるかもしれないが、けっして豊かになることはないだろう。

　賢明な投資家は、このインターネットの多様な機能とサービスの良しあしを自分の頭で考えるべきである。それほど理論派でない投資家であれば、必要なものは株価データ、チャート、株式取引所との便利なリンク機能であろう。マウスのクリック操作ひとつで株価データの入手、チャートの表示、売買注文の執行が可能である。必要に応じてネット証券会社を経由してもよいし、もちろん従来の証券会社に電話で注文を出してもよい。そしてマーケットメーカーやスペシャリストに代わってコンピューターが売買注文を出合わせる電子マーケットの利用もまもなく普及するだろう。

　新しい世紀を迎えて、ブローカーの存在理由も大きく変わってきた。ブローカーやスペシャリストを経由しないで売買できる電子マーケットが普及すれば、投資家にとってのメリットは大きくなるが、証券会社などにとっては最後の優位性が失われてしまうだろう。この第8版の出版時点でこうした電子マーケットのメリットとディメリットを詳しく評価するのは時期尚早であり、それが普及し始めるころはリスクとチャンスが入り交じった混乱の時期になるだろうと指摘するにとどめる。

　しかし、そのような電子注文が電子マーケットやNYSE（ニューヨーク証券取引所）のどちらに出されようとも、従来の電話注文に比べて極めて大きなメリットがある。電話注文に付きものの注文内容の間違いや食い違いがなくなるばかりか、投資家は投資銘柄の分析、ブローカーへの発注、売買の記録、ポートフォリオへの組み入れ──といった従来の一連の作業を簡単な操作で済ますことができる。ボタンをひとつ押せば自動的に注文が執行され、注文内容の間違いなどはけっして起こらない。手作業であれば一連のプロセスごとの確認が必要となる。こうした売買注文の自動化、間違いの除去、売買記録やポートフォリオ組成の自動化、なかでも最も重要なポートフォリオの値洗いの自動化など、従来の作業が飛躍的に効率化されたのはコンピューターとインターネットの最大のメリットである（値洗いとは未決済と決済済み玉を含め、そのポートフォリオを現在の市場価格で評価すること）。

値洗い

　本書はもしもそのタイトルが陳腐なものでなければ、『禅とテクニカル分析の技術（Zen and The Art of Technical Analysis)』となっていたかもしれない。それは弓道など禅の精神と現在の投資を直接関連づけたものになっていただろう。マギーは本書と並ぶ傑作である『ジェネラル・セマンティクス・オブ・ウォールストリート（The General Semantics of Wall Street)』（現在のタイトルは『Winning the Mental Game on Wall Street』）のなかで、利益については評価益と実現益の両方を計算するが、損失となると実現損しか含めない個人投資家の習性を批判している。確かに評価損は確定しないうちは実現損とはならないが、電子ポートフォリオ評価システムが導入されると、そうした自己欺瞞も許されなくなるだろう。投資家のコンピュー

ターがデータベンダーやネットブローカーとリンクされ、常に自分の
ポートフォリオの値洗いが行われると、決済・未決済を問わずすべて
のポートフォリオの損益から目をそらすことはできない。

価値あるものとないものを見分ける

　賢明な投資家は、オンライン取引や数量的なテクニカル分析といっ
た魅力とリスクが併存する世界を進んで行かなければならない。そこ
には利益になると言われるトレード手法として、多様な売買システム、
プロと称する人々の見解、リサーチ手法などがあふれている。しかし、
マギー流のテクニカルアナリストが実施するリサーチは本書に述べた
ものだけで十分である。

価値のないもの

　チャットルーム、株価の予想、ニュース、プロの意見、証券会社の
投資推奨（強い買い、買い、保有、売り、強い売り）など。証券会社
は証券を販売することで利益を上げ、これまで生き残ってきたことを
忘れてはならない。右肩上がりの株高が続いたハッピーなクリントン
政権時代には、そうしたことがすべてうまくいっていた。しかし、弱
気相場の時期にはそうしたことは通用しなくなるだろう。

要約2

　マーケットの歴史のなかで、現在ほど個人投資家があらゆるサービ
スと機能を享受できる時代はなかった。コンピューターとインターネ
ットによって、わずかなコストや無料で必要なデータはほぼ何でも自
動的に入手できる。サイバー投資家はさまざまなウエブサイトから、

ポートフォリオの損益情報からアラート機能に至るまで何でも自分の携帯端末にダウンロードできる。しかし、そうした知識にあまり精通していない投資家にとって、そうしたリアルタイムな情報はリアルタイムに破産する元凶にもなる。それらの専門サイトの多くは、かなり高度なテクニカル分析情報（難しすぎて理解できないものも多い）からグローバルなマーケットのデータに至るまで何でも提供している。

　一方、インターネット上のチャットルームをのぞくと、リアルタイムな株価の予測やうわさが飛び交っているが、本書の読者であればそうした情報に振り回されることはないだろう。ここでもう一度、現代の情報革命とコンピューターのメリットをまとめると次のようになる。

１．データの収集、チャートの作成、ポートフォリオの損益評価、税金計算などの従来の手作業を効率化してくれた。

２．ポートフォリオの評価と値洗いを自動的に行うことで、投資家は（マギーが批判したような）評価損益と実現損益をごっちゃにすることはできなくなった。

３．数多くの銘柄を短時間で分析するといった従来では考えられないような作業が可能になった（コンピューターで投資銘柄を見つけることについては第21章で検討する）。

４．株価形成に影響を及ぼすピットトレーダーやローカルズ（自己勘定で売買する個人会員）のいない電子マーケットや電子証券取引ネットワークでトレードできるようになった。

第17.2章
投資分野の拡大
Advancements in Investment Technology

パート1　ファイナンス理論と投資分野の拡大

　インターネットと各種金融市場にはリスクが大きく有害な新投資商品やサービスなどもあふれているが、ファイナンス理論と投資分野の拡大は極めて重要であり、これは個人投資家も必ず知っておかなければならないことである。ただし、この章で検討するのは賢明な投資家が知っておく必要のある最小限の範囲に限定する。さらに詳しく研究したい読者は、いろいろな参考書が出ているのでそれらを読むことをお勧めする。

　エドワーズとマギー時代にはあまり普及していなかった（またはまったく存在しなかった）投資商品のなかで最も重要なものは、取引所で取引される株式オプション、平均株価と株価指数先物、先物・指数オプション、証券化された株価指数や平均株価などである。これらの新しい投資商品が登場したことで、投資家の投資対象やヘッジ機能は大きく拡大した。そのなかで最も著名なものはCBOT（シカゴ商品取引所）が開発した株価指数先物と先物オプションであろう（これらについてはあとで詳しく検討する）。以下では新しいファイナンス理論と投資分野について個別的に検討していく。

オプション

　フィッシャー・ブラックとマイロン・ショールズが1973年に（このような言い方が許されるならば）ボラティリティをベースとしたオプション価格決定モデルを発表して以来、オプションとデリバティブはそれまでの取引がほぼゼロの状態から、今では年間で数兆ドルの取引規模を誇る巨大な市場に発展した。今ではオプションのことを知らない投資家などは、半人前の扱いしか受けないくらいである。しかし、この市場について詳細に検討することは本書の取り扱い範囲を超えるので、ここでは一般のトレーダーや投資家が知らなければならない範囲に限定して説明する。

　オプションの約30％以上は満期日には無価値となる。これはオプションについて知らなければならない最も重要な事実である（オプションには60−30−10％ルールと呼ばれる経験則がある。すなわち、満期日までに手仕舞うオプションが全体の60％、権利行使分が10％、そして残り30％のオプションは満期日にその権利が消滅する、つまり無価値となる）。オプションのもうひとつの現実は、例えば1987年のレーガン・クラッシュのとき、仮に10月16日にアウト・オブ・ザ・マネーのプットを1/16ドルで買ったとすれば、10月19日には数百ドルになったのである（私はその当時オプションズ・リサーチ社のある顧客を知っていたが、彼はわずか3日間で5700万ドルを失い、シカゴの大手銀行が倒産寸前になった。彼はネイキッドプット［現物株を保有しないプット］を売りすぎたのである）。

　オプション取引で生計を立てられるのは世界で最も高度な技術を持つトレーダーだけである。各種推計によると、オプション取引を行っている人の最高で90％が損失を出しており、それらの投資家のほとんどがオプションを売るよりも買っている。個人投資家はこうした現実をしっかりと頭に刻みつけて、オプションというものをきちんと理解

する必要がある。確かにオプションにはいろいろ便利な機能がある。大きなレバレッジをかけられるし、直接株式を購入するよりは広範な投資戦略が可能となる。そういう意味では、オプションは理想的な投機商品といえるかもしれない。しかし、オプションがヘッジ（保険つなぎ）の手段として保守的に運用されているという事実も見逃してはならない。例えば、株式を買い持ちしている人がそのヘッジとしてプットオプションを買うなどである（これはほんの一例であり、慎重な投資家はそのときの状況を十分に考慮して適切なオプション戦略を取るべきである）。

　経験を積んだ投資家であれば、ポートフォリオ全体の利回りを向上させるためにオプション取引を取り入れることもできるだろう。株式の取得コストを引き下げるために、カバードコール（現物株を保有するコール）やネイキッドプット（現物株を保有しないプット）を売るかもしれない（例えば、現物株を買い持ちしながらアウト・オブ・ザ・マネーのコールオプションを売れば、保有株式の価格が権利行使価格まで上がらなければ、プレミアムを得ることができる）。このようにオプションには「プレー」できる無数の戦略がある。しかし、こうしたオプションゲームをうまくプレーできないほとんどの個人投資家は、オプション取引で壊滅的な損失を被っている。オプションというゲームを上手にプレーしているプロのトレーダーは、素人の投資家が絶対に真似のできないような高度な技術を駆使しているのである。イディオ・サバン（特殊な才能を持つ人）と呼ばれるようなフロアトレーダーは、頭のなかでオプションの適正価格を瞬時に計算し、わずか1/16ドルという値動きから利益を得ているのである。私（編者）は世界で最も著名なオプショントレーダーのひとりを知っているが、彼はこのわずか1/16ドルの値動きによる利益を積み重ねて現在の富を築いたと語っていた。個人投資家が1/16ドルの値動きから利益を上げるには何が必要なのかを、読者の皆さんはよく考えてほしい。

　しかし、私は何も個人投資家はオプション取引を絶対に行ってはならないと言っているのではない。このゲームをプレーする前に、十分に準備をしなさいと忠告しているのである。皆さんはオプショントレーダーがブルスプレッド（期近買い・期先売りの強気のスプレッド）、ベアスプレッド（期近売り・期先買いの弱気のスプレッド）、アリゲータースプレッド（取引コストによって利益が出ないスプレッド）などと言っているのを聞いたことがあるだろう。アリゲータースプレッドなどは、いわば自分の資金がすべて取引コストに食われているような状態なのである。

　オプション取引戦略のひとつに、カバードコール（・ライティング）というものがある。株式ポートフォリオのリターンを向上する手法として、ブローカーなどがよく推奨しているものである。これは現物株を保有しながらコールを売るもので、①満期日までに株価があまり動かないときはプレミアム分が利益になる、②株価が下落したときは現物株を単独で保有した場合に比べて、プレミアム分だけ現物株の損失がカバーされる、③株価が上昇したときは現物株の値上がり分とプレミアム分が利益になるが、コールの買い手が権利を行使するのでオプションで損失が出て、ポジション全体の利益は限定される。特に現物株が上昇トレンドにあるときにはプレミアム分の利益は得られるかもしれないが、その金額は微々たるものであり、いわばブローカーの手数料収入に貢献しているようなものである。言ってみれば、このオプション戦略とは取引コストを増やしながら現物株の利益を削っているようなものである。

数量分析

　一方、投資家は極めて大きな利益を上げられるコンピューターと投資技術のもうひとつの分野にも目を向ける必要がある。しかし、それ

は価格計算モデルに基づく市場、すなわちオプション市場である。このオプション市場でトレードするクオンツは、株式のテクニカルアナリストとは違う人種の人たちである。つまり、株式市場は人間の心理と行動を反映するマーケットであるのに対し、オプションの価格は主にモデルと呼ばれるアルゴリズムによって決定される。現代のオプション価格決定理論を築いたブラック・ショールズ・モデルによれば、オプションの適正価格は、株価、権利行使価格、無リスク金利、満期日までの期間、原資産のボラティリティという5つの変数によって決定される。

　このオプション価格決定モデルが広く受け入れられた結果、現在のようなオプションとそのデリバティブ市場の興隆がもたらされたのである。しかし、それらのオプション商品のすべてをリストアップするのは本書の目的ではなく、ここではそうしたオプション市場に打ち勝とうと考えている個人投資家に対して、その前にまず厳しい訓練を積み重ねなさいと助言するにとどめる。そうでないと、その代償は計り知れないほど大きなものとなるからである。まず最初に知らなければならないのは、オプション市場で成功するにはいわゆる人間の感情に基づく勘や信念などに頼ってはならないということである。プロのトレーダーや優れたオプショントレーダーは何らかのモデル、またはほかのモデルに打ち勝てるようなモデルに基づいてトレードしているのである。そしてこれらのプロたちは主にオプションを売るのに対して、個人投資家の多くはオプションを買っているというのがこの世界の現実である。

オプション価格計算モデルとその重要性

　ブラック・ショールズ・モデルが初めて発表されて以来、コックス・ロス・ルービンシュタイン（CRR）やブラック・フューチャーズ

などのモデルが登場してきた。個人投資家がオプション取引をしたいと思うのであれば、これらのモデルのオプション価格決定理論とそのトレード手法などは知っておく必要がある。これらのモデルはすべてオプションの適正価格を計算するものであるからだ。プロが素人投資家から利益を上げるひとつの方法は、割高なオプションを売り、割安なオプションを買うことで低リスクのスプレッドを稼ぐことである。こうした手法を知らない個人投資家とは、いわば現在の株価を知らない投資家のようなものである。プロのトレーダーはこのように個人投資家の無知を利用してプレミアムを稼いでいるのである。そしてオプション取引を行う多くの個人投資家は、何回も高い授業料を払っているのにいっこうにレベルアップしないのは本当に残念なことである。無知というのは極めて高くつくのである。

　一般に投資技術や知識というものは、まずはその開発者や考案者からプロの人たちに伝わり、最後に個人投資家にたどり着く。もちろん、個人投資家がそれらの投資技術や知識を知ったころには、開発者はすでに次の新しい技術を開発している。しかし、プロの人たちがたとえ個人投資家よりもオプション取引の高度な技術やツールを保有しているとしても、個人投資家はオプション取引を始めるに当たってはまず最初に徹底的なレベルアップを図るべきである。オプション取引の詳細について説明するのは本書の目的ではないが、**付録D**の参考資料は読者の参考になるだろう。またレベルアップを図りたいトレーダーや投資家の入門書として、ローレンス・マクミラン著『オプションズ・アズ・ア・ストラテジック・インベストメント（Options as a Strategic Investment)』の一読をお勧めする。このほか、教育ソフトをご希望の方はCBOE（シカゴ・オプション取引所）のホームページ（http://www.cboe.com/）にアクセスしてください。

※**参考文献**　『マーケットの魔術師　大損失編』、『DVD マクミランのオプション売買入門』（すべてパンローリング）

株価指数先物

　投機家として大きなレバレッジ（少ない証拠金で大きな取引ができること）をかけたいときは、オプション以外に先物を売買してもよい。先物ブローカーのセールスマンは約定金額のわずか5〜10％の証拠金を積めば、株価指数の値動きの2倍の利益が得られますよと先物取引を勧めるが、相場が逆行すればその証拠金などは瞬時に吹き飛んでしまうことには一言も触れない。オプションの買いと違って、先物取引の損失は証拠金だけで収まることはほとんどない。ブローカーの取引口座が赤字になる、つまり損失額は100％を越えてしまうのである。こうした理由から、やはり先物取引を行う前には念入りに準備を重ねる必要がある。賢明な投資家に最も一読をお勧めするのは、ジャック・シュワッガー著『ジャック・シュワッガーのテクニカル分析』（きんざい刊）である。

　もっとも、先物を投機の対象とするだけでなく、ダウ・ジョーンズ社のDIAMONDS（ダウ平均と連動した投資信託）やダウ平均銘柄のポートフォリオのヘッジとして株価指数先物を売買すれば効果的であろう。単純な例として、ダウ平均が何らかの保ち合い圏（または反転パターン）の上限をなかなか上抜けないとき、ダウ平均の先物を売って現物のポジションをヘッジしたとする。これで現物の買い持ち、先物の売り持ちというポジションになる。もちろん、株価が上昇したときは先物ポジションを手仕舞うように、先物の売値のすぐ上にはストップロスを入れておく。株価が下落したときは、最安値の局面が過ぎた、または明らかに株価が反転してきたと判断する時点で先物のポジションを手仕舞う。このように現物には手を付けずに先物の利益を確定すれば、取引コスト、スリッページ、そして税金などが節約できるうえ、現物ポジションの再組成といった煩わしい作業をしなくても済む。

先物と株価指数のオプション

オプションは投機的な取引だけでなく保守的にも利用できる。例えば、買い持ちのS&P500やSPDRs（スパイダーズ＝S&P500株価指数に連動した投資信託）が急騰して買われ過ぎと判断したときは、予想されるその後の下落に対するヘッジとしてS&P500株価指数のプットを買えばよい。実際に株価が下落すれば、現物ポジションには手を付けずにオプションの利益を確定する。その反対に株価が続伸したときは、ヘッジ料としてプレミアムを支払うだけで現物ポジションを維持できる。このような手法はほんの一例であり、その投資家のレベルに応じてこれ以外にもさまざまな戦術が可能である。そのためにも実際に資金を投じる前に、投資家は徹底的にレベルアップを図るとともに、つもり売買などによってリハーサルとテストを重ねるべきである。大切なことは、なぜ損失が出るのかが分かることである。現在ではインターネット上のさまざまなウエブサイトからそうしたサービスを入手することができるので、投資家はぜひともそうしたものを利用して事前のリサーチやつもり売買を十分に重ねてほしい。

一方、先物オプションを買うという選択肢もある。CBOT（シカゴ商品取引所）ではダウ平均に連動したオプションと先物が売買できる。それらは投機対象のほかにヘッジ手段としても利用することができるほか、オプションの買い手が現物ポジションの代わりに先物を売ってもよい。先物市場をよく知らない投資家はこうした多様な手法に戸惑うかもしれず、とりわけ1987年や1989年のように先物が現物価格に対して大幅な逆ザヤになるなど、先物と現物の間に異常な価格差が形成されるときなどはなおさらである。先物をトレードする主な理由は大きなレバレッジをかけるためであるが、今後の見通しが不確実で損失リスクをプレミアムだけに限定したいときは先物オプションを利用するのが効果的である。純粋な投機家であれば、現物株や先物でカ

バーせずにオプションだけをトレードするかもしれないが、そうした
レベルに達するにはかなりのステップをクリアしなければならない。
オプション取引で成功している素人投資家とプロのトレーダーの比率
はあまりにもかけ離れており、実際に成功しているオプショントレー
ダーはすべてプロである。

現代ポートフォリオ理論（MPT）

　MPTとはポートフォリオ全体のリスクとリターンを管理するため、
ポートフォリオマネジャーが分析している手続きとプロセスを指す。
その目的はリスクとリターンの関係を数量化することにあり、ポート
フォリオを構成する個別銘柄の分析というよりは、マーケットに対す
るポートフォリオ全体のリスクとリターンを統計的に分析しようとい
うものである。MPTに基づくリスクとリターン分析の主なものは、
①予想リスクと期待収益に照らしたポートフォリオの評価、②株式や
債券などの投資対象にどのように資金を配分するのかというアセット
アロケーション、③ポートフォリオの投資対象を決定するとき、どの
ようにリスクとリターンのトレードオフを図るのかといったポートフ
ォリオの最適化、④個別株式の予想リスクとリターンを総合的に分析
する投資パフォーマンス測定――などである。

　しかし、個人投資家にとってこのMPTはそれほど重要なものでは
ないだろう。私のような実践的なテクニカルアナリストから見ると、
プロのファンドマネジャーにとっては難破船の救命具のようなものか
もしれないが、実際上の有効性はそれほど大きいとは思われない。マ
ンデルブロットがサイエンティフィック・アメリカン誌（1999年2月
と6月号）に書いているように、MPTの統計的な経験の約5％はま
ったく利用されずに放棄されているという。彼によれば、その放棄さ
れた経験にはポートフォリオ運用の失敗の原因とされる1/100秒クラ

スのマーケットの暴風も含まれており、その原因はMPTのプロセス
の間違いというよりは入力データの間違いにあるとされている。

投資技術の功罪

　上記以外にも個人投資家が知らなければならない新しいファイナン
スや投資の理論はあるのだろうか（これについては第42章を参照）。
一般の個人投資家がそれらのすべてを知っている必要はないだろう。
最も優秀なプロであればそのすべてはもちろんのこと、絶えず新しい
理論を追求しているだろう。しかし、マギーも言っているように、個
人投資家がそこまでする必要はまったくないと思う（『ウイニング・
ザ・メンタルゲーム・オン・ウォールストリート（Winning the Men-
tal Game on Wall Street)』を参照のこと）。自分は無知であるとい
うことを分かっていないのは、宗教的な過激派とうぶな投資家だけで
ある。本書には個人投資家が知る必要のあることとそれだけで十分な
こと、さらに詳しく研究したい読者に対するアドバイスなどが盛り込
まれている。

　鉛筆でチャートを引きながら本書の旧版を熟読した老婦人が、スー
パーコンピューターとMPT、それにノーベル賞を受賞した学者の高
度な理論で武装したプロの株式トレーダーに打ち勝ったと言えば、皆
さんは驚かれるかもしれない。私は個人的に、膨大な資金を投じてリ
サーチ上ではマーケットに100%打ち勝つリアルタイムなシステムを
開発した投資グループを知っている。しかし、そのシステムの唯一の
実際上の欠点は、あまりにも巨大なコンピューターのパワーが必要と
されたので、マーケットで実際にトレードするときにリアルタイムで
作動しなかったことである。ここにもまた賢者の石はなかった。

パート2　CBOTの株価指数先物と先物オプション

株価指数先物を使った投資とヘッジ手法

　先物取引とは将来の納会までに当該商品の決済を行う取引である。例えば、トウモロコシ先物を買えば、納会までにそのポジションを転売しないとその商品を現受けしなければならない。一方、先物契約の売り手は納会までに反対取引で買い戻さないと、その商品を現渡しする義務がある。しかし、以下で検討する先物商品とはダウ平均銘柄のバスケットである株価指数先物（「ダウ・ジョーンズ」）を指す。すべての先物契約にはその日までに決済しなければならない期限（納会日）が決められており、一般にはそのときまでの反対売買によってその先物取引が終了する。ダウ・ジョーンズはダウ平均株価と密接に連動している。

　ダウ・ジョーンズの取引単位は株価指数×10ドルである。例えば、その先物の価格が10000ドルであれば、1枚の取引金額は10000ドル×10ドル＝10万ドルとなる。このようにこの指数先物を1枚取引すれば、それはダウ平均銘柄の10万ドル相当分をトレードしていることになる。もっとも、実際の取引額はキャリングコスト（これについてはあとで説明する）などによって、それよりは幾分増減する。

先物取引の決済

　すべての先物取引は決済しなければならず、そうでなければ受け渡しとなる。しかし、受け渡された5000ブッシェルの大豆が庭に山積みになっていたらびっくりするだろう。株価指数先物はすべて差金決済となるので、売り方が買い方の庭先にダウ平均銘柄の株券を運び込むようなことはない。決済価格は「スペシャル・オープニング・クォー

テーション（特別寄付清算価格＝取引最終日翌日の各個別銘柄の寄付値をもとに計算された価格）」×10ドルとなっている。例えば、納会のその先物価格が10000ドルであれば、9000ドルで買った買い方は売り方から1万ドル（10×1000ドル）が支払われる。

値洗い

しかし、この1万ドルはその先物商品の期限（納会）に一度に支払われるのでなく、それまでの期間中に毎日決済される。こうして決済された「証拠金」は実際の証拠金ではなく、いわば「手付金」または「パフォーマンスボンド（契約履行保証）」のようなものである。毎日の終値でその日の損益を計算するこうした慣行が「値洗い」と呼ばれるものである。この値洗いによってそれぞれのポジションの損益が計算され、各トレーダーの証拠金が加減される。

具体的な例で示すと、ダウ・ジョーンズ6月限の価格が5月17日の9800ドルから翌日には9840ドルとなれば、売り方は買い方に400ドル（10×40ドル）を支払う。その翌日にその先物価格が10ドル下落すれば、今度は買い方が売り方に100ドルを支払う。納会までに毎日こうした値洗いが行われ、取引最終日には先物と現物価格が同額となる。先物のトレーダーはいつでも反対売買でポジションを手仕舞うことができる（買い建玉は転売、売り建玉は買い戻し）。そして納会日の未決済玉は最終決済価格で差金決済される。

標準化

CBOT（シカゴ商品取引所）やCME（シカゴ・マーカンタイル取引所）などの主な取引所では、先物取引の取引条件や限月などがすべて標準化されている。このため、例えばトウモロコシ、株価指数やそ

の他の商品の先物は別の同じ商品と交換することができる（ロールオーバー＝限月乗り換え）。またこれらの先物取引所には「クリアリングシステム」と呼ばれる決済システムがある。すべてのポジションはクリアリングハウスに対するものであり、反対のポジションを持つ者とはまったく関係がないので、たとえあるトレーダーが破産してもクリアリングハウスはその決済を責任を持って執行する。こうしたシステムと毎日の決済という値洗い制度によって、トレーダーのデフォルト（債務不履行）に伴う決済リスクは完全に回避されている。

　先物取引を始めるにはブローカーに「証拠金」を差し入れる。先物のレバレッジは現物よりもかなり大きく、通常の当初証拠金は約定金額の3〜5％である。毎日の証拠金はその日の値洗いによって増減する。このように、ダウ・ジョーンズを売買するというのは現物銘柄を10倍トレードすることであり、また将来の特定日までに決済するというのが現物取引と大きく異なる点である。

現物と先物の違い

　現物と先物取引の主な相違点は次の2つである。

1．現物株式を売買するときは、事前にブローカーに約定相当額を払い込む。

2．現物株の保有者は現金配当金を受け取る。

　もちろん、現物と先物の違いはこれだけではなく、もうひとつの大きな相違点は先物取引の大きなレバレッジである。しかし、これはいわば両刃の剣であり、ぎりぎりの証拠金で取引しているトレーダーは、わずかな逆行の動きでそれが瞬時に吹き飛んでしまう。現物株のトレーダーにはそうした心配はない。

株価指数先物

　ダウ平均とその株価指数先物（ダウ・ジョーンズ）の価格は密接に連動している（**図199.1**を参照）。両者の価格が少しでも乖離すると、素早くアービトラージ（サヤ取り）が入って価格差が解消する。どのような乖離状態でもアービトラージャーは割安を買って割高を売るので、両者の価格の関係はすぐに調和のとれた水準に戻る。しかし、先物価格には現物株の短期調達コストや納会までの配当金など（これが「キャリングコスト［持ち越し費用］」と呼ばれるものである）が反映されているので、両者の価格は異なるのが普通である。現物価格にこのキャリングコストを加えたものが、先物の「適正」または「理論」価格となる。

株価指数先物を利用した市場変動リスクの軽減

　ダウ平均の現物やDIAMONDSの保有者は、その株価指数先物（ダウ・ジョーンズ）でポジションをヘッジすれば市場変動リスクを軽減することができる。例えば、上昇トレンドラインのブレイクやテクニカル指標の悪化などから株価の先行きに悲観的なトレーダーは、買い持ち相当額の先物を売れば、そのポジションはスクウェア（ゼロ）となる。読者の皆さんはこうした手法のメリットを十分にご存じであろう。これによって現物の売買に伴う税金のほか、スリッページなど取引上のマイナスの影響も軽減・回避できる。こうした先物のヘッジ売りで現物ポジションをスクウェアとすれば、投資資金で短期金利を稼いでいることになる。そして予想どおり株価が下落したらトレーダーはその動きを注視し、株価の反転が確認されたときはヘッジ売りを手仕舞う（もちろん、その利益には税金がかかる）。一方、その反対に株価が上昇したら、評価損の出ているそのヘッジ売りを直ちに

図199.1　DIAMONDSと株価指数先物。11月からの上昇トレンドラインが2%以上下抜かれたとき（矢印）は、先物を売ってDIAMONDSをヘッジすれば、先物の利益でDIAMONDSの損失がカバーできる。このような手法は流動性の確保、キャピタルゲイン税の支払い延期、株式の損失の埋め合わせなどに役立つだろう。ブレイク後の下降トレンドラインまでの戻りに注目。

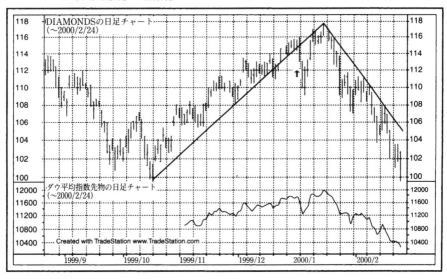

外さなければならず、最悪の場合はポジション全体がマイナスになる可能性もある。このようなテクニックを駆使するには相応の知識、技術そして経験が必要であり、素人投資家が安易にこうした手法を行うと大火傷を負うだろう。それを防ぐには実践する前にプロの指導を仰ぎ、つもり売買を重ねて十分に練習することが大切である。

　機敏なトレーダーであれば、指数先物だけを買うなど大きなリスクを取ってもよい。しかし、現物取引に比べてレバレッジが格段に大きいだけに、大損した投機家にならないように常に慎重さが求められる。何しろ先物取引で成功しているのは、経験豊富な先物取引専業の投機

家だけであるというのが現実であるからだ。確かに先物の取引コスト
はダウ平均の構成銘柄を売買するよりは安いので、プロのファンドマ
ネジャーなどは先物を利用して定期的にアセットアロケーションを再
組成している。しかし、指数先物を取引するのはその大きなレバレッ
ジを利用するのが目的ではなく、おそらく100万ドルの運用資金があ
っても、1000万ドル相当の先物を買うことはまずないだろう。彼らの
主な目的は指数先物の短期取引を利用することで、ポジション全体を
スムーズに入れ替えられることにある。現物ポジションに手を付ける
ことなく、簡単にマーケットへの参入と退出ができることは、この
「代理マーケット」の大きなメリットである。

株価指数先物の具体的な利用例

　以下では、ダウ平均に連動した株価指数先物（ダウ・ジョーンズ）
の基本的な利用法をいくつか紹介する。その目的は株価の大きな変動
が予想されるとき、どのようにして現物株の市場リスクを軽減し、異
なるアセットクラスのポジションに再組成するのかにある（ここでは
その他の目的の指数先物取引の例には言及しない）。またこれらの利
用例は完全に正確なものではなく、その仕組みを説明するためのもの
である。話を単純にするため、値洗いやキャリングコストなどは考え
ない。

ケース1——現物ポジションの保護

　かなりの評価益が出ている現物ポジションを持つ長期投資家のあな
たが、例えば2000年を控えた1999年10月に、ダウ平均が拡大型の天井
を形成していると判断したとする。そのときのポジションはダウ平均
銘柄の現物株が40万ドル、短期金融商品が10万ドルである。株式と金
利商品のこの比率を逆にしたいが、トレンドの反転が確認されたわけ

ではなく、まだ保ち合い状態にある現時点では現物株を手仕舞いたく
はない。そこで指数先物（ダウ・ジョーンズ）を３枚（10×10000ド
ル＝30万ドル）を売って、株価の下落リスクにさらす現物株を10万ド
ルに減らした。これで保有ポジションは現物株が10万ドル、短期金融
商品が40万ドルとなった。この時点のダウ平均が10000ドル、先物価
格が10500ドルだったとすれば、キャリングコストは約５％（10500÷
10000−１）となる。

　あなたの予想どおり、その後の株価は上下に大きく動き始め、その
先物納会日のダウ平均が10000ドルのままとすれば、現物株のリター
ンは−５％、短期金融商品の金利利回りは＋５％である。それぞれの
内訳を示すと次のようになる。

●先物で売りヘッジしないでそのままポジションを保有した場合

現物株	400000ドル×1.00＝400000ドル	
短期金融商品	100000ドル×1.05＝105000ドル	
合計	505000ドル	

●先物３枚の売りヘッジ分の利益

先物３枚	３×10ドル×（10500−10000）＝＋15000ドル	
合計	520000ドル	

●もし現物株を売って短期金融商品に乗り換えていた場合

現物株	100000ドル×1.00＝100000ドル	
短期金融商品	＋400000ドル×1.05＝420000ドル	
合計	520000ドル	

　先物をヘッジ売りすることで、あなたのポートフォリオは現物株が
10万ドル、短期金融商品相当額が40万ドルとなった。その結果、株価
変動の影響を受けたのはヘッジ売りしないときの40万ドルからわずか
10万ドルに減少した。先物でヘッジ売りしないポートフォリオの金額
は50.5万ドルとなり、先物３枚の売りの利益1.5万ドルは利益になっ

ている。換言すれば、先物を売ることで当初のポートフォリオの30万ドルの現物株を株価の下落から守り、ポートフォリオ全体の損益を収支トントンとさせた。もちろん、現物株のポートフォリオ全額を先物売りでヘッジすることも可能であり、そうすれば40万ドルの現物株のリスクはすべて短期金融商品と入れ替わることになる。ポートフォリオのどの程度までをヘッジするのかは、その投資家の市況に対する判断とリスク許容度によって決まる。

ケース2——先物のポジションを増やす

　次にコインのもうひとつの面について検討しよう。高値圏にある株価がまもなく短期の調整局面を迎えそうだが、あなたのテクニカル分析の予想では強気相場はまだ続きそうだ。現在10000ドルにあるダウ平均はそのうち1万1000ドルに上昇すると予想されるので、買い持ちポジションをもっと増やしたいと思っている。現在のポートフォリオの現物株と短期金融商品の比率は4対1である。ここでは完全に強気のスタンスで臨むべきだと決断する。強気（ブル）と弱気（ベア）は儲けられるが、強気一辺倒（欲張りなブタ）は最後には大損するという相場格言はよく知っているが、「相場格言が常に正しいわけではない」という格言もまた真実である。

　そこで短期金融商品（金利は5％）の10万ドルを解約しないで、先物9月限を1枚（10×10000ドル＝10万ドル）を買い、株式の保有額を50万ドルとした。テクニカル分析による株価の見通しが当たり、9月限納会日のダウ平均は予想どおり1万1000ドルまで値上がりした（10％の上昇率）。以下はそれぞれの内訳である。

●それまでのポートフォリオをそのまま保有した場合

現物株	400000ドル×1.10＝440000ドル
短期金融商品	100000ドル×1.05＝105000ドル
合計	545000ドル

●先物1枚の利益を加算した金額

先物1枚の買い　　1×10ドル×（11000−10000）＝＋10000ドル

合計　　　　　　　　　　　　　　　　　　　　　555000ドル

●入れ替えたポートフォリオの金額

株式　　　　　　　　　　　　　　　　　　　　　550000ドル

短期金融商品　　　　　　　　　　　　　　　　　　　　0ドル

合計　　　　　　　　　　　　　　　　　　　　　550000ドル

　先物を1枚買うことで短期金融商品の10万ドルを「株式化」した結果、そのリターンを10％から11％に引き上げることに成功した。もしも先物を買わなければ、その9月限納会日のポートフォリオは1万ドル少ない54万5000ドルにとどまっていただろう。これは単に1万ドルの利益を上げたというだけにとどまらず、保有するポートフォリオを入れ替えることなく、先物をうまく利用して上げ相場を取ったという手法の好例である。

ケース3──アセットアロケーションに債券と株価指数先物を利用した例

　デビッド・ドレマンは債券の長期投資は損失になると言っているが、債券の投機はやりようによってはかなりの利益になる。このため、投資家は自らのポートフォリオに株式と債券を組み入れるのも一法であろう。その場合、株価指数先物とTボンド（30年債）先物をうまく運用することが大切である。多くの投資家はインフレ率、金利、グリーンスパンFRB（連邦準備制度理事会）議長の議会証言などを総合判断して運用資産を再配分している。しかし、最近のマーケットの中長期のトレンドを見ると、債券の運用比率を減らして株式の比率を高めるのが賢明であるようだ。現在の運用資産はダウ平均銘柄（現物株）が20万ドル、Tボンドが20万ドルであるが、株式市場が今後も上昇ト

レンドをたどると予想されるので、株式を75%、債券を25%の運用比率に組み替えたいと思う。

　その方法としては株式を10万ドル買い増し、Ｔボンドを10万ドル売却するつもりであるが、現物を直接売買するよりは株価指数先物とＴボンド先物を利用してポートフォリオを組み替える。Ｔボンド現物の実勢価格は100ドル当たり103-20ドル、Ｔボンド先物９月限の価格は同102-20ドルで取引単位は額面10万ドルである。一方、株価指数先物（ダウ・ジョーンズ）の価格は10000ドルである（キャリングコストは考慮しない）。そこでＴボンド先物を１枚売り（102-20×1000ドル＝10万ドル）、株価指数先物を１枚買う（10×10000ドル＝10万ドル）。先物９月限納会日の価格は11000ドルで10%の上昇となったが、Ｔボンド先物は101-08ドルで＋１％のリターンになった。それぞれのケースの内訳は次のようになる。

●それまでのポートフォリオをそのまま保有した場合

株式	200000ドル×1.10＝220000ドル
Ｔボンド	200000ドル×0.99＝198000ドル
合計	418000ドル

●株価指数先物を1枚買い、Ｔボンド先物1枚を売った場合

指数先物1枚買い	10×1×（11000−10000）＝10000ドル
Ｔボンド先物1枚売り	＋1000×1×（102-20−101-08）＝1375ドル
小計	11375ドル
合計	429375ドル

●株式とＴボンドを現物で入れ替えた場合

株式	300000ドル×1.10＝330000ドル
Ｔボンド	100000ドル×0.99＝99000ドル
合計	429000ドル

　株式と債券の先物を利用すれば、このような単純な方法で簡単に株

式10万ドルと債券10万ドルを入れ替えることができる。株価の予測が的中したので、ポートフォリオの規模は41万8000ドルから42万9375ドルに増加した。株式と債券の現物を売買してもほぼ同じ結果になったが、税金や取引コストなどの煩わしい問題が伴う。投資プランに先物の利用を取り入れれば、既存のポートフォリオに手を付けなくても投資商品の簡単な入れ替えが可能となる。

まとめ

このようにダウ平均に連動した株価指数先物（ダウ・ジョーンズ）は極めて便利なマーケットであるが、投資の初心者が十分な準備と研究を重ねないで利用するのはかなり危険である。現物株よりもかなりレバレッジの大きい市場では、ちょっとしたミスが大きな損失につながる。その反対にこうした便利な市場の利用法を知らないと、ポートフォリオの運用はいつまでたっても上達しないだろう。

株価指数先物オプション

オプションの買い手は権利を行使するかどうかはまったく自由であり、この点が決済の義務を伴う先物と大きく違うところである。オプションにはコール（対象商品の買う権利）とプット（売る権利）があり、先物と同じようにそれぞれに買いと売りがある。株価指数先物のコールを買えば、「権利行使価格（ストライクプライス）」と呼ばれる特定価格で先物契約を買う権利がある。一方、先物のプットを買えば、権利行使価格で先物契約を売る権利が得られる。例えば、10000ドルの権利行使価格で先物のコール（プット）を買えば、先物価格が10000ドル以上（以下）になったときにその権利を行使すると利益になる（プレミアムは考慮しない）。株価指数先物オプションの権利行

図199.2　ダウ平均指数先物とオプション。上昇トレンドライン
が下抜かれたとき（矢印）にプットを買えば、これま
での利益を守ることができるだろう。ダウ平均に追随
してオプションが下げれば、プットの評価益は増えて
いく。これは理論に基づく手法であるが、理論は現実
に先行するものである。

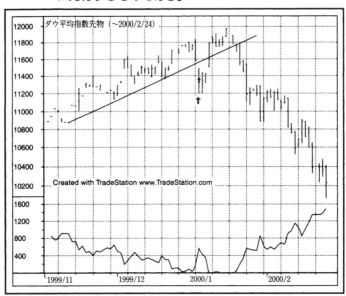

使価格は100ドル単位で設定されている。

　コールの売りは弱気、プットの売りは強気のポジションである。オ
プションの買い手がその権利を行使したら、売り手はその要求に応じ
なければならない。例えば、あなたがコールを1枚売っていれば、買
い手がその権利を行使したとき、あなたは先物1枚を10000ドルで売
る義務がある。プットを1枚売っていれば、買い手が権利を行使すれ
ば、あなたは先物を10000ドルで買う義務がある。オプションの買い
手はリスク限定で、損失は権利を得るために支払うプレミアム以上に
なることはない。これに対し、オプションの売り手のリスクは無限大

で、対象商品の価格が予想と大きく逆行すれば致命的な損失を被る可能性がある。

プレミアム

　オプションの買い手が権利を得るために、売り手に支払う金額をプレミアムと呼ぶ。株価指数先物オプションのプレミアムは100ドル単位で、買い手は権利を得るときに支払う。CBOTの先物オプションの対象商品は株価指数先物（ダウ・ジョーンズ）であるため、先物とオプションはダウ平均に連動した商品である。オプションのプレミアムは本質的価値と時間価値から成る。本質的価値とは対象商品である株価指数先物の価格と権利行使価格との差額である。先物価格が行使価格を上回っていれば、そのコールは「イン・ザ・マネー」の状態にある。権利を行使すれば、実勢価格よりも安く先物契約が買えるからである。例えば、先物価格が10020ドル、行使価格が10000ドルのとき、イン・ザ・マネーのコールの権利を行使すれば、その名目利益は20ドル×10倍＝200ドルである。先物価格が行使価格を下回っていれば、そのコールは「アウト・オブ・ザ・マネー」、この2つが同じであれば「アット・ザ・マネー」の状態である。プットのイン・ザ・マネーとは先物価格が行使価格よりも安いとき、その反対のときがアウト・オブ・ザ・マネー、等しいときがアット・ザ・マネーの状態である。

　株価指数先物オプションでは満期日までにいつでも権利を行使することができるので、そのオプションの価値は少なくともその本質的価値に等しい。オプション価格から本質的価値を引いた部分が時間価値となる。一般に満期日までの期間が長いと本質的価値（利益の可能性）が大きくなると考えられるので、そのオプションの時間価値は大きくなる。満期日には時間価値がゼロとなり、そのオプション価格と本質的価値は等しくなる。

ボラティリティ

　対象商品の株価指数先物の価格変動率は「ボラティリティ」と呼ばれる（**付録D**の参考資料を参照）。先物価格のボラティリティが大きいと、そのオプションのプレミアムもそれだけ大きくなる。先物オプションの価格は、対象商品である株価指数先物の価格、権利行使価格、満期までの期間、短期金利、先物価格のボラティリティで決まる。これらの変数のなかで、将来のボラティリティは直接知ることができない唯一のものである。しかし、残りの変数がすべて分かるので、オプションの市場価格から先物価格の予想変動率を逆算することができる。これが「インプライド・ボラティリティ」と呼ばれるものである。これは満期までのその先物に対する市場の平均的な予想リターンを表している。通常は年率で表されるこのインプライド・ボラティリティは一般の投資家には複雑で分かりにくく、この分野ではプロが決定的に優位な立場にある。

オプションの権利行使

　権利行使価格が株価指数先物の価格より安ければ（高ければ）、コール（プット）の買い手が権利を行使するだろう。その価値は先物価格と行使価格の差額である。例えば、先物価格が7600ドルであれば行使価格が7500ドルのコールの買い手は権利を行使するだろうが、同じ金額か、それ以下のプットは権利を行使しないだろう。そのときのコールの価値は1000ドル（100ドル×10倍）、権利未行使のプットの価値はゼロである。一方、先物価格が7500ドルになれば、行使価格が7600ドルのプットは権利を行使するだろうが、同じ行使価格のコールは先物価格が7600ドル以上にならないとその権利を行使しないだろう。このときのプットの価値は1000ドル（100ドル×10倍）、権利未行使のコ

ールの価値はゼロである。オプションの買い手の利益が満期の価値からプレミアムを引いた部分であれば、売り手の利益は満期の価値にプレミアムを加えたものとなる。

　オプションのコールとプットの満期価値や利益は投資戦略にとって極めて重要な要素であり、リスクとのトレードオフがオプションと先物の大きな相違点である。オプションでは将来の株価予想に応じて多様な手法をとることができるので、ほとんどあらゆる状況を想定したオプション戦略が存在する。

さまざまな相場局面に対応した先物オプションの利用

　投資家はマーケットの急激で予想外の出来事に直面することも少なくない。しかし、多くの投資家は取引コストやポートフォリオの株式の入れ替えに伴う損失を恐れて、そうした相場の短期的な変動に素早く対応することができない。平均的な投資家にとって証拠金やその他のリスクに心理的な抵抗感も加わって、積極的に空売りをトレード戦略に取り入れることも難しい。こうした投資家がオプションをうまく利用すると、予想外の短期的な相場の変動からも利益を上げられる。株価指数先物オプションのコール（プット）を買えば、先物価格が権利行使価格を上回って（下回って）いればいつでも利益を確定することができる。

上げ相場でのオプションの利用例

　８月にダウ平均は10000ドル、その株価指数先物９月限は10050ドルだったとする。この上昇トレンドはまだ続くだろうと予想するあなたは、あまり多くの資金を固定しないで、しかもリスクを限定してこの上げ相場を取りたいところである。そこで先物９月限のコールを

10500ドル（アウト・オブ・ザ・マネー）で1枚買い、そのプレミアムとして1010ドル（10.10ドル×100）を支払った。予想どおり、先物9月限納会日の価格は10610ドル（イン・ザ・マネー）に上昇したので、その権利を行使して90ドルの利益を得た（値上がり益－プレミアム＝10ドル×（10610－10500）－1010）。もしも先物価格が10500ドル以上に上昇しなかったときは、未行使のコールの権利は消滅するが、損失はプレミアムだけに限定される。これがオプションのコールを買ったときの最大の損失額である。先物価格が権利行使価格よりも101ドル以上高くならないと利益は出ない。先物のコールを買う代わりにダウ平均銘柄を直接10万500ドル購入したら、先物9月限が10110ドルに上昇すれば3030ドルの利益になるが、株価が予想に反して下落すればその損失額ははるかに大きい。

下げ相場でのオプションの利用例

あるトレーダーは現在7800ドルを付けている先物価格がこれから下落すると予想されるので、何とかこれまでの値上がり益を守りたいと思っている。そこで権利行使価格が7700ドル（アウト・オブ・ザ・マネー）の先物9月限のプットを買って、プレミアムとして980ドル（9.80×100ドル）を支払った。予想どおり、その先物は9月に7600ドルに下落したので1000ドル（100ドル×10倍）の評価益が出た。たとえ先物価格が行使価格の7700ドルより高くなっても、その権利を放棄すれば最大の損失額はプレミアムだけに限定される。プットの場合は先物価格が行使価格より98ドル以上安くならないと利益が出ない。

プットを利用して利益を守る

上昇トレンドが続くと思われるが、予想外の下落に備えてオプショ

ンを利用すれば、それまでの利益を守ることができる。経済的なファンダメンタルズからは上昇トレンドの継続が見込まれるが、投資家としては予想外のテクニカルな調整や悪材料による一時的な下落にも備えておく必要がある。下落リスクを恐れて持ち株を直接売却すれば、多額の取引コストや税金がかかるうえ、株価が続伸したときの値上がり益も失ってしまう。こうした揉み合い局面で先物のプットを利用すれば、予想外の下落リスクにもうまく対処できる。

ケース1

8月現在の株価は上昇トレンドにあるが、FRB（連邦準備制度理事会）が向こう数カ月以内に短期金利を引き上げる可能性もある。あるトレーダーはダウ平均銘柄を7万8000ドル保有しており、株価指数先物の価格は7800ドルである。予想される下落からこのポートフォリオをヘッジするため、先物9月限のプットを7600ドルで1枚を買い、660ドル（6.60×100ドル）のプレミアムを支払った。7600ドルの権利行使価格で先物のプットを1枚買ったということは、このポートフォリオの価値を7万6000ドル（7600ドル×10倍）にロックしたことを意味する。予想に反して先物価格が続伸して行使価格を上回っても権利は行使しないので、損失はプレミアムだけに限定される。先物価格が7534ドルの時点で収支トントンとなる（権利行使価格－プレミアム＝7600－66ドル）。この水準では何もしなくても、または先物プットの買いでヘッジしても損益は変わらない。しかし、ヘッジとは生命保険のようなもので、死亡しなければ保険料は無駄になるが、万が一のときに生きてくる。

ポートフォリオの利益を増加する

ケース2

　読者の皆さんもよくご存じだと思うが、すべてのマーケットがトレンドを描いて動いているわけではない。数日、数週間、数カ月、そして時に数年間もいわゆるトレーディングレンジで揉み合いを繰り返すこともある。抜け目のないテクニカルアナリストであれば、こうした局面がまだ続くと判断されるときは、株価指数先物のプットとコールを同じ権利行使価格で売って利益を上げることもできる。

　例えば、現在10000ドルのダウ平均は来月も10200ドルを上抜くことができないと見れば、10200ドルの行使価格で先物9月限のコールを1枚売る。コール1枚のプレミアムが10.10ドルであるとすれば、得られるプレミアムは1010ドル（10.10×100ドル）となる。先物価格が9月の納会日に10200ドル以下にとどまっていれば、このプレミアムが利益となる。株価の伸び悩みを予想したこのトレードでは、株価が10200ドル以上になったときの値上がり益は放棄した形になっている。先物価格が10301ドルになったときが収支トントンの水準である（行使価格＋プレミアム）。先物価格がこの水準を超えて上昇すると、このカバードコールの売り（現物株を保有するコールの売り）のポートフォリオは、何もしない当初のポートフォリオの価値を下回る。しかし、現物株を保有しながらコールを売るというこの手法は、ネイキッドコールの売り（現物株を保有しないコールの売り）に比べればはるかにリスクは小さい。この手法の大きな欠点は、株価が行使価格を超えて上昇したときにその値上がり益を放棄しなければならないことである。したがって、トレンドのあるマーケットでこの手法を使ってはならず、株価が明らかに保ち合い圏にあるときだけ有効である。得られるプレミアムはそうしたリスクの対価であるが、株価の動きを読み誤ったときはわずかな慰め程度にすぎない。

ボラティリティのあるマーケットでのオプションの利用例

　投資家は自らのマーケットの予測に基づいて株式を売買するが、優れたテクニカルアナリストであれば、株価が上下のどちらに振れるのかが分からなくても、とにかくボラティリティがある相場では利益を上げることができる。例えば、ボラティリティが平均以下の局面では、ロングストラドルという手法をとれば効果的である。これは同じ権利行使価格の先物のコールとプットを買うもので、先物価格が行使価格よりも安いとプットの価値が増し、それより高いときはコールに利益が出る。この手法はある程度のボラティリティがあるときに有効な手法である。編者は1987年10月のレーガン・クラッシュの直前にこの戦略を試してみたが、極めて小さいリスクでかなりの利益を上げることができた。一般に経験豊富な投機家やトレーダーの人たちは高いボラティリティの局面では株式を売り、ボラティリティの小さい局面では買いに回る傾向があるので、ボラティリティは次第に平均水準に落ち着いてくる。彼らはときに同じ行使価格でコールとプットを売るショートストラドルを利用することもある。

ケース3

　8月現在のテクニカル分析によれば、上下のどちらかは分からないが、とにかく株価のボラティリティはさらに拡大すると予想される。そこであるトレーダーは、7800ドルの同じ行使価格で先物のコールとプットを買うロングストラドルを実行した。コールのプレミアムは18.90ドル、プットのそれは13.90ドルなので、支払うプレミアムの合計は3280ドル（32.80×100ドル）である。これが先物価格が7800ドルから動かないときの最大損失額である。一方、このストラドルに利益が出るのは、先物価格が7472ドル以下（7800－328ドル）か、8128ドル以上（7800＋328ドル）になったときである。株価の下落で最大の

利益が出るのは先物価格がゼロになったときで（こうしたことはあり得ないが）、その利益額は7万4720ドル（（7800-328）×10倍）である。

ケース4

ある投資家は8月現在で、オプション価格は割高になっており、株価のボラティリティはこれからインプライド・ボラティリティよりも小さくなると予想している。こうした不活発な相場が夏の終わりまで続くと見たこの投資家は、先物9月限のコールとプットを7800ドルで売り、3280ドルのプレミアムを得た。このショートストラドルのリターンは、先物価格が7472ドル以下か、8128ドル以上になるとマイナスになる。株価が下落したときの最大の損失額は7万4720ドル（（7800-328）×10倍）で、上昇したときの損失は無限大である。しかし、このオプションが満期となる来月までに先物価格はこのレンジを大きく越えることはないと予想されるので、損失のリスクは限定的であろう。とはいっても、万が一のときの大きなリスクには万全の備えで臨むべきであり、既述したように編者のある知人は1987年のレーガン・クラッシュのときネイキッドプットを売りすぎて5700万ドルもの損失を出した。

まとめ

以上のさまざまなケースを例示したのは、これから先物やオプションを利用しようとするトレーダーや個人投資家に、このマーケットに内在する大きなリスクと利益の可能性をよく知ってもらいたいからである。本書のほかのところでも繰り返し強調しているように、経験の浅い投資家はこうした先物とオプションを利用した高度な戦略を実践する前に、十分な準備と研究を重ねるべきである。そしてこれらのマ

ーケットを慎重なヘッジの手段として利用すれば、その投資技術とポートフォリオの運用能力は格段に向上するだろう。

　個人投資家にとって株価指数先物と先物オプションはポートフォリオの利益を守り、また利益をさらに伸ばすための新しい投資分野である。目ざとい投資家がこのマーケットをうまく利用すれば、ほぼ無限ともいえる運用戦略が可能である。しかし、本書で述べたすべてのテクニカル分析手法と同様に、その実践に際しては規律をもって臨むべきである。すなわち、その投資商品と利用法に精通すること、慎重に管理したトレード、ストップロスの利用、株価の変動に対する機敏な対応——などが不可欠である。保守的な投資家がこれらのマーケットを慎重なヘッジの手段としてうまく利用すれば、それまでには知らなかった新しい有効な運用手法を手にすることになる。また有能なテクニカルトレーダーや投資家にとって、ダウ平均に連動したこの株価指数先物と先物オプションは絶対に知っておかなければならない分野である。

さらに詳しく研究したい読者のために

　この章の内容についてさらに詳しく研究したい読者は、**付録D**の参考資料を参照してください。その他の参考資料やデータの入手先は次のとおりです。
- ●ローレンス・マクミラン著『オプションズ・アズ・ア・ストラテジック・インベストメント（Options as a Strategic Investment）』（http://www.optionstrategist.com/）
- ●CBOE（シカゴ・オプション取引所）（http://www.cboe.com/）
- ●CBOT（シカゴ商品取引所）（http://www.cbot.com/）

■著者紹介
ロバート・D・エドワーズ（Robert D. Edwards）
チャールズ・ダウが開発し、ハミルトンやシャバッカーがさらに研究・発展させたダウ理論に基づくテクニカル分析の原則を集大成した。そのベースになっているのは、個別株式のチャートパターン、トレンド、支持圏・抵抗圏などを体系化したシャバッカーのテクニカル分析の理論である。

ジョン・マギー（John Magee）
マサチューセッツ工科大学を卒業し、同名の著名な投資アドバイザリー会社を設立。科学的な観点から株式市場を分析した先駆者であり、「テクニカル分析の父」と呼ばれている。マーケットに対するその実践的でテクニカルなアプローチは、すべてのテクニカルアナリストに大きな影響を与えている。マギーはすでに没していたが、全米テクニカルアナリスト協会は1978年にマギーを「マン・オブ・ザ・イヤー」に選んだ。

W・H・C・バセッティ（W. H. C. Bassetti）
ハーバード大学の優等卒業生で第8版の編集者兼共著者であるバセッティは、1960年代にジョン・マギーの生徒としてテクニカル分析の研究を始め、今では電子マーケットを含む最新のマーケット研究の第一人者のひとりである。カリフォルニア州では最初の公認商品取引アドバイザー、ブレア・ハルのオプションズ・リサーチ社のCEO、マーケットメーカーのマネジングパートナー、オプションによるサヤ取りトレーディング会社社長などのキャリアを経たあと、現在ではカリフォルニア州サンフランシスコのゴールデンゲート大学非常勤教授（ファイナンス・経済学）として株式市場のテクニカル分析の講義を行っている。

■監修者紹介
長尾慎太郎（ながお・しんたろう）
東京大学工学部原子力工学科卒。日米の銀行、投資顧問会社などを経て、現在はヘッジファンドマネジャーを務める。クオンツアプローチによるシステムトレードを専門とする。訳書に『魔術師リンダ・ラリーの短期売買入門』『タートルズの秘密』『新マーケットの魔術師』『マーケットの魔術師【株式編】』『デマークのチャート分析テクニック』（いずれもパンローリング刊、共訳）、監修に『ワイルダーのテクニカル分析入門』『ゲイリー・スミスの短期売買入門』『ロスフックトレーディング』『間違いだらけの投資法選び』『私は株で200万ドル儲けた』『バーンスタインのデイトレード入門』『究極のトレーディングガイド』『投資苑2』『投資苑2 Q&A』『ワイルダーのアダムセオリー』『マーケットのテクニカル秘録』（いずれもパンローリング刊）など、多数。

■訳者紹介
関本博英（せきもと・ひろひで）
上智大学外国語学部英語学科を卒業。時事通信社・外国経済部を経て翻訳業に入る。国際労働機関（ILO）など国連関連の翻訳をはじめ、労働、経済、証券など多分野の翻訳に従事。訳書に、『賢明なる投資家【財務諸表編】』『証券分析』『究極のトレーディングガイド』『コーポレート・リストラクチャリングによる企業価値の創出』『プロの銘柄選択法を盗め！』『アナリストデータの裏を読め！』（いずれもパンローリング刊）など。

2004年9月17日　初　版第1刷発行
2008年7月5日　　　第2刷発行
2021年9月1日　新装版第1刷発行

ウィザードブックシリーズ ③18

新装版 マーケットのテクニカル百科 入門編

著　者　ロバート・D・エドワーズ、ジョン・マギー、W・H・C・バセッティ
監修者　長尾慎太郎
訳　者　関本博英
発行者　後藤康徳
発行所　パンローリング株式会社
　　　　〒160-0023　東京都新宿区西新宿7-9-18　6階
　　　　TEL 03-5386-7391　FAX 03-5386-7393
　　　　http://www.panrolling.com/
　　　　E-mail　info@panrolling.com
編　集　エフ・ジー・アイ（Factory of Gnomic Three Monkeys Investment）合資会社
装　丁　パンローリング装丁室
組　版　パンローリング制作室
印刷・製本　株式会社シナノ

ISBN978-4-7759-7287-8

ウィザードブックシリーズ 257

マーケットのテクニカル分析
トレード手法と売買指標の完全総合ガイド

ジョン・J・マーフィー【著】

定価 本体5,800円+税　ISBN:9784775972267

世界的権威が著したテクニカル分析の決定版！

1980年代後半に世に出された『テクニカル・アナリシス・オブ・ザ・フューチャーズ・マーケット（Technical Analysis of the Futures Markets）』は大反響を呼んだ。そして、先物市場のテクニカル分析の考え方とその応用を記した前著は瞬く間に古典となり、今日ではテクニカル分析の「バイブル」とみなされている。そのベストセラーの古典的名著の内容を全面改定し、増補・更新したのが本書である。本書は各要点を分かりやすくするために400もの生きたチャートを付け、解説をより明快にしている。本書を読むことで、チャートの基本的な初級から上級までの応用から最新のコンピューター技術と分析システムの最前線までを一気に知ることができるだろう。

ウィザードブックシリーズ 261

マーケットのテクニカル分析 練習帳

ジョン・J・マーフィー【著】

定価 本体2,800円+税　ISBN:9784775972298

テクニカル分析の定番『マーケットのテクニカル分析』を完全征服！

『マーケットのテクニカル分析』の知見を実践の場で生かすための必携問題集！ 本書の目的は、テクニカル分析に関連した膨大な内容に精通しているのか、あるいはどの程度理解しているのかをテストし、それによってテクニカル分析の知識を確かなものにすることである。本書は、読みやすく、段階的にレベルアップするように作られているため、問題を解くことによって、読者のテクニカル分析への理解度の高低が明確になる。そうすることによって、マーフィーが『マーケットのテクニカル分析』で明らかにした多くの情報・知識・成果を実際のマーケットで適用できるようになり、テクニカル分析の神髄と奥義を読者の血と肉にすることができるだろう！

J・ウエルズ・ワイルダー・ジュニア

さまざまな新しいオシレーターを開発し、テクニカル・トレーディングシステム分野に革命を起こしたワイルダー。自分自身も活発なトレーダーであると同時に、テクニカルシステムや分析方法に関するアドバイザーとしても活躍。彼の研究は新聞、雑誌をはじめ、ラジオやテレビでも紹介され、数あるトレーディングシステムのなかでも、彼のシステムがおそらく世界中で最も多く使われている。

ウィザードブックシリーズ 277

ワイルダーのテクニカル分析入門
オシレーターの売買シグナルによるトレード実践法

定価 本体4,800円+税　ISBN:9784775972465

RSIやADX開発者自身による伝説の書！
ワイルダーの古典を完全翻訳！

　本書は、すでにアメリカの各市場で広く使われているRSIに加え、6つの独創的 かつ画期的なシステムを紹介している。その他にも、CSI（銘柄選択指数）や資金管理にも言及している。

　ワイルダーは「ひとつのシステムで方向性がある場合もない場合も、安定して利益を出すことのできるものは存在しない」ことを前提に、その打開策としてディレクショナルムーブメント（方向性指数）の活用を提唱している。この指数は、トレンドの大きさを0から100までの数値で表したもので、「これを基にしたシステムは、方向性の均衡点を利用してポジションがトレンドから外れないようにしている」。

　ディレクショナルムーブメント、ボラティリティ、モメンタム、相対力指数、CSI（銘柄選択指数）の各章は、それぞれを定義し、説明した後、その概念を基に開発したシステムを紹介している。これらのシステムは仕掛けや手仕舞いの明確なシグナルを出す画期的なもので、各システムの仕組みやシグナルの意味も合わせて解説してある。

　また図表やワークシート、チャートをふんだんに使って、初心者でもその指標を簡単に算出できるように配慮した本書は、すべてのトレーダーにとってかけがえのない財産になるだろう。

ワイルダーが考案した6つのシステム！

● パラボリックタイム / プライスシステム　　● ボラティリティシステム
● ディレクショナルムーブメント・システム　● トレンド・バランス・ポイント・システム
● リアクショントレンド・システム　　　　　● スイングインデックス・システム

ウィザードブックシリーズ 206

プライスアクション
トレード入門

アル・ブルックス【著】

定価 本体5,800円+税　ISBN:9784775971734

指標を捨て、価格変動と
足の動きだけに注視せよ！

単純さこそが安定的利益の根源！ 複雑に組み合わされたテクニックに困惑する前に、シンプルで利益に直結するチャートパターンを習得しよう。トレンドラインとトレンドチャネルライン、前の高値や前の安値の読み方、ブレイクアウトのダマシ、ローソク足の実体やヒゲの長短など、相場歴20年のトレーダーが体得した価格チャートの読み方を学べば、マーケットがリアルタイムに語りかけてくる仕掛けと手仕舞いのポイントに気づくことができるだろう。

ウィザードブックシリーズ 262

プライスアクション
短期売買法

ロレンツィオ・ダミール【著】

定価 本体2,000円+税　ISBN:9784775972311

値動きだけに注視せよ！ 短期でやるか、長期でやるか、FXでやるか、株価指数でやるか！

本書は金融市場のプライスアクション分析について書かれたものである。ほかではほとんど目にすることのない概念、アイデア、プライスアクションを使ったトレード手法が網羅されている。

本書に書かれたことは、FX、先物、株式、コモディティをはじめとするどんな市場にも応用できる。基本的な考えは、鍵となる供給と需要水準を見極めて、純粋なるプライスアクション、つまりチャート上での値動きだけを見てトレードするというものだ。本書に書かれた概念やトレード手法を学習すれば、仕掛けから手仕舞いまでが目に見えて改善するだろう。

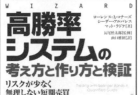

ウィザードブックシリーズ 237

システマティックトレード
独自のシステムを開発するための完全ガイド

ロバート・カーバー【著】

定価 本体7,800円+税　ISBN:9784775972069

これからのシステム設計の予言書！ ロケット工学者が相場を席巻する時代は終わった！

本書はあなた独自のシステムを開発するための完全なるガイドであり、トレードや投資の意思決定をスムーズに行ううえで役立つものだ。金融の意思決定を部分的にあるいは全面的にシステム化したい人にとっては必読の書である。本書では、金融理論を駆使し、システマティックなヘッジファンド戦略の豊富な運用経験を生かし、また掘り下げたリサーチを使って、なぜシステマティックなトレードでなければならないのかを説明する。そしてシステマティックなトレードを安全かつ利益が出るように行うにはどうすればよいのかを示していく。

ウィザードブックシリーズ 244

世界一簡単な
アルゴリズムトレードの構築方法
あなたに合った戦略を見つけるために

ペリー・J・カウフマン【著】

定価 本体5,800円+税　ISBN:9784775972137

世界一やさしいアルゴリズムトレードの本
本書でアルゴリズムトレードのデビュー

1970年代、ペリー・カウフマンが自動化システムでトレードを始めたとき、プロのトレーダーたちは「バカバカしい」と一笑に付した。しかし、今や高頻度トレードは「一般投資家からお金を盗んでいる」として、その不公平なまでの優位性を非難されるまでになった。本書で公開されたアルゴリズムトレードのテクニックを習得すれば、ホームトレーダーのあなたにもパワーを取り戻すことができるだろう！ トレーダーとして洞察力を磨き、その洞察力を利益の出る戦略に変えることから、トレードを生計手段とするうえで直面する現実的な問題に至るまで、第一線で戦ってきた40年以上に及ぶ経験を惜しげもなく披歴し、エキスパートと戦えるまでの近道を教えてくれるのが、アルゴリズムトレードの最高傑作ともいえる本書である。